# 출제 공식 29개로 끝내는
# 정재현 지텔프
# LEVEL 2

# 머리말

전국에 계신 수험생 여러분 안녕하세요. 여러분의 지텔프 선생님 정재현입니다.

학습해야 할 절대적인 양이 너무나 많은 경찰공무원과 소방공무원 및 군무원을 준비하는 수험생들에게 기존의 영어 시험이 공인 영어 시험으로 대체되었다는 것은 매우 기쁜 소식이 아닐 수 없습니다. 특히 지텔프 Level 2는 타 공인 영어 시험에 비해 시험 범위가 매우 한정적이기 때문에 더 빠르게 목표 점수를 획득할 수 있다는 점에서 매력적입니다.

여러분이 지텔프 목표 점수 달성에 오랜 시간을 투자하지 않고, 한시라도 빨리 다른 과목으로 넘어갈 수 있도록 하기 위해 정확한 공부 범위와 가장 효율적인 전략을 제시하는 올바른 교재를 선택하는 것은 시간과의 싸움을 하는 여러분에게 너무나도 중요하다고 생각됩니다.

저희 정재현어학연구소는 지난 수년간 매회 지텔프 Level 2 시험을 치르고 분석하며 여러분들이 가장 빠르게 목표에 도달할 수 있는 방법이 무엇인가를 오랫동안 고민한 끝에 출제 패턴을 29개의 공식으로 압축하였습니다. 두꺼운 교재와 많은 학습량이 아니더라도 짧은 시간 내에 100% 목표 점수를 받을 수 있다는 것을 그간 축적한 데이터를 통해 충분히 검증할 수 있었습니다.

본문에 등장하는 29개의 공식만 익혀 적용한다면 43점 이상을 손쉽게 획득할 수 있을 것이며, 문법 만점도 충분히 가능할 것입니다. 또한 본 교재에 등장한 청취와 독해 및 어휘의 핵심 스킬까지 익히게 된다면 48점 이상을 획득하는 데 전혀 문제가 없을 것이라 확신합니다.

교재에 등장하는 모든 예문 또한 실제 지텔프 Level 2 시험에 등장하고 있는 소재로 구성하였습니다. 따라서 본 교재의 예문 및 문제 풀이를 통해 실제 시험에 대한 적응력을 자연스럽게 높일 수 있도록 하였습니다.

본 교재를 통해 여러분 모두가 지텔프 목표 점수에 빠르게 도달하고 그로 인해 궁극적으로 여러분의 합격 목표에 한 걸음 더 다가갈 수 있게 되는 것이 이 책을 펴내는 저의 가장 큰 바람입니다. 이 책을 접하는 모든 분들의 합격을 기원합니다.

정재현

# 목차

**Chapter 1 가정법** ·················· 12

출제 공식 1 가정법 과거
출제 공식 2 가정법 과거완료

**Chapter 2 조동사** ·················· 22

출제 공식 3 조동사 may
출제 공식 4 조동사 can
출제 공식 5 조동사 must
출제 공식 6 조동사 should
출제 공식 7 조동사 will
출제 공식 8 주장/명령/요구/제안 동사와 should의 생략
출제 공식 9 의무/필수 형용사와 should의 생략

**Chapter 3 시제** ·················· 40

출제 공식 10 현재진행 시제
출제 공식 11 과거진행 시제
출제 공식 12 미래진행 시제
출제 공식 13 현재완료진행 시제
출제 공식 14 과거완료진행 시제
출제 공식 15 미래완료진행 시제

**Chapter 4 준동사** ·················· 54

출제 공식 16 동명사 정답 자리: (1) 목적어 자리
출제 공식 17 동명사 정답 자리: (2) 주어/보어 자리
출제 공식 18 부정사 정답 자리: (1) 목적어 자리, 목적격 보어 자리
출제 공식 19 부정사 정답 자리: (2) 형용사 자리, 부사 자리

출제 공식 20 부정사 정답 자리: (3) 진주어 자리
출제 공식 21 부정사 정답 자리: (4) 진목적어 자리
출제 공식 22 의미에 따라 부정사/동명사를 구별하는 자리
출제 공식 23 준동사의 관용적 표현

**Chapter 5 관계사** ·················· 72

출제 공식 24 선행사가 사람인 경우 who/whom/that
출제 공식 25 선행사가 사물/동물인 경우 which/that
출제 공식 26 선행사가 장소/시간인 경우 관계 부사 where/when
출제 공식 27 소유격 관계 대명사 whose

**Chapter 6 연결어** ·················· 84

출제 공식 28 접속부사
출제 공식 29 부사절 접속사/전치사

**청취** ·················· 96
지텔프 청취 문제의 특징 및 고득점 전략

**독해 및 어휘** ·················· 102
지텔프 독해 및 어휘 문제의 특징 및 고득점 전략

**해설집 (책 속의 책)**

# 빠른 점수 달성을 위한 전략 및 학습 플랜

■ 목표 점수별 필요한 정답 문항 수

| 구분 | 소방 공무원 | | | 군무원 | | | 경찰 공무원 |
|---|---|---|---|---|---|---|---|
| | 43점 | 48점 (A) | 48점 (B) | 32점 | 47점 (A) | 47점 (B) | 43점 |
| 문법 (26문항) | 22개 | 22개 | 24개 | 14개 | 22개 | 24개 | 22개 |
| 청취 (26문항) | 6개 | 6개 | 6개 | 6개 | 6개 | 6개 | 6개 |
| 독해 및 어휘(28문항) | 6개 | 11개 | 9개 | 6개 | 10개 | 8개 | 6개 |

1. 청취와 독해/어휘 파트는 하나의 보기로 답을 선택할 경우 6-7개를 맞힐 수 있습니다. 따라서 목표 점수가 32점~43점인 경우 청취와 독해/어휘 파트는 하나의 보기로 답을 선택하고, 문법 문제 풀이에 집중하면 됩니다.
2. 목표 점수가 47점 혹은 48점인 경우, 독해에 자신이 있다면 (A)안을, 문법에 자신이 있다면 (B)안을 추천합니다. 교재 속 독해 전략이 큰 도움이 됩니다.
3. 48점 이하를 목표로 하더라도 혹시 모를 실수에 대비해 독해 1지문을 풀어서 안전하게 추가 점수를 확보하는 것도 좋은 전략입니다.

■ 목표 점수별 3일 완성 학습 플랜 (학습 완료된 챕터는 네모 칸에 체크해봅시다.)

• 소방 공무원

| 구분 | 1일차 | 2일차 | 3일차 | |
|---|---|---|---|---|
| 기준 점수 43점 | ☐ Chapter 1<br>☐ Chapter 2 (출제 공식 8, 9만) | ☐ Chapter 3<br>☐ Chapter 4 | ☐ Chapter 5 | |
| 가산점 1%<br>48점 이상 | ☐ Chapter 1<br>☐ Chapter 2 | ☐ Chapter 3<br>☐ Chapter 4 | ☐ Chapter 5<br>☐ Chapter 6 | ☐ 청취<br>☐ 독해 및 어휘 |

• 군무원

| 구분 | 1일차 | 2일차 | 3일차 | |
|---|---|---|---|---|
| 9급<br>(32점 목표) | ☐ Chapter 1<br>☐ Chapter 2 (출제 공식 8, 9만) | ☐ Chapter 3<br>☐ Chapter 4 | ☐ Chapter 5 | |
| 7급<br>(47점 목표) | ☐ Chapter 1<br>☐ Chapter 2 | ☐ Chapter 3<br>☐ Chapter 4 | ☐ Chapter 5<br>☐ Chapter 6 | ☐ 청취<br>☐ 독해 및 어휘 |

• 경찰 공무원

| 구분 | 1일차 | 2일차 | 3일차 |
|---|---|---|---|
| 9급<br>(43점 목표) | ☐ Chapter 1<br>☐ Chapter 2 (출제 공식 8, 9만) | ☐ Chapter 3<br>☐ Chapter 4 | ☐ Chapter 5 |

# 이 책의 구성 및 특징

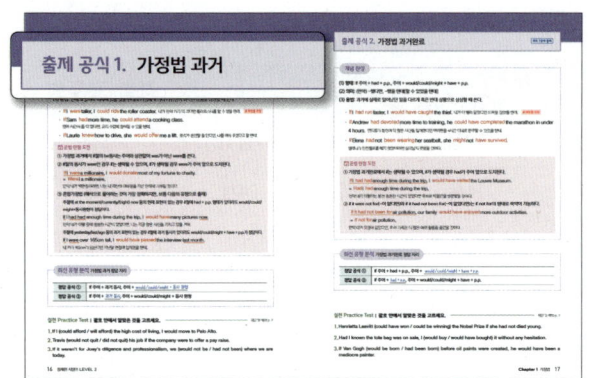

### 출제 공식 29개로
### 지텔프 완전 정복

지텔프 Level 2를 분석하여 가장 빠르게 목표에 도달할 수 있도록 출제 패턴을 29개의 공식으로 압축했습니다. 29개 출제 공식만 학습하면 짧은 시간 내에 목표 점수를 받을 수 있습니다.

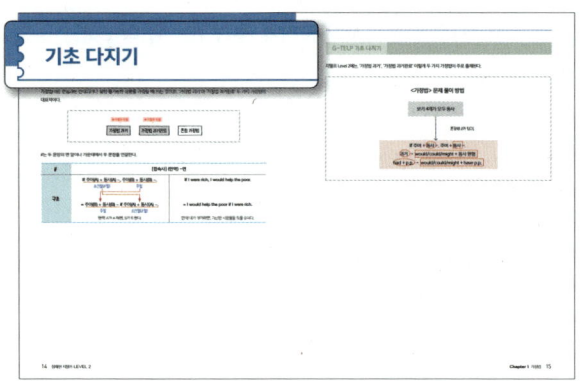

### 기초부터 차근차근
### 기초 다지기

개념 기초 다지기에서는 지텔프 문법을 본격적으로 학습하기 전에 알아 두어야 하는 아주 기초적인 내용을 담았습니다. 지텔프 기초 다지기에서는 지텔프 문제 풀이 방법을 한눈에 확인할 수 있습니다.

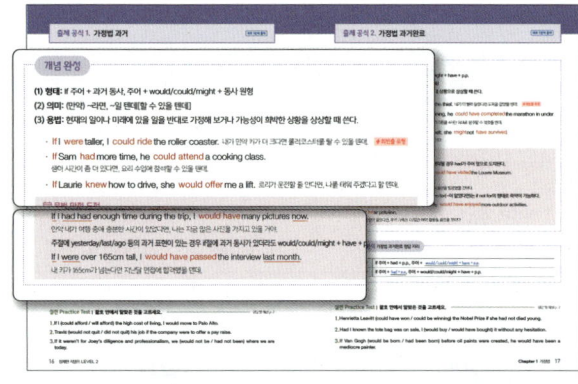

### 쉽게 이해되는 개념 완성
### 바로 적용되는 정답 공식

단기간에 지텔프를 정복할 수 있도록 꼭 필요한 개념만 쉽고 간략히 정리했습니다. 또한 지텔프 문제와 정답이 어떻게 출제되는지 공식화하였습니다. 개념 완성을 통해 개념을 이해하고 정답 공식을 통해 문제에 적용하는 것을 익히면 지텔프 문법 만점도 가능합니다.

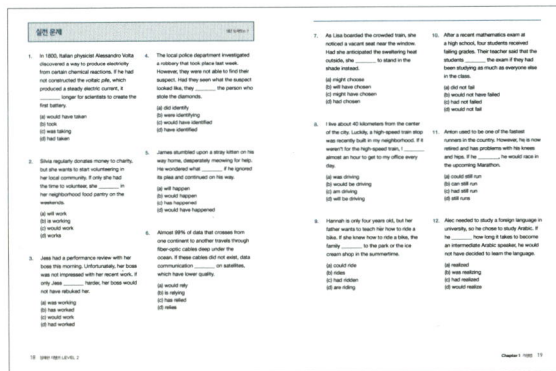

### 실전과 동일한 난이도의
### 실전 문제

연구진들이 지텔프 최신 출제 경향을 꼼꼼히 분석하여 실제 시험과 동일한 유형과 난이도로 구성한 실전 문제입니다. 실제 시험에 완벽 대비할 수 있습니다.

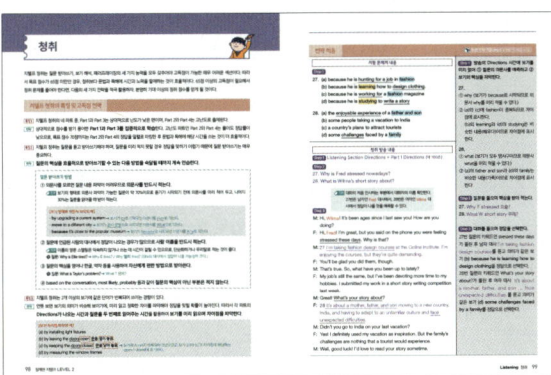

### 청취/독해 및 어휘
### 최단 기간 정복 전략

47점 이상을 목표로 하는 수험생들을 위해 최단 기간에 목표 점수를 획득할 수 있도록 지텔프 청취와 독해 및 어휘의 특징과 학습 전략을 담았습니다. 특징과 학습 전략을 익히고 실전 문제까지 풀어본다면 고득점도 문제없습니다.

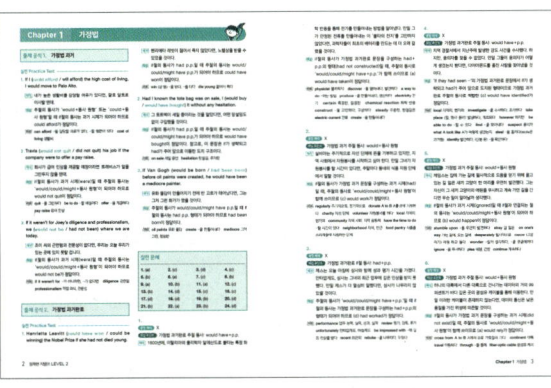

### 오답의 이유까지 설명한
### 친절한 해설집

정확한 해석과 자세한 해설은 기본이고, 문장을 해석해야 풀 수 있는 문제인지, 아니면 해석하지 않고 공식만으로도 풀리는 문제인지 표기했습니다. 또한 문제마다 문제의 핵심 포인트를 제시하여 문제 유형별 접근법을 익히고 해당 유형에 잘 대비할 수 있도록 하였습니다.

# G-TELP 소개

## ■ G-TELP란?

G-TELP(General tests of English Language Proficiency)는 미국 국제테스트 연구원(ITSC, International Testing Services Center)에서 주관하여 University of California Los Angeles, Georgetown University, San Diego State University, Lado International College 등의 저명 교수진이 연구/개발하였고, 국내외 저명한 언어학자, 평가 전문가들이 참여하여 국제적으로 시행하는 글로벌 영어 능력 평가 인증 시험입니다.

## ■ 시험 구성

| 구분 | 출제 방식 및 시간 | 평가 기준 | 합격자의 영어 구사 능력 |
|---|---|---|---|
| Level 1 | 청취: 30문항/약 30분<br>독해 및 어휘: 70문항/70분<br>합계: 100문항/약 100분 | Native Speaker에 준하는 영어 능력: 상담, 토론 가능 | · 모국어로 하는 외국인과 거의 대등한 의사소통이 가능<br>· 국제회의 통역도 가능한 수준 |
| **Level 2**<br>공무원, 군무원, 자격증 등 영어 대체 시험에 활용 | 문법: 26문항/20분<br>청취: 26문항/약 30분<br>독해및 어휘: 28문항/40분<br>합계: 80문항/약 90분 | 다양한 상황에서 대화 가능: 업무 상담 및 해외 연수 등이 가능한 수준 | · 일상생활 및 업무 상담 등에서 어려움 없이 의사소통할 수 있는 수준<br>· 외국인과의 회의 및 세미나 참석, 해외 연수 등이 가능한 수준 |
| Level 3 | 문법: 22문항/20분<br>청취: 24문항/약 20분<br>독해 및 어휘: 24문항/40분<br>합계: 70문항/약 80분 | 간단한 의사소통과 친숙한 상태에서의 단순 대화 가능 | · 간단한 의사소통과 친숙한 상태에서의 단순한 대화가 가능한 수준<br>· 해외여행과 단순한 업무 출장을 할 수 있는 수준 |
| Level 4 | 문법: 20문항/20분<br>청취: 20문항/약 15분<br>독해 및 어휘: 20문항/25분<br>합계: 60문항/약 60분 | 기본적인 문장을 통해 최소한의 의사소통이 가능한 수준 | · 기본적인 어휘의 짧은 문장을 통해 최소한의 의사소통이 가능한 수준<br>· 외국인이 자주 반복하거나 부연 설명을 해 주어야 이해할 수 있는 수준 |
| Level 5 | 문법: 16문항/15분<br>청취: 16문항/약 15분<br>독해 및 어휘: 18문항/25분<br>합계: 50문항/약 55분 | 극히 초보적인 수준의 의사소통 가능 | · 영어 초보자<br>· 일상의 인사/소개 등을 듣고, 이해할 수 있는 수준<br>· 말 또는 글을 통한 자기표현은 거의 불가능한 수준 |

| Section | 점수 비율 | Mastery 기준 |
|---|---|---|
| 문법 | 100점 만점 | – 각 Section별(문법·청취·독해 및 어휘) 75% 이상 획득해야 해당 등급 Mastery<br>– 한 개 Section이 75% 미만인 경우 Near Mastery<br><br>* 국내에서는 대개 Level 2 특정 평균 점수 이상을 획득하면 영어 대체 시험 합격점으로 인정 |
| 청취 | 100점 만점 | |
| 독해 및 어휘 | 100점 만점 | |
| 총점 | 총 300점 만점 | |
| 평균 | 100점<br>(성적표상 You have answered 100% of all the question in the test correctly 부분) | |

## ■ 시험 특징

- 문법/청취/독해 및 어휘 3가지 영역의 종합 영어 능력 평가 → 객관식 사지선다형
- 빠른 성적 확인 → 응시일로부터 일주일 이내 빠른 성적 발표
- 절대 평가
- 정기 시험/수시 시험으로 나뉘며, 국가고시/국가자격시험/기업체 채용 시험은 정기 시험만 인정
  → 정기 시험은 월 2회, 연 24회 전국에서 시행
- 5단계 Level의 수준별 평가 → 이 중 Level 2 시험이 공무원, 군무원, 자격증 등 영어 대체 시험에 활용

## ■ G-TELP FAQ

**Q. 토익과 비슷한가요?**
A. 토익과는 영역 수, 문항 수, 총점, 시험 시간 등 여러 면에서 차이가 있는데, 그중 평가 방식이 토익은 상대 평가이고 지텔프는 절대 평가라는 것 그리고 지텔프 청취 영역은 문제지에 질문 없이 보기만 주어진다는 것에서 가장 큰 차이가 있습니다.

**Q. 점수를 어디에 활용할 수 있나요?**
A. 현재 국내에서는 국가고시(공무원, 군무원, 소방, 경찰 등), 공무원 해외파견, 국가자격증(변리사, 회계사, 세무사, 노무사, 감정평가사, 행정사, 관광통역안내사, 호텔경영사 등) 영어 대체 시험, 기업체의 신입 사원 채용 및 인사, 승진 평가 시험, 대학(원)교 졸업 자격 및 논문 심사 영어 대체 시험, 초·중·고등학교 영어 평가 인증 교육 자료로 활용되고 있습니다.

**Q. 응시 자격 제한이 있나요?**
A. Level 2~5는 응시 자격 제한이 없으나, Level 1은 Level 2 Mastery를 취득한 사람만 응시할 수 있습니다.

**Q. 영역별 시간 제한이 있나요?**
A. 2018년 5월 13일 시험부터 영역별 시험 시간 제한 규정이 폐지되어 푸는 순서나 시간 분배를 자유롭게 정해 풀 수 있습니다.

**Q. 문제지에 메모할 수 있나요?**
A. 규정상 문제지에 낙서하는 행위는 금지입니다. 그러나 본인만 볼 수 있는 정도의 작은 표시는 허용될 수 있습니다.

**Q. 답안을 따로 마킹할 시간이 있나요?**
A. 따로 마킹할 시간이 없으므로 풀면서 바로 마킹하는 것이 좋으며, 수정 시 수정액이 아닌 수정 테이프를 사용해야 합니다.

# G-TELP Level 2 소개

## ■ 출제 분야

- **문법 (Grammar)**
  - 가정법: 가정법 과거, 가정법 과거완료 등
  - 시제: 진행형, 완료형, 완료진행형 등
  - 조동사: 다양한 조동사의 쓰임 및 요구/제안/명령 동사와 should 생략 등
  - 부정사와 동명사: 역할 및 목적어로 취하는 동사들 등
  - 접속사: 종속 접속사, 등위 접속사, 접속부사
  - 관계사: 관계 대명사, 관계 부사 등

- **청취 (Listening)**
  - 개인적인 이야기
  - 어떤 결정에 이르고자 하는 비공식적인 협상 등의 대화
  - 어떤 특정한 행동의 진행 상황을 설명하거나 특정한 상품을 추천하는 공식적인 담화
  - 일반적인 어떤 일의 진행이나 과정에 대한 설명

- **독해 및 어휘 (Reading & Vocabulary)**
  - 과거 역사 속의 사건이나 현시대의 이야기
  - 최근의 사회적이고 기술적인 묘사에 초점을 맞춘 잡지나 신문의 기사
  - 전문적인 것이 아닌 일반적인 내용의 백과사전
  - 어떤 것을 설명하거나 설득하는 상업 서신

## ■ TOEIC과 G-TELP(Lv. 2) 점수 대비표

| TOEIC | 969 | 962 | 954 | 947 | 940 | 932 | 925 | 918 | 910 | 903 | 896 | 889 | 881 | 874 | 867 |
|---|---|---|---|---|---|---|---|---|---|---|---|---|---|---|---|
| G-TELP | 99 | 98 | 97 | 96 | 95 | 94 | 93 | 92 | 91 | 90 | 89 | 88 | 87 | 86 | 85 |
| TOEIC | 859 | 852 | 845 | 837 | 830 | 823 | 815 | 808 | 801 | 793 | 786 | 779 | 771 | 764 | 757 |
| G-TELP | 84 | 83 | 82 | 81 | 80 | 79 | 78 | 77 | 76 | 75 | 74 | 73 | 72 | 71 | 70 |
| TOEIC | 749 | 742 | 735 | 720 | 713 | 706 | 698 | 691 | 684 | 676 | 669 | 662 | 654 | 647 | 640 |
| G-TELP | 69 | 68 | 67 | 66 | 65 | 64 | 63 | 62 | 61 | 60 | 59 | 58 | 57 | 56 | 55 |
| TOEIC | 632 | 625 | 618 | 610 | 603 | | | | | | | | | | |
| G-TELP | 54 | 53 | 52 | 51 | 50 | | | | | | | | | | |

## ■ 성적 활용 비교표

| 구분 | TOEIC | G-TELP(Lv. 2) |
|---|---|---|
| 5급 공채 | 700 | 65 |
| 외교관 후보자 | 870 | 88 |
| 7급 공채 | 700 | 65 |
| 7급 외무영사직렬 | 790 | 77 |
| 7급 지역인재 | 700 | 65 |
| 국회사무처(입법고시) | 700 | 65 |
| 대법원(법원행정고시) | 700 | 65 |
| 국민안전처(소방 간부 후보생) | 625 | 50 |
| 경찰청(경찰 간부 후보생) | 625 | 50 |
| 경찰청(경찰 간부 후보생) | 600: 가산점 2점 | 48점: 가산점 2점 |
| 경찰청(경찰 간부 후보생) | 800: 가산점 4점 | 75점: 가산점 4점 |
| 경찰청(경찰 간부 후보생) | 900: 가산점 5점 | 89점: 가산점 5점 |
| 경찰청(경찰공무원) | 550 | 43 |
| 경찰청(경찰공무원) | 600: 가산점 2점 | 48점: 가산점 2점 |
| 경찰청(경찰공무원) | 800: 가산점 4점 | 75점: 가산점 4점 |
| 경찰청(경찰공무원) | 900: 가산점 5점 | 89점: 가산점 5점 |
| 국방부(군무원) | 5급 700 | 5급 65 |
| 국방부(군무원) | 7급 570 | 7급 47 |
| 국방부(군무원) | 9급 470 | 9급 32 |
| 카투사 | 780 | 73 |
| 특허청(변리사) | 775 | 77 |
| 국세청(세무사) | 700 | 65 |
| 고용노동부(공인노무사) | 700 | 65 |
| 국토교통부(감정평가사) | 700 | 65 |
| 행정자치부(외국어 번역 행정사) | Writing 150점 | Writing 3급 |
| 한국산업인력공단(관광통역안내사) | 760 | 74 |
| 한국산업인력공단(호텔 경영사) | 800 | 79 |

## 정기 시험 접수부터 성적 확인까지

- **시험 접수**
  - 월 2회 일요일 격주로 시행 (* 정기 시험의 시행 일정, 지역, 고사장, 응시료는 변경될 수 있으므로 지텔프코리아 홈페이지에서 해당 정보를 확인)
  - www.g-telp.co.kr에서 회원 가입 후 인터넷 접수 또는 지정 접수처에 직접 방문하여 접수
  - 응시료: 정기 접수기간 금액 / 추가 접수기간 금액
    - 일반: 60,300원 / 64,700원
    - 졸업인증: 41,600원 / 46,000원
    - 군인할인: 30,200원 / 34,600원
    - 한국장학재단: 43,100원 / 47,500원
    - 기초생활수급자: 20,000원 / 22,000원 (정상가 결제 후 환급)
    - 중·고등학생: 30,000원 / 30,000원 (정상가 결제 후 환급, 정기 접수/추가 접수 금액 동일)
  - 결제 방법: 신용카드, 온라인 계좌이체, 무통장 입금, 페이코 중에서 선택
  - 환불: 접수 기간 내 또는 접수(결제)일 포함 8일 이내 → 전액 환불
    접수 기간 만료~당 회차 시험 수험번호 공지 전일 24:00시 → 50% 환불
    수험번호 공지일 0시~시험 시행 전 수요일 24:00시 → 30% 환불

- **시험 당일**
  - 14시 20분까지 입실 완료 (* 시험 시작 후 입실 절대 불가)
  - 지정된 날짜, 시간, 장소, 좌석에 앉아 대기
  - 시험과 관련된 신분증, 필기도구, 손목시계 이외의 개인 소지품은 불허
    - 규정 신분증: 주민등록증, 여권(기간 만료 전), 운전면허증, 공무원증, 외박/외출/휴가증(병사), 군인신분증, 학교장 직인이 기재된 학생증(중고생), 재학증명서(중고생), 외국인등록증(외국인) (단, 대학생의 경우 학생증 불허)
    - 허용 필기도구: 컴퓨터용 사인펜, 수정 테이프 (단, 수정액은 사용 불가)

- **성적 확인**
  - 성적 결과 통보: 온라인 성적 확인 → 응시일로부터 5일 이내
    원본 성적표 발송 → 온라인 출력은 확인 직후부터/우편 발송은 발표 후 다음 화요일
  - 성적표 수령 방법: 온라인 직접 출력 또는 우편으로 수령 (* 최초 1회 발급은 무료)
  - 성적 유효 기간: 응시일자를 기준으로 2년간 유효

■ 성적표 샘플

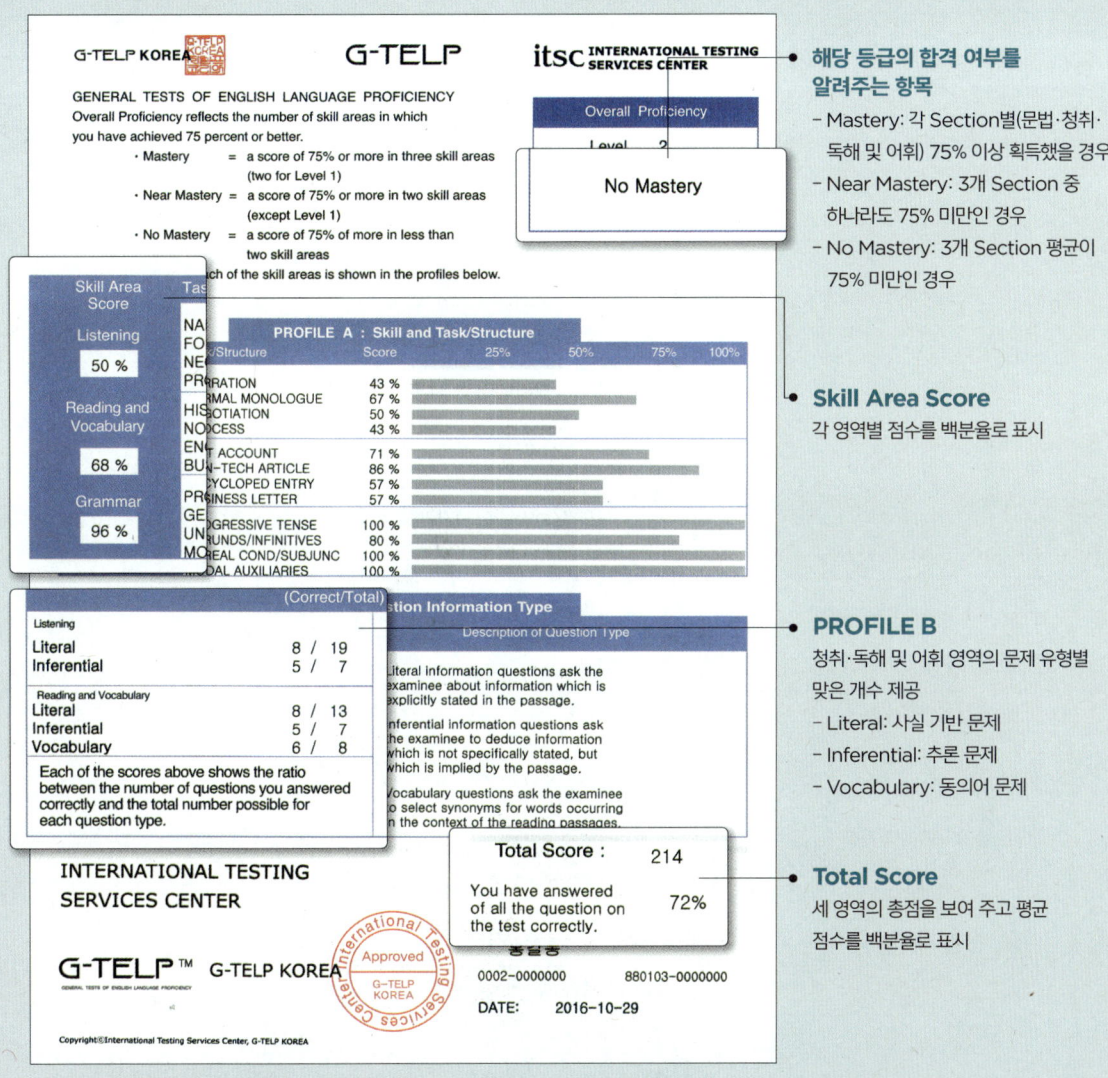

### 점수 계산법

**각 영역 점수:** 맞은 개수÷전체 문제 개수×100
**총점:** 각 영역 점수 합계÷3
* 소수점 이하 점수는 올림 처리합니다.

[예] 영역별로 문법 20개, 청취 10개, 독해 및 어휘 16개 맞혔을 시
문법: 20÷26×100=77점  청취: 10÷26×100=39점  독해 및 어휘: 16÷28×100=58점
총점: (77+39+58)÷3=**58점**

# Chapter 1

# 가정법

## 출제 문제 수 (총 26문제)

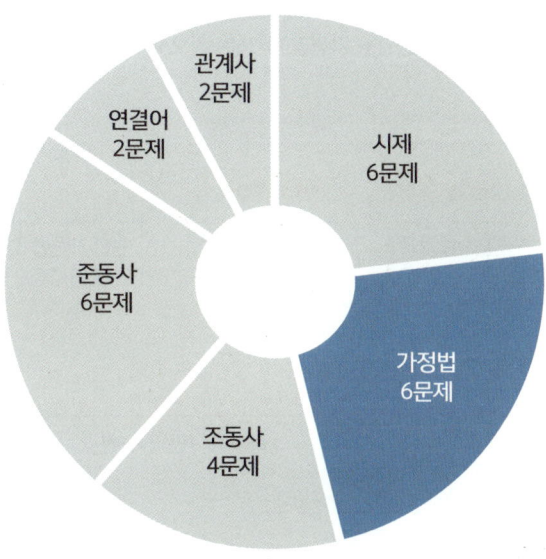

- 시제 6문제
- 가정법 6문제
- 조동사 4문제
- 준동사 6문제
- 연결어 2문제
- 관계사 2문제

**출제 공식 1**    가정법 과거

**출제 공식 2**    가정법 과거완료

**실전 문제**

# 기초 다지기

## 개념 기초 다지기

**가정법**이란 현실과는 반대되거나 실현 불가능한 상황을 가정할 때 쓰는 것으로, '가정법 과거'와 '가정법 과거완료' 두 가지 가정법이 대표적이다.

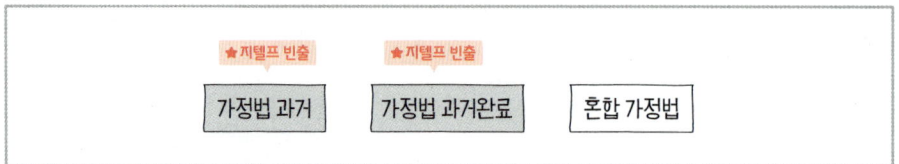

if는 두 문장의 맨 앞이나 가운데에서 두 문장을 연결한다.

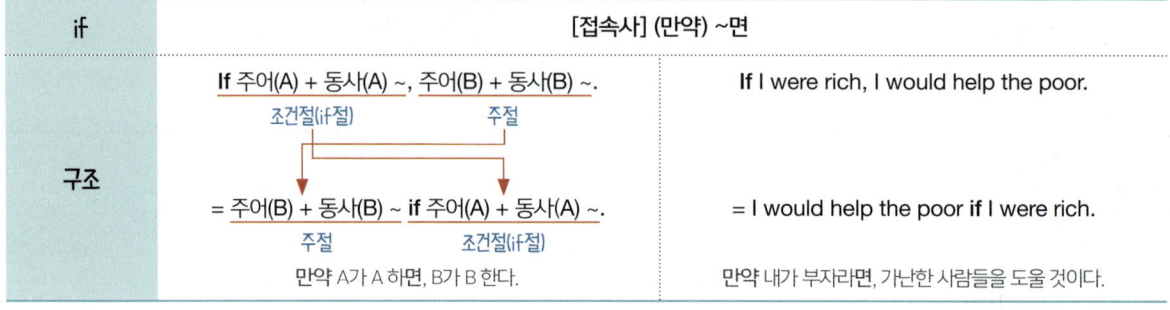

## G-TELP 기초 다지기

지텔프 Level 2에는, '가정법 과거', '가정법 과거완료' 이렇게 두 가지 가정법이 주로 출제된다.

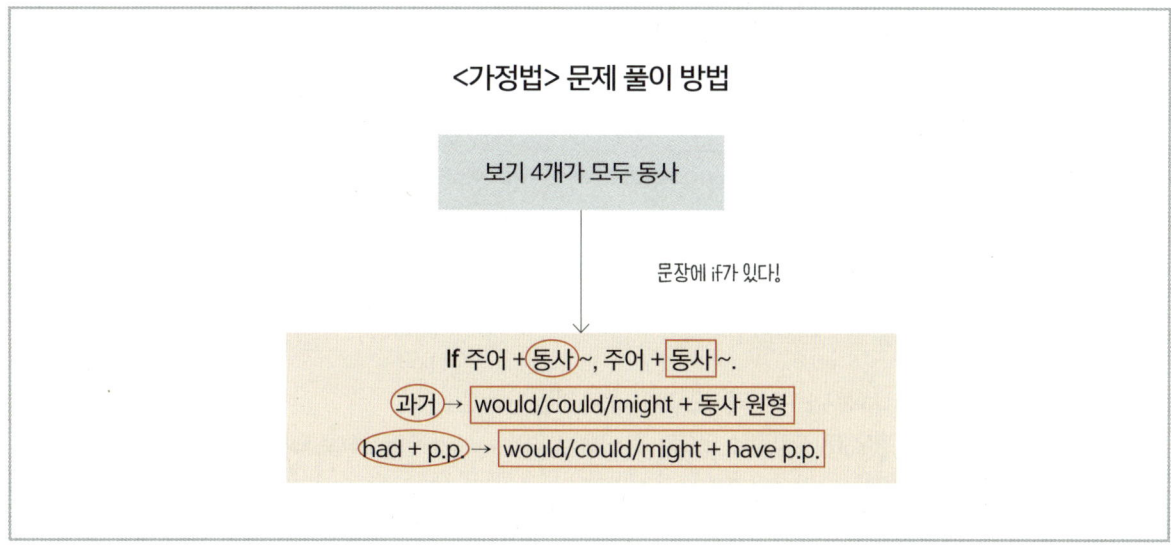

# 출제 공식 1. 가정법 과거

매회 3문제 출제

## 개념 완성

**(1) 형태:** If 주어 + 과거 동사, 주어 + would/could/might + 동사 원형
**(2) 의미:** (만약) ~라면, ~일 텐데[할 수 있을 텐데]
**(3) 용법:** 현재의 일이나 미래에 있을 일을 반대로 가정해 보거나 가능성이 희박한 상황을 상상할 때 쓴다.

- If I were taller, I could ride the roller coaster. 내가 만약 키가 더 크다면 롤러코스터를 탈 수 있을 텐데. ⚡최빈출 유형
- If Sam had more time, he could attend a cooking class.
  샘이 시간이 좀 더 있다면, 요리 수업에 참석할 수 있을 텐데.
- If Laurie knew how to drive, she would offer me a lift. 로리가 운전할 줄 안다면, 나를 태워 주겠다고 할 텐데.

### 📋 문법 만점 도전

① 가정법 과거에서 if절의 be동사는 주어와 상관없이 was가 아닌 were를 쓴다.
② if절의 동사가 were인 경우 if는 생략될 수 있으며, if가 생략될 경우 were가 주어 앞으로 도치된다.

  If I were a millionaire, I would donate most of my fortune to charity.
  = Were I a millionaire,
  만약 내가 백만장자라면, 나는 내 재산의 대부분을 자선 단체에 기부할 것이다.

③ 혼합가정법 (해석으로 풀이하는 것이 가장 정확하지만, 보통 다음의 유형으로 출제)

  주절에 at the moment/currently/(right) now 등의 현재 표현이 있는 경우 if절에 had + p.p. 형태가 있더라도 would/could/might+동사원형이 정답이다.
  If I had had enough time during the trip, I would have many pictures now.
  만약 내가 여행 중에 충분한 시간이 있었다면, 나는 지금 많은 사진을 가지고 있을 거야.
  주절에 yesterday/last/ago 등의 과거 표현이 있는 경우 if절에 과거 동사가 있더라도 would/could/might + have + p.p.가 정답이다.
  If I were over 165cm tall, I would have passed the interview last month.
  내 키가 165cm가 넘는다면 지난달 면접에 합격했을 텐데.

## 최신 유형 분석 가정법 과거 정답 자리

| 정답 공식 ① | If 주어 + 과거 동사, 주어 + <u>would/could/might + 동사 원형</u> |
|---|---|
| 정답 공식 ② | If 주어 + <u>과거 동사</u>, 주어 + would/could/might + 동사 원형 |

### 실전 Practice Test | 괄호 안에서 알맞은 것을 고르세요.

정답 및 해설 p. 2

1. If I (could afford / will afford) the high cost of living, I would move to Palo Alto.
2. Travis (would not quit / did not quit) his job if the company were to offer a pay raise.
3. If it weren't for Joey's diligence and professionalism, we (would not be / had not been) where we are today.

# 출제 공식 2. 가정법 과거완료

매회 3문제 출제

## 개념 완성

(1) **형태**: If 주어 + had + p.p., 주어 + would/could/might + have + p.p.
(2) **의미**: (만약) ~했다면, ~했을 텐데[할 수 있었을 텐데]
(3) **용법**: 과거에 실제로 일어났던 일을 다르게 혹은 반대 상황으로 상상할 때 쓴다.

· If I had run faster, I would have caught the thief. 내가 더 빨리 달렸다면 도둑을 잡았을 텐데. ⚡최빈출 유형

· If Andrew had devoted more time to training, he could have completed the marathon in under 4 hours. 앤드류가 훈련에 더 많은 시간을 할애했다면 마라톤을 4시간 이내로 완주할 수 있었을 텐데.

· If Elena had not been wearing her seatbelt, she might not have survived.
엘레나가 안전벨트를 매지 않았더라면 살아남지 못했을 것이다.

### ☑ 문법 만점 도전

① 가정법 과거완료에서 if는 생략될 수 있으며, if가 생략될 경우 had가 주어 앞으로 도치된다.
 If I had had enough time during the trip, I would have visited the Louvre Museum.
 = Had I had enough time during the trip,
 만약 내가 여행하는 동안 충분한 시간이 있었다면 루브르 박물관을 방문했을 것이다.

② if it were not for(~이 없다면)와 if it had not been for(~이 없었다면)는 if not for의 형태로 축약이 가능하다.
 If it had not been for air pollution, our family would have enjoyed more outdoor activities.
 = If not for air pollution,
 만약 대기 오염이 없었다면, 우리 가족은 더 많은 야외 활동을 즐겼을 것이다.

## 최신 유형 분석 | 가정법 과거완료 정답 자리

| 정답 공식 ① | If 주어 + had + p.p., 주어 + would/could/might + have + p.p. |
|---|---|
| 정답 공식 ② | If 주어 + had + p.p., 주어 + would/could/might + have + p.p. |

---

## 실전 Practice Test | 괄호 안에서 알맞은 것을 고르세요.

정답 및 해설 p. 2

1. Henrietta Leavitt (could have won / could be winning) the Nobel Prize if she had not died young.

2. Had I known the tote bag was on sale, I (would buy / would have bought) it without any hesitation.

3. If Van Gogh (would be born / had been born) before oil paints were created, he would have been a mediocre painter.

# 실전 문제

1. In 1800, Italian physicist Alessandro Volta discovered a way to produce electricity from certain chemical reactions. If he had not constructed the *voltaic pile*, which produced a steady electric current, it _____ longer for scientists to create the first battery.

   (a) would have taken
   (b) took
   (c) was taking
   (d) had taken

2. Silvia regularly donates money to charity, but she wants to start volunteering in her local community. If only she had the time to volunteer, she _____ in her neighborhood food pantry on the weekends.

   (a) will work
   (b) is working
   (c) would work
   (d) works

3. Jess had a performance review with her boss this morning. Unfortunately, her boss was not impressed with her recent work. If only Jess _____ harder, her boss would not have rebuked her.

   (a) was working
   (b) has worked
   (c) would work
   (d) had worked

4. The local police department investigated a robbery that took place last week. However, they were not able to find their suspect. Had they seen what the suspect looked like, they _____ the person who stole the diamonds.

   (a) did identify
   (b) were identifying
   (c) would have identified
   (d) have identified

5. James stumbled upon a stray kitten on his way home, desperately meowing for help. He wondered what _____ if he ignored its plea and continued on his way.

   (a) will happen
   (b) would happen
   (c) has happened
   (d) would have happened

6. Almost 99% of data that crosses from one continent to another travels through fiber-optic cables deep under the ocean. If these cables did not exist, data communication _____ on satellites, which have lower quality.

   (a) would rely
   (b) is relying
   (c) has relied
   (d) relies

7. As Lisa boarded the crowded train, she noticed a vacant seat near the window. Had she anticipated the sweltering heat outside, she _____ to stand in the shade instead.

(a) might choose
(b) will have chosen
(c) might have chosen
(d) had chosen

8. I live about 40 kilometers from the center of the city. Luckily, a high-speed train stop was recently built in my neighborhood. If it weren't for the high-speed train, I _____ almost an hour to get to my office every day.

(a) was driving
(b) would be driving
(c) am driving
(d) will be driving

9. Hannah is only four years old, but her father wants to teach her how to ride a bike. If she knew how to ride a bike, the family _____ to the park or the ice cream shop in the summertime.

(a) could ride
(b) rides
(c) had ridden
(d) are riding

10. After a recent mathematics exam at a high school, four students received failing grades. Their teacher said that the students _____ the exam if they had been studying as much as everyone else in the class.

(a) did not fail
(b) would not have failed
(c) had not failed
(d) would not fail

11. Anton used to be one of the fastest runners in the country. However, he is now retired and has problems with his knees and hips. If he _____, he would race in the upcoming Marathon.

(a) could still run
(b) can still run
(c) had still run
(d) still runs

12. Alec needed to study a foreign language in university, so he chose to study Arabic. If he _____ how long it takes to become an intermediate Arabic speaker, he would not have decided to learn the language.

(a) realized
(b) was realizing
(c) had realized
(d) would realize

13. Lily stared at the blank scholarship application form on her desk. If she submitted the application, she _____ a chance at pursuing her dream education, but the fear of rejection held her back.

    (a) has had
    (b) might have
    (c) will have
    (d) might have had

14. Marco works very hard in his career as an engineer. He always dreams about traveling abroad, but he doesn't have enough time. If he could go to any country, he _____ either Spain or Portugal.

    (a) is visiting
    (b) visits
    (c) will visit
    (d) would visit

15. It was my friend's birthday party last night and we stayed out really late. That's why I couldn't wake up early this morning. If I had not gone to the party, I probably _____ at work on time.

    (a) did arrive
    (b) have arrived
    (c) would have arrived
    (d) was arriving

16. The plastic in most plastic water and soda bottles is made from fossil fuels and other chemicals. If you were to bury one of these bottles in the ground, it _____ about 450 years before it completely degrades.

    (a) is lasting
    (b) lasts
    (c) would last
    (d) will last

17. The distance from Earth to Mars is over 167 million kilometers. Even if astronauts were able to use our fastest spaceship, it _____ over six months to complete the trip.

    (a) will still have taken
    (b) is still taking
    (c) still takes
    (d) would still take

18. Because of the tough economy this year, Shane lost his job and doesn't have much money in his bank account. Had he spent less money while he was working, he _____ enough for an emergency.

    (a) was saving
    (b) would save
    (c) saved
    (d) would have saved

**19.** Lily is pacing back and forth in her cluttered room, her mind consumed by the complexity of her predicament. If Lily took a moment to pause and reflect, she _____ that the answer to her problem was right within her grasp.

(a) will realize
(b) would realize
(c) had realized
(d) would have realized

**20.** Los Angeles suffered a historic flood in 1938. The damage was estimated to cost over 1 billion dollars in today's money. If the rivers had been dammed, many people _____ their homes and property in the disaster.

(a) did not lose
(b) will not be losing
(c) would not lose
(d) would not have lost

**21.** Many universities in the United Kingdom have experienced a lack of research funding recently. If they had more funding, they _____ innovative projects in science, mathematics, and technology.

(a) will support
(b) would support
(c) would have supported
(d) had supported

**22.** Sasha left her house in a hurry this morning. In the afternoon it started to rain and she realized she didn't have an umbrella. If she had seen the weather forecast, she _____ her umbrella.

(a) would have brought
(b) would bring
(c) brought
(d) was bringing

**23.** Amy is watching her favorite band perform from the distant balcony, longing to be closer to the stage. If she were granted VIP access, she _____ the music with an intensity that would ignite her soul.

(a) can experience
(b) could experience
(c) will experience
(d) could have experienced

**24.** Hurricane Sandy hit the town of Mexico Beach last month, destroying thousands of houses. The 120 mph winds also knocked down the 800-year-old oak tree. If it had not been for the hurricane, the tree _____ now.

(a) will still be alive
(b) would have still been alive
(c) had still been alive
(d) would still be alive

# Chapter 2

# 조동사

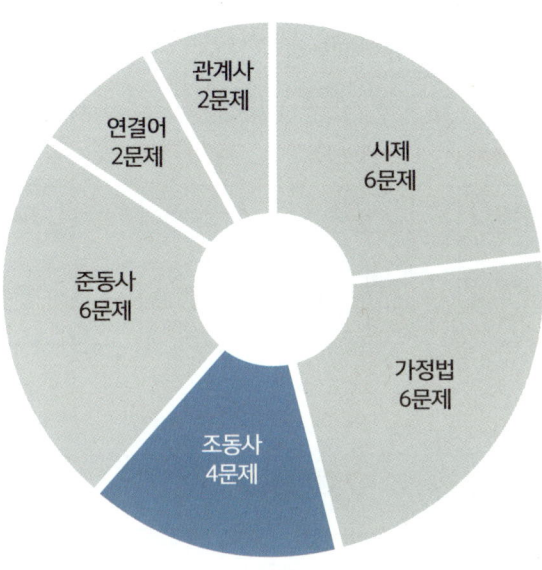

출제 문제 수 (총 26문제)
- 관계사 2문제
- 시제 6문제
- 가정법 6문제
- 조동사 4문제
- 준동사 6문제
- 연결어 2문제

**출제 공식 3** 조동사 may

**출제 공식 4** 조동사 can

**출제 공식 5** 조동사 must

**출제 공식 6** 조동사 should

**출제 공식 7** 조동사 will

**출제 공식 8** 주장/명령/요구/제안 동사와 should의 생략

**출제 공식 9** 의무/필수 형용사와 should의 생략

**실전 문제**

# 기초 다지기

## 개념 기초 다지기

**조동사**란 동사 앞에 위치하여 그 동사에 의미를 더하는 역할을 하는 것이다.

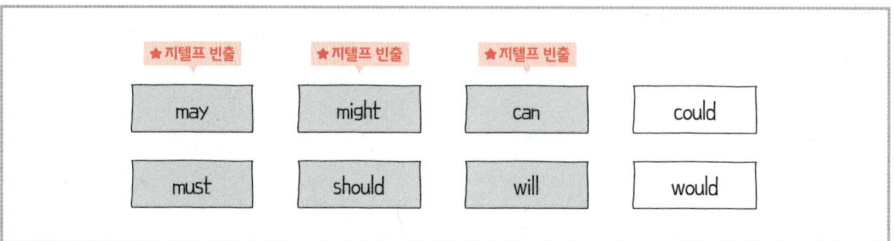

조동사는 다음과 같은 특징이 있다.

### 조동사의 특징

① 조동사는 항상 동사와 함께 쓰인다.
(= 조동사는 홀로 쓰일 수 없다.)
② 조동사 뒤에는 항상 동사 원형을 쓴다.
③ 조동사는 연속으로 2개 이상 쓸 수 없다.

Only I **can** change my life.
No one **can** do it for me.
나만이 내 인생을 바꿀 수 있다.
아무도 날 대신해 줄 수 없다.
– Carol Burnett

## G-TELP 기초 다지기

지텔프 Level 2에는 may, might, can, must, should, will 이렇게 총 6가지의 조동사가 주로 출제된다.

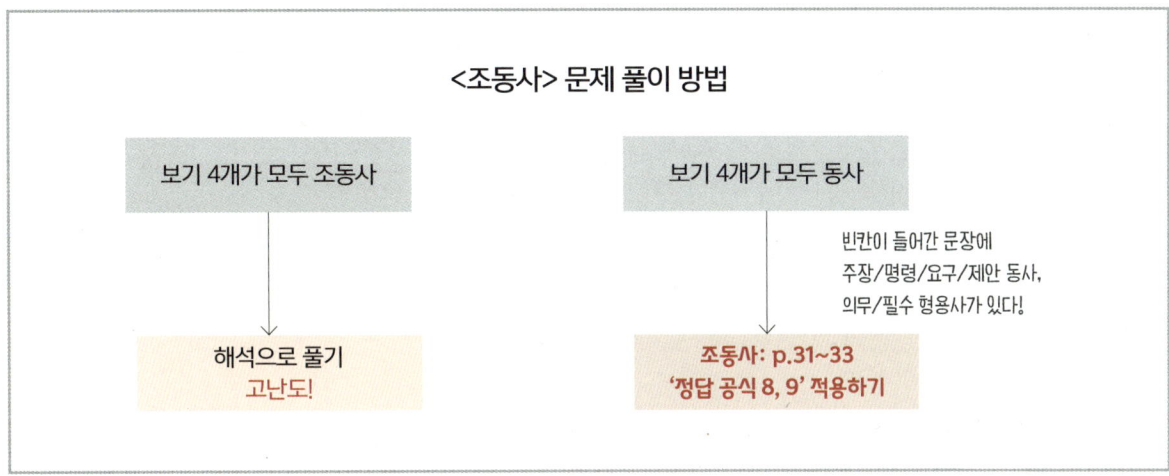

## 출제 공식 3. 조동사 may

### 개념 완성

(1) **형태:** ① [추측/가능성] ~일지도 모른다, ~할 수도 있다 (= might)  ② [허락/허가] ~해도 좋다
(2) **과거형:** may[might] have + p.p. ~였을지도 모른다
(3) **용법:** may는 확실하지 않은 것에 대한 추측/가능성을 나타낼 뿐만 아니라 can과 동일한 허락/허가의 의미 또한 가진다.

- Smoking **may**[**might**] cause cancer. [가능성] 흡연은 암을 유발할 수 있다. ⚡최빈출 유형
- "You **may** kiss the bride," said the priest. [허가] "신부에게 키스해도 좋습니다"라고 신부가 말했다.
- You **may not** use the company resources for personal purposes.
  [may not: 금지] 회사 자원을 개인적인 용도로 사용할 수 없다.

### 😊 문법 만점 도전

① 조동사 may[might]는 화자의 단순한 추측인 반면 will로 표현된 미래는 화자의 확신이 담겨 있다.

  Glenn Close **may**[**might**] sign a contract with Paramount.
  [가능성] 글렌 클로즈는 파라마운트와 계약을 체결할 수도 있다.
  Glenn Close **will** sign a contract with Paramount.
  [확실한 미래] 글렌 클로즈는 파라마운트와 계약을 체결할 것이다.

② may[might] have + p.p.는 '~였을지도 모른다'라는 과거에 대한 추측의 의미를 갖는다.

  Several items are missing. Someone **may**[**might**] **have broken** into the house last night.
  [과거에 대한 추측] 몇 가지 물건이 없어졌다. 어젯밤에 누군가 집에 침입했을지도 모른다.

### 최신 유형 분석   조동사 may 정답 자리

| 정답 공식 ① | [추측/가능성] Cold medicines **may/might** cause drowsiness. 감기약은 졸음을 유발할 수 있다. |
| --- | --- |
| 정답 공식 ② | [허락/허가] Adults **may** enter a casino. 성인은 카지노에 출입할 수 있다. |

---

### 실전 Practice Test | 괄호 안에서 알맞은 것을 고르세요.   정답 및 해설 p. 7

1. A new study suggested that medications for high blood pressure (might / must) help prevent Alzheimer's disease.

2. Your regular working hours will be 9 a.m. to 5 p.m. Monday to Friday, but you (can / may) have to work overtime as needed.

3. If you experience difficulty logging on to our website, your password (might / will) have expired or have never been set.

# 출제 공식 4. 조동사 can

## 개념 완성

(1) **의미**: ① [능력] ~할 수 있다  ② [가능성] ~ 수 있다  ③ [허가] ~해도 좋다 (= may)
(2) **과거형**: could ~할 수 있었다
(3) **용법**: 객관적, 이론적 가능성 혹은 선천적, 후천적으로 습득된 능력을 주로 의미한다. 또한 may와 동일한 허락/허가의 의미도 가진다.

- Yoga **can** alleviate stress. [가능성] 요가는 스트레스를 완화시킬 수 있다. ◆최빈출 유형
- The items **can** be delivered within 5 days. [가능성] 물품은 5일 이내에 배송될 수 있습니다. ◆최빈출 유형
- Johnny **can** speak five languages fluently. [능력] 조니는 5개 국어를 유창하게 말할 수 있다.
- The coffee machine **can** make coffee in less than 30 seconds.
  [능력] 이 커피 머신은 30초 이내에 커피를 만들 수 있다.
- You **can** use my car while I'm away. [허가] 내가 없는 동안 내 차를 써도 돼.

### 문법 만점 도전

① could는 과거의 능력, 가능성, 허가의 의미를 갖는다.
  Elton John **could** play the piano at the age of three. [과거의 능력] 엘튼 존은 3살 때 피아노를 칠 수 있었다.
  The river was frozen solid, so we **could** skate across it.
  [과거의 가능성] 강은 꽁꽁 얼어서 우리는 스케이트를 타고 강을 건널 수 있었다.
  As a child, I **could** have dessert after finishing my vegetables.
  [과거의 허가] 어렸을 때, 나는 야채를 다 먹은 후에 디저트를 먹을 수 있었다.

② could는 현재나 미래의 추측/가능성의 의미 또한 갖는다.
  This shampoo **could** be the reason for your hair loss. [추측] 이 샴푸가 당신의 탈모의 원인일 수도 있어요.

## 최신 유형 분석 조동사 can 정답 자리

| 정답 공식 ① | [능력] Babies <u>can</u> distinguish between colors. 아기들은 색상을 구별할 수 있다. |
|---|---|
| 정답 공식 ② | [가능성] Training <u>can</u> improve your memory. 훈련을 통해 기억력을 향상시킬 수 있습니다. |
| 정답 공식 ③ | [허가] You <u>can</u> park here. 이 곳에 주차하셔도 됩니다. |

## 실전 Practice Test | 괄호 안에서 알맞은 것을 고르세요.

정답 및 해설 p. 7

1. These cold medicines (can / shall) cause drowsiness, so refrain from driving after taking a dose.

2. The new cruise ship (would / can) accommodate up to 1,000 passengers in comfortable seating and features three swimming pools.

3. Employees (can / must) use the company's gym, complete with state-of-the-art equipment, during working hours.

## 출제 공식 5. 조동사 must

### 개념 완성

(1) **의미**: ① [의무] ~해야 한다  ② [확신] ~임에 틀림없다 (must be)
(2) **과거형**: must have + p.p. ~했음에[였음이] 틀림없다
(3) **용법**: 매우 중요하거나 시급한 **의무[임무]/도리** 혹은 권위/권한을 지닌 화자에 의한 **강요/명령**의 의미를 갖는다. be동사와 함께 쓰일 경우 강한 **확신**의 의미를 나타내기도 한다.

· You **must** be at least 20 years old to rent a car. [의무] 차를 빌리려면 적어도 20살이 되어야 한다. ⚡최빈출 유형

· The items **must** be returned in the original packaging. ⚡최빈출 유형
  [의무] 물품은 원래의 포장에 넣어 반송해야 한다.

· The suspect **must have gone** this way. [확신] 용의자는 이 길로 갔음이 틀림없어.

· I **must** visit my parents more often. [도리] 나는 좀 더 자주 부모님을 방문해야 해.

#### 📅 문법 만점 도전

① must not은 '~해서는 안 된다'라는 금지의 의미를 가진다.
   You **must not** take a picture inside the museum. [금지] 박물관 안에서 사진을 찍으면 안 됩니다.
② must have + p.p.는 '~했음이[였음이] 틀림없다'라는 과거에 대한 추측의 의미를 가진다.
   Ronnie hasn't arrived yet. She **must have missed** the train.
   [과거에 대한 추측] 로니가 아직 도착하지 않았어요. 그녀는 기차를 놓쳤음이 틀림없어요.

### 최신 유형 분석  조동사 must 정답 자리

| 정답 공식 ① | [의무/도리/강요] You <u>must</u> work hard not to get fired. 해고되지 않으려면 열심히 일해야 한다. |
|---|---|
| 정답 공식 ② | [확신] The player <u>must</u> have prepared well. 그 선수는 준비를 잘 했음에 틀림없다. |

---

### 실전 Practice Test | 괄호 안에서 알맞은 것을 고르세요.  정답 및 해설 p. 7

1. Please note that children under 14 (would / must) be accompanied by an adult at all times.

2. According to the airline's website, the size of the luggage (must / can) not exceed 210 cm for the total of three dimensions.

3. Jason looked very tired this morning. He (must / could) have stayed up late partying last night.

# 출제 공식 6. 조동사 should

## 개념 완성

(1) **의미:** ① [제안/권고] ~하는 것이 좋다 ② [책임/당위] ~해야 한다
(2) **과거형:** should have + p.p. ~했어야 했다
(3) **용법:** 주로 어떤 행위를 **제안/권고**할 때 사용되며, 때로 **책임/당위**의 의미를 갖기도 한다.

- The mother said to Newton, "You should get some sleep."  ⚡최빈출 유형
  [제안] 엄마는 뉴턴에게 "잠 좀 자렴"이라고 말했다.
- The tour participants should wear comfortable shoes.  ⚡최빈출 유형
  [제안] 투어 참가자들은 편안한 신발을 신는 것이 좋습니다.
- We should preserve the environment. [당위] 우리는 환경을 보존해야 한다.
- You should arrive at least ten minutes before the lecture. [당위] 적어도 강연 10분 전에 도착해야 합니다.

### 📅 문법 만점 도전

should have + p.p.는 '~했어야 했다'라는 과거에 대한 후회의 의미를 갖는다.

There are some errors in the report. You should have checked it more carefully.
보고서에 오류가 좀 있습니다. 당신은 좀 더 꼼꼼히 확인했어야 합니다.

## 최신 유형 분석  조동사 should 정답 자리

| 정답 공식 ① | [제안/권고] People with weak bones should take calcium supplements.<br>뼈가 약한 분들은 칼슘 영양제를 섭취하는 것이 좋습니다. |
|---|---|
| 정답 공식 ② | [책임/당위] We should protect the environment before it's too late.<br>우리는 너무 늦기 전에 지구를 보호해야 합니다. |

### 실전 Practice Test | 괄호 안에서 알맞은 것을 고르세요.  정답 및 해설 p. 8

1. Logan has been using the same password for more than two years. He (should / can) change his password frequently.

2. The customer information (should / would) not be shared with anyone outside the company.

3. The deadline for submitting the proposal is approaching soon. Melina (will / should) have started drawing it up earlier.

# 출제 공식 7. 조동사 will

## 개념 완성

(1) **의미:** ① [미래] ~할 것이다, ~일 것이다  ② [의지/의향] (꼭) ~하겠다  ③ [경향/습성] ~하기 마련이다
(2) **과거형:** would (과거에서 본 미래)
(3) **용법:** 미래 시제를 만드는 **조동사**로 미래에 **예정**되어 있는 일을 말하거나 미래에 있을 일을 **예상**할 때, 혹은 주어의 **의지**나 **의향**을 나타낼 때 쓴다.

· I'm sure Briana **will** change her mind. [예상] 브리아나가 마음을 바꿀 것이라고 난 확신해. ◆최빈출 유형

· A new president **will** be appointed next week. [예정] 새로운 회장이 다음 주에 임명될 것이다. ◆최빈출 유형

· "I **will** look for you, and I **will** find you," says Liam Neeson's character in the film *Taken*.
[의지] "나는 너를 찾아다닐 것이고 너를 찾아낼 거야"라고 영화 <테이큰>에서 리암 니슨의 캐릭터는 말한다.

· I **will** not accept a job offer from TBO Systems. [의지] 나는 TBO 시스템즈의 일자리 제안을 받아들이지 않을 것이다.

· Plants **will** grow towards a light source. [경향/습성] 식물은 광원을 향해 자란다.

· In stressful situations, people **will** often experience an increased heart rate.
[경향/습성] 스트레스가 많은 상황에서, 사람들은 종종 심장 박동수가 증가하는 것을 경험하기 마련이다.

### 문법 만점 도전
주절의 동사가 과거인 경우 종속절에는 will 대신 would를 주로 사용한다.
Pinocchio **promised** that he **would** not lie again.
[과거에서 본 미래] 피노키오는 다시는 거짓말을 하지 않겠다고 약속했다.

## 최신 유형 분석  조동사 will 정답 자리

| 정답 공식 ① | [예정/예상] The film will be released in the first week of October.<br>그 영화는 10월 첫째 주에 개봉할 것이다. |
|---|---|
| 정답 공식 ② | [의지/의향] I will attend my brother's wedding no matter what.<br>나는 무슨 일이 있어도 남동생의 결혼식에 참석할 것이다. |

## 실전 Practice Test | 괄호 안에서 알맞은 것을 고르세요.

정답 및 해설 p. 8

1. Today's outdoor event (will / would) be postponed until next Friday due to the terrible weather.

2. My boss is a stubborn man, and I'm sure he (may / will) not admit that he is wrong.

3. LeBron James recently announced that he (can / would) be signing a four-year contract with the team.

## 출제 공식 8. 주장/명령/요구/제안 동사와 should의 생략

### 개념 완성

(1) **형태:** 주장/명령/요구/제안 동사 + that + 주어 + (should) + 동사 원형
(2) **용법:** suggest(제안하다), demand(주장하다)와 같은 **주장/명령/요구/제안**의 의미를 지닌 동사들은 뒤에 **that절**을 동반할 경우 that절엔 '**주어 + (should) + 동사 원형**'의 형태를 쓴다.

- The personal trainer **suggests that** Dave **(should) go** on a diet.  ⚡최빈출 유형
  개인 트레이너는 데이브에게 다이어트를 하라고 제안한다.

- We **recommend that** Maria **(should) book** the train ticket beforehand.
  우리는 마리아에게 기차표를 미리 예약하라고 권장했다.

- The company **is requesting that** the bill **(should) be paid** immediately.
  회사는 청구서를 즉시 지불해 줄 것을 요청하고 있다.

#### 📅 문법 만점 도전
부정문에서는 should가 생략될 경우 'not + 동사 원형' 형태가 된다.
The manager **ordered that** everyone **(should) not be** late for the meeting.
매니저는 모든 사람이 회의에 늦지 말도록 지시했다.

### 최신 유형 분석 | 동사 원형 정답 자리

| 정답 공식 ① | 주어 + 주장/명령/요구/제안 동사 + that + 주어 + **동사 원형** |
|---|---|

**🔄 출제 어휘 | 주장/명령/요구/제안 동사**

suggest/propose 제안하다    recommend 권장하다    advise 조언하다    ask 요청하다    require/request 요구하다
insist 주장하다    demand 요구하다    urge 촉구하다    stipulate/prescribe 규정하다    order/command 명령하다

### 실전 Practice Test | 괄호 안에서 알맞은 것을 고르세요. ─── 정답 및 해설 p. 9

1. The organizing committee has suggested that participants (are arriving / arrive) early for the best seating.

2. The manufacturer advises that the outdoor grilling equipment (be cleaned / is cleaned) after every use.

3. The company security policy requires that employees (will keep / keep) customers' documents in a secure location.

## 출제 공식 9. 의무/필수 형용사와 should의 생략

### 개념 완성

**(1) 형태:** 의무/필수 형용사 + that + 주어 + (should) + 동사 원형

**(2) 용법:** important(중요한), vital(필수적인)과 같은 **의무/필수**의 의미를 지닌 형용사들은 **It is important/vital that절**의 구조인 경우 that절엔 '**주어 + (should) + 동사 원형**'의 형태를 쓴다.

- It is important that you (should) dress appropriately for an interview.  ⚡최빈출 유형
  면접을 위해 적절하게 옷을 입는 것은 중요하다.

- It is essential that the public pools (should) be inspected regularly.
  공공 수영장은 정기적으로 점검하는 것이 필수이다.

- It is crucial that you (should) read the terms of the contract carefully before signing it.
  계약서에 서명하기 전에 계약 조건을 주의 깊게 읽는 것이 중요하다.

### 문법 만점 도전

부정문에서는 should가 생략될 경우 'not + 동사 원형' 형태가 된다.

It is vital that children (should) not be allowed into the kitchen area.
어린이를 부엌에 들여보내지 않는 것이 중요하다.

## 최신 유형 분석 동사 원형 정답 자리

**정답 공식 ①**  It is + 의무/필수 형용사 + that + 주어 + 동사 원형

**출제 어휘 | 의무/필수 형용사**
important 중요한    vital 필수적인    best 최선의    crucial 중요한    necessary 필요한    essential 필수적인
imperative 꼭 필요한    critical 필수적인    customary 관례적인    mandatory 의무적인

### 실전 Practice Test | 괄호 안에서 알맞은 것을 고르세요.

정답 및 해설 p. 9

1. It is important that you (have not compared / not compare) yourself with others.

2. It is vital that the installation of the equipment (be done / is being done) by a certified technician.

3. When doing business in a foreign country, it is best that you (familiarize / will familiarize) yourself with local regulations.

# 실전 문제

1. Getting a driver's license can be a challenging experience for a teenager. It is best that a young driver _____ ample time driving with a parent, especially in stressful situations such as heavy traffic or bad weather.

   (a) spends
   (b) spent
   (c) will spend
   (d) spend

2. Eric called the front desk of the Presley Hotel to ask for a late check-out. His request was granted, but he _____ leave by 2 o'clock, or he will have to pay for an entire extra day.

   (a) would
   (b) must
   (c) can
   (d) might

3. Leo attends every production at the Vineworks Theater. Given his support of the local arts, I'm sure he _____ be devastated when he learns that the theater is closing permanently at the end of the year.

   (a) will
   (b) should
   (c) may
   (d) could

4. Andrew has an interview at a top law firm this afternoon. Even though he graduated with honors from a prestigious law school, it is important that he _____ outstanding references in order to get the job.

   (a) will provide
   (b) provide
   (c) has provided
   (d) provided

5. Kelly has put a lot of time into organizing a hiking retreat with her old university friends for this weekend. However, the forecast says that it _____ rain on Saturday, so I hope that she has a back-up plan.

   (a) must
   (b) would
   (c) might
   (d) can

6. The ongoing pandemic has forced Camden Hospital to be extremely cautious, especially concerning its visitation policy. As such, only one family member _____ visit a relative who is staying in the hospital.

   (a) might
   (b) should
   (c) will
   (d) can

7. James Joyce's *Ulysses* is a masterpiece of modernist literature whose plot is nonetheless notoriously difficult to follow. Experts suggest that the novel _____ alongside a guidebook so that readers may better appreciate Joyce's writing.

    (a) be read
    (b) is read
    (c) is being read
    (d) will be read

8. A recent study has revealed just how smart our pets are. Apparently, dogs _____ determine the emotional state of their owners by reading their facial expressions, which is a skill a lot of people even struggle with.

    (a) will
    (b) should
    (c) can
    (d) may

9. Scott Chidgey is the best catcher in the league, but he is incapable of hitting a curveball. His coach says that instead of swinging and striking out, he _____ be patient and get to base on balls.

    (a) will
    (b) might
    (c) should
    (d) can

10. The renowned scientist delivered a captivating lecture on climate change. He emphasized the importance of taking immediate action and is urging that everyone _____ sustainable practices to safeguard the future of our planet.

    (a) will choose
    (b) chooses
    (c) is choosing
    (d) choose

11. Many people believe that artistic ability is a natural talent that cannot be learned. However, studies have shown that this is not the case. Therefore, it is necessary that school children _____ to the arts early in their education.

    (a) be introduced
    (b) have been introduced
    (c) are being introduced
    (d) will be introduced

12. Harold is nearing his 40th birthday, and his family has a history of heart disease. At his annual health check-up, Harold's doctor told him that he _____ cut back on salty foods and get more aerobic exercise.

    (a) may
    (b) should
    (c) will
    (d) would

13. Professor Haught gave a lecture last night at Walter Hall about climate change and capitalism. She said that, even if they lose some immediate profits, corporations _____ support stricter environmental regulations to secure their long-term interests.

    (a) can
    (b) will
    (c) should
    (d) might

14. Aaron works as a freelance programmer and frequently contributes to projects at major tech companies. To stay competitive in the field, it is essential that he _____ himself on new trends and developments in programming.

    (a) educates
    (b) will educate
    (c) educate
    (d) educated

15. Social media has made it extremely easy to spread misinformation to a large audience. When coming across such content on these platforms, one _____ check whether the source of information is reliable before jumping to conclusions.

    (a) must
    (b) will
    (c) can
    (d) might

16. Gamers all over the world are saving up for Sony's upcoming PlayStation 5. The electronics company promises that the console _____ be available by the holiday season, but supplies are expected to be limited.

    (a) may
    (b) can
    (c) must
    (d) will

17. Mayor of New York City Bill de Blasio has come under fire for his handling of recent protests against police brutality. Many residents now insist he _____ for enabling racist police actions.

    (a) will resign
    (b) is resigning
    (c) resigns
    (d) resign

18. Last weekend, Mina's parents were pleasantly surprised by how well their American son-in-law Anders could speak Korean, especially since he could not say anything when they first met him. Anders _____ have studied hard to improve his Korean.

    (a) would
    (b) must
    (c) should
    (d) will

19. For reasons unknown, sea turtles always lay their eggs on the same beach where they were born. This compulsion means that some turtles _____ travel thousands of miles to return to their birthplace and lay eggs.

    (a) can
    (b) shall
    (c) must
    (d) would

20. Professor Paul Jones announced the publication of his next book, *Knowing Poe*. It will investigate the personal life of Edgar Allen Poe and explore various influences on his work. *Knowing Poe* _____ be available in bookstores on August 15.

    (a) can
    (b) might
    (c) will
    (d) would

21. Harold has always dreamed of attending Harvard University. However, because of his mediocre grades, his advisor recommends that he _____ a few safety schools in the likely chance that he is not accepted into Harvard.

    (a) applies to
    (b) apply to
    (c) will apply to
    (d) is applying to

22. A Canadian parliament member has resigned after a video surfaced online of him making insensitive remarks about disabled people. Commentators suggest that he _____ have been drunk in the video, as he was slurring his speech.

    (a) can
    (b) would
    (c) might
    (d) will

23. After becoming pregnant, Ashley asked her sister to adopt Daisy, her four-year-old pit bull. Even though Daisy is a sweet and loving dog, Ashley thought that it _____ be too risky to have her around the baby.

    (a) can
    (b) must
    (c) would
    (d) shall

24. After enduring weeks of dietary restrictions, the patient received the green light from his doctor. He _____ finally savor a delicious meal, enjoying the taste and nourishment that had been restricted for so long.

    (a) should
    (b) could
    (c) might
    (d) must

25. Rachel has been training for a half-marathon for the past three months, but her right knee now hurts when she runs. Rachel's trainer advised that she _____ until the pain goes away.

    (a) will rest
    (b) rest
    (c) is resting
    (d) rests

26. S2 Financial, a new investment app, has been gaining popularity. It _____ track its users' investments in the stock market and sell stocks automatically when they hit a certain price, removing much of the risk from investing.

    (a) can
    (b) may
    (c) must
    (d) would

27. The traffic had cleared up unexpectedly, and Shirley managed to catch an earlier flight. She now realized that she _____ reach her destination well ahead of schedule.

    (a) could
    (b) must
    (c) should
    (d) can

28. Nowadays, when Doug's friends invite him out for pizza and beer, he declines and reminds them that he's trying to lose weight. He _____ stick to his diet even if it means cancelling all his social plans.

    (a) will
    (b) could
    (c) may
    (d) would

29. Roger twisted his ankle while playing soccer, but he did not think it was serious. However, after seeing that he could barely walk, his wife demanded that Roger _____ a doctor immediately.

    (a) is seeing
    (b) will see
    (c) see
    (d) saw

30. Several states are considering banning the use of single-use plastic straws in restaurants and cafés. The ban _____ reduce the amount of plastic waste that ends up in landfills, rivers, and the ocean.

    (a) must
    (b) may
    (c) shall
    (d) would

31. The renowned chef revealed a hidden talent during an interview. He shared that, in his younger years, he _____ effortlessly juggle multiple tasks in the kitchen, flawlessly executing complex recipes with precision.

    (a) should
    (b) will
    (c) might
    (d) could

32. Takeru Kobayashi from Nagano, Japan, is widely credited with popularizing the sport of competitive eating. At the height of his career, he _____ eat more than a hundred hot dogs in ten minutes.

    (a) should
    (b) could
    (c) must
    (d) can

33. Professor Lee is speaking to Lisa about her final paper, which she did not complete. Even though he could fail her, he is requesting that Lisa _____ her finished essay by the end of the week.

    (a) turns in
    (b) turn in
    (c) is turning in
    (d) will turn in

34. Most experienced teachers are well aware that children can get easily distracted during class. As a solution, they _____ often introduce interactive activities that make learning engaging and fun.

    (a) can
    (b) shall
    (c) will
    (d) must

35. The research team will present their initial findings to the university board next week. It is vital that the presentation _____ well so that the team can secure enough funding to finish the project.

    (a) is going
    (b) will go
    (c) go
    (d) has gone

36. The over-prescription of antibiotics is a serious threat to public health. The more they are used, the more resistant bacteria become to them. Now, a growing number of common infections _____ only be treated by using the strongest antibiotics available.

    (a) would
    (b) should
    (c) will
    (d) can

Chapter
3

# 시제

## 출제 문제 수 (총 26문제)

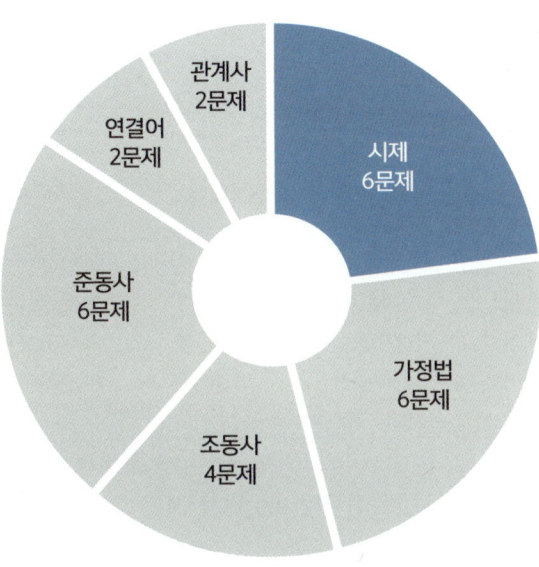

- 시제 6문제
- 가정법 6문제
- 조동사 4문제
- 준동사 6문제
- 연결어 2문제
- 관계사 2문제

**출제 공식 10** 현재진행 시제

**출제 공식 11** 과거진행 시제

**출제 공식 12** 미래진행 시제

**출제 공식 13** 현재완료진행 시제

**출제 공식 14** 과거완료진행 시제

**출제 공식 15** 미래완료진행 시제

**실전 문제**

# 기초 다지기

## 개념 기초 다지기

**시제**란 동사의 시간적 특성을 나타내는 것으로, 크게 '단순형', '완료형', '단순 진행형', '완료 진행형' 4가지로 분류할 수 있고 총 12가지의 시제가 존재한다.

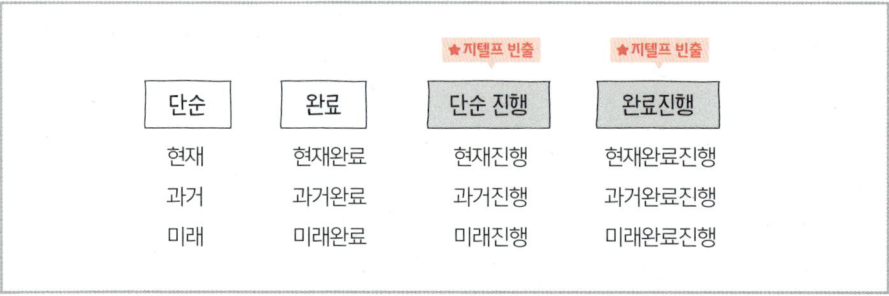

단순·완료 시제와는 달리, 진행 시제는 계속 진행 중인 동작 및 상태를 나타낸다.

| 단순·완료 시제 | 진행 시제 |
|---|---|
| **현재 (동사 원형 or 동사 원형 + -(e)s)** | **현재진행 (am[is/are] + -ing)** |
| Brian has lunch at 12 p.m. every day.<br>브라이언은 매일 오후 12시에 점심을 먹는다.<br>↓<br>일반적 사실, 반복되는 상황을 표현 | Brian is having lunch now.<br>브라이언은 지금 점심을 먹고 있다.<br>↓<br>현재 시점에 계속 진행 중인 동작 및 상태를 표현 |
| **현재완료 (have[has] + p.p.)** | **현재완료진행 (have[has] been + -ing)** |
| Jane has already studied Unit Two.<br>제인은 이미 2단원을 공부했다.<br>↓<br>현재 이전에 이미 완료한 동작 및 상태를 표현 | Jane has been studying G-TELP for two hours.<br>제인은 2시간 동안 지텔프를 공부하고 있다.<br>↓<br>과거부터 지금까지 계속 진행 중인 동작 및 상태를 표현 |

두 시제 사이 관계: **VS**

## G-TELP 기초 다지기

지텔프 Level 2에는 '현재진행 시제', '과거진행 시제', '미래진행 시제', '현재완료진행 시제', '과거완료진행 시제', '미래완료진행 시제' 이렇게 총 6가지의 진행 시제가 주로 출제된다.

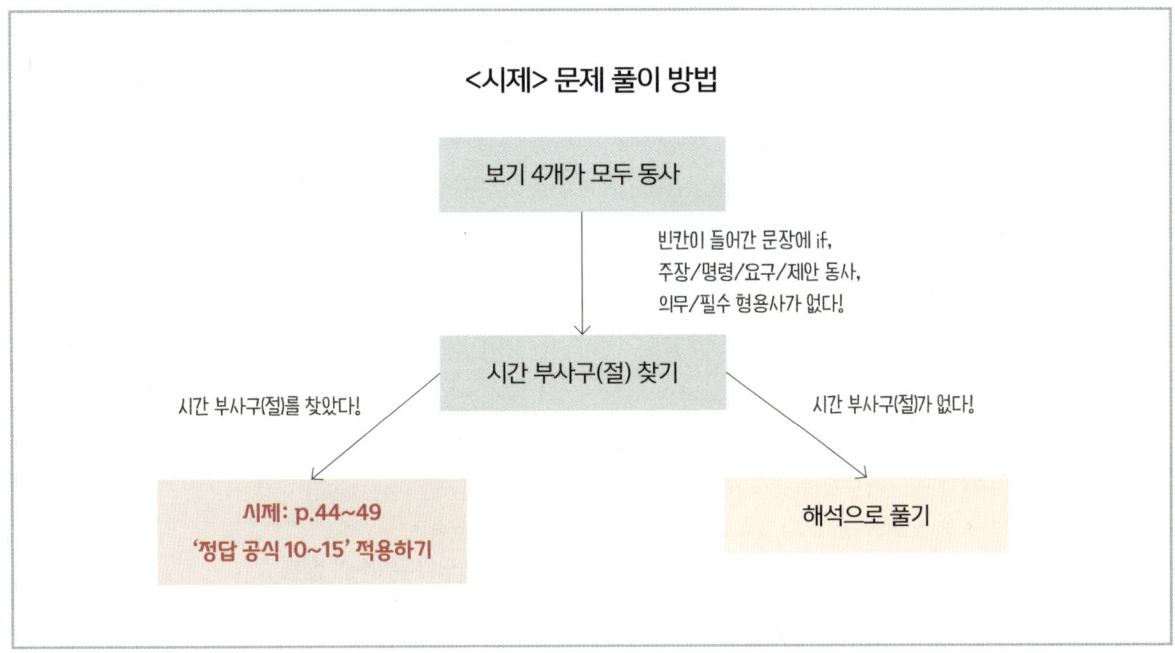

# 출제 공식 10. 현재진행 시제

매회 1문제 출제

## 개념 완성

(1) **형태:** am[is/are] + -ing
(2) **의미:** ~하고 있다, ~하는 중이다
(3) **용법:** 현재 이전에 시작된 어떤 동작 혹은 행위가 **현재 시점에 계속 진행 중인 경우** 사용하는 시제이다. 즉, 현재 시점에 완료되지 않고 진행 중인 동작 및 행위를 나타낸다.

- Lily is now working on a new book. 릴리는 지금 새 책을 쓰고 있다. ⚡최빈출 유형
- Liam Neeson is currently filming a movie in Seoul. 리암 니슨은 현재 서울에서 영화를 찍고 있다.
- As of this moment, the marketing team is preparing a presentation.
  지금 이 순간 마케팅팀은 프레젠테이션을 준비하고 있다.

### 📅 문법 만점 도전
① 현재진행 시제는 현재 진행 중인 행위를 묘사하는 반면 현재 시제는 반복, 습관적인 행위를 나타낸다.
  **현재 진행 시제**   Susan is writing a poem at the moment. 수잔은 지금 시를 쓰고 있다.
  **현재 시제**       Susan writes a poem every day. 수잔은 매일 시를 쓴다.
② 현재진행 시제의 단서인 now는 문장이 아닌 보기에 등장하는 경우도 있으니 유의해야 한다.

## 최신 유형 분석 | 현재진행 시제 정답 자리

| 정답 공식 ① | 주어 + am[is/are] + -ing + 현재진행 시간 표현 |
|---|---|
| 정답 공식 ② | 현재진행 시간 표현, 주어 + am[is/are] + -ing |

### 🧩 출제 어휘 | 현재진행 시간 표현
(right) now (바로) 지금    currently 현재    at the[this] moment 바로 지금
(as of) this moment 지금 이 순간

---

**실전 Practice Test** | 괄호 안에서 알맞은 것을 고르세요. ———————— 정답 및 해설 p. 17

1. Currently, Jared Ward (was living / is living) in Utah with his wife and two children.

2. At the moment, Dyson (is developing / has been developing) an electric car to be launched soon.

3. Brandon (is now talking / now talks) on the phone about a delivery problem.

# 출제 공식 11. 과거진행 시제

매회 1문제 출제

## 개념 완성

(1) **형태:** was[were] + -ing
(2) **의미:** ~하고 있었다, ~하는 중이었다
(3) **용법:** 과거 특정 시점 이전에 시작된 어떤 동작 혹은 행위가 **과거 특정 시점까지 계속 진행 중이었던 경우** 사용하는 시제이다.

- When Joel arrived, Greg was sleeping. 조엘이 도착했을 때 그렉은 자는 중이었다. ⚡최빈출 유형
- While Kelly was visiting the park, she met her brother.
  켈리가 공원을 방문하고 있는 동안, 그녀는 그녀의 남동생을 만났다.
- Paul McCartney was performing a concert in Greenville yesterday.
  폴 매카트니는 어제 그린빌에서 콘서트를 하고 있었다.

### 📅 문법 만점 도전

'when + 주어 + 과거 ~, 주어 + _____ + 기간 표현'으로 출제되면, 빈칸의 정답은 과거진행 시제가 아닌 과거완료진행 시제이다. (p. 48 참조)

| 과거진행 | Carol was leaving the office when I called her last night.<br>내가 어젯밤에 전화했을 때 캐럴은 사무실을 나서는 중이었다. |
|---|---|
| 과거완료진행 | Carol had been watching TV for three hours when I called her last night.<br>내가 어젯밤에 전화했을 때 캐럴은 3시간 동안 TV를 보고 있는 중이었다. |

## 최신 유형 분석 과거진행 시제 정답 자리

| 정답 공식 ① | 주어 + was[were] + -ing ~, when + 주어 + 과거 동사 |
|---|---|
| 정답 공식 ② | 주어 + 과거 동사 ~, while + 주어 + was[were] + -ing |
| 정답 공식 ③ | 주어 + was[were] + -ing + 과거진행 시간 표현 |

### ⚙️ 출제 어휘 | 과거진행 시간 표현

yesterday 어제     last 지난     ~ ago 전에     earlier this week[month/year] 이번 주 초에[이달 초에/올해 초에]

---

**실전 Practice Test** | 괄호 안에서 알맞은 것을 고르세요.                    정답 및 해설 p. 17

1. While Brian (was looking / is looking) through the bill, he found an error.
2. Tracie (is preparing / was preparing) some food when her friends arrived at her house.
3. I saw Laurie yesterday while she (will be walking / was walking) into a shopping mall.

# 출제 공식 12. 미래진행 시제

매회 1문제 출제

## 개념 완성

(1) **형태:** will be + -ing
(2) **의미:** ~하고 있을 것이다
(3) **용법:** 어떤 동작 혹은 행위가 **미래 특정 시점에 계속 진행 중일 경우** 사용하는 시제이다.

· When the package arrives, I will be waiting at the front door. 　최빈출 유형
　택배가 도착할 때 나는 현관에서 기다리고 있을 것이다.

· Andrew will be eating lunch at one o'clock tomorrow. 앤드류는 내일 1시에 점심을 먹고 있을 것이다.

· Jessica will be waiting in the lobby if you come to her office after 6 p.m.
　네가 오후 6시 이후에 그녀의 사무실로 가면 제시카는 로비에서 기다리고 있을 것이다.

### 문법 만점 도전

until midnight, this afternoon[evening]과 같은 부사구는 문맥에 따라 미래 시점을 나타낼 수 있다.
The concert will start in an hour, and the musicians will be performing until midnight.
콘서트는 한 시간 후에 시작할 것이고 뮤지션들은 자정까지 공연할 것이다.

## 최신 유형 분석 | 미래진행 시제 정답 자리

| 정답 공식 ① | 시간/조건 부사절의 동사가 현재 시제인 경우 |
| --- | --- |
| | 주어 + will be + -ing, 시간/조건 부사절 접속사 + 주어 + 현재 동사 |
| 정답 공식 ② | 미래를 나타내는 시점이 주어진 경우 |
| | 주어 + will be + -ing + 미래진행 시간 표현 |

### 출제 어휘 | 시간/조건 부사절 접속사

when ~할 때   until ~할 때까지   before/after ~ 전에/~ 후에   once ~하자마자   if 만약 ~하면   by the time ~할 때쯤   while ~동안에

### 출제 어휘 | 미래진행 시간 표현

tomorrow 내일   next 다음   soon 곧   (up)coming 다가오는   in + 기간 ~후에   later this week[month] 이번 주[이번 달] 후반에

## 실전 Practice Test | 괄호 안에서 알맞은 것을 고르세요.

정답 및 해설 p. 17

1. Bob Dylan (will be touring / was touring) the country next year.
2. When David gets off work at 6 p.m. tonight, most of his colleagues (was still working / will still be working).
3. I've always dreamed of doing a slam dunk, so I (will be practicing / am practicing) it until I finally make it.

# 출제 공식 13. 현재완료진행 시제

> 매회 1문제 출제

### 개념 완성

**(1) 형태:** have[has] been + -ing
**(2) 의미:** (과거부터 지금까지) ~해 오고 있다, ~해 오는 중이다
**(3) 용법:** 과거에 시작된 어떤 동작 혹은 행위가 **일정 기간 지속되어 현재 시점까지도 계속 진행 중인 경우** 사용하는 시제이다.

- The policeman has been waiting for the suspect since 7 p.m.  ⚡최빈출 유형
  경찰은 오후 7시부터 용의자를 기다리고 있다.
- Susan has been working from home for over two months. 수잔은 두 달 넘게 재택 근무를 하고 있다.
- DiCaprio has been dating a fashion model lately. 디카프리오는 최근 패션 모델과 사귀고 있다.

#### ✅ 문법 만점 도전

① since(~ 이래로) 뒤에는 명사뿐 아니라, '주어 + 과거 동사' 혹은 '-ing'도 올 수 있다는 점을 알아 두자.
  Scott has been traveling across Africa since leaving his job.
  = Scott has been traveling across Africa since he left his job.
  스콧은 직장을 떠난 이후로 아프리카를 여행하고 있다.

② since(~이래로)는 현재완료진행 시제와 주로 어울려 쓰이는 표현이지만 특정 과거 시점까지 진행된 후 현재는 중단된 동작/행위를 나타낼 때는 과거완료진행 시제와 함께 쓰인다.
  Mr. Philip retired from teaching last year. He had been serving as a teacher since 2012.
  필립 씨는 작년에 교직에서 은퇴했다. 그는 2012년부터 교사로 일해왔다.

### 최신 유형 분석  현재완료진행 시제 정답 자리

| 정답 공식 ① | 주어 + have[has] been + -ing + 현재완료진행 시간 표현 |
|---|---|

| 🧩 출제 어휘 \| 현재완료진행 시간 표현 |
|---|
| (ever) since ~ 이래로    for + 기간 (now) (현재) ~ 동안    for[over] the past[last] + 기간 지난 ~ 동안    lately 최근에 |

### 실전 Practice Test | 괄호 안에서 알맞은 것을 고르세요.   정답 및 해설 p. 18

1. Karen (is exercising / has been exercising) at the Spring Gym for several months now.
2. Samuel (has been running / was running) the store ever since his father retired five years ago.
3. Lionel Messi (has been suffering / would have suffered) from some injuries lately.

## 출제 공식 14. 과거완료진행 시제

매회 1문제 출제

### 개념 완성

(1) **형태:** had been + -ing
(2) **의미:** (특정 과거 시점부터 이후의 과거 시점까지) ~해 오고 있었다, ~해 오는 중이었다
(3) **용법:** 특정 과거 시점 이전에 시작된 어떤 동작 혹은 행위가 **일정 기간 지속되어 특정 과거 시점까지 계속 이어지는 경우** 사용하는 시제이다.

- Kyle had been working out steadily for 2 years before he passed the police exam.
  카일은 경찰 시험에 합격하기 전까지 2년 동안 운동을 꾸준히 하고 있었다. ⚡최빈출 유형

- By the time her friends showed up, Vera had been waiting for three hours.
  친구들이 도착했을 때, 베라는 세 시간 동안 기다리고 있었다.

- Connor had been sleeping for twelve hours straight until the alarm went off.
  코너는 자명종이 울릴 때까지 12시간 동안 계속 자고 있었다.

- The cycling competition was held last week. Prior to the race, Jason had been training hard for more than 6 months. 사이클 대회가 지난주에 열렸다. 경주 전에, 제이슨은 6개월 이상 열심히 훈련해 오고 있었다.

> 📋 **문법 만점 도전**
> before, until 뒤에는 절(주어 + 동사 ~)의 형태뿐만 아니라 명사(구)도 올 수 있다.
> We had been partying on the beach for over two hours before the concert last night.
> 어젯밤 콘서트 전에 우리는 해변에서 두 시간 넘게 파티를 하고 있었다.

### 최신 유형 분석 | 과거완료진행 시제 정답 자리

| 정답 공식 ① | 주어 + had been + -ing + (for + 기간) + before/by the time/until + 주어 + 과거 동사 |
|---|---|
| 정답 공식 ② | 주어 + had been + -ing + (for + 기간) + before/prior to/until/by + 과거 시점 |
| 정답 공식 ③ | 주어 + had been + -ing + for + 기간 + when + 주어 + 과거 동사 |

### 실전 Practice Test | 괄호 안에서 알맞은 것을 고르세요.
정답 및 해설 p. 18

1. Before her husband arrived at the café, Silvia (is sipping / had been sipping) her iced latte.

2. Alfred Hitchcock (would direct / had been directing) films for over fifty years until he retired.

3. The detective (had been investigating / was investigating) the scene for almost 3 hours by the time the FBI got there.

## 출제 공식 15. 미래완료진행 시제

매회 1문제 출제

### 개념 완성

(1) **형태:** will have been + -ing
(2) **의미:** (미래 시점까지, 일정 기간 동안) ~하고 있을 것이다, ~하고 있는 중일 것이다
(3) **용법:** 특정 미래 시점 이전에 시작된 어떤 동작 혹은 행위가 **일정 기간 동안 지속되어 미래 시점까지도 계속 이어지는 경우** 사용하는 시제이다.

- By the time he reaches the destination, Ben will have been driving for 7 hours straight. ⚡최빈출 유형
  목적지에 도착할 때쯤이면 벤은 7시간 연속 운전을 하고 있을 것이다.

- By next year, Tyler will have been living in Cookeville for fifteen years.
  내년이면 타일러는 쿡빌에서 15년 동안 살고 있는 중일 것이다.

- The waiters will have been setting the tables for over 30 minutes before the restaurant opens at 5 p.m.
  오후 5시에 식당이 문을 열기 전에 웨이터들은 30분 넘게 테이블을 준비하고 있을 것이다.

> ☑ **문법 만점 도전**
> by the time, before는 시간 부사절을 이끄는 접속사로 뒤에 미래 시제 대신 현재 시제를 사용한다.
> By the time we finish this project, we will have been working on it for six months.
> 이 프로젝트를 마칠 때쯤이면 우리는 6개월 동안 그 프로젝트 일을 하고 있을 것이다.

### 최신 유형 분석 | 미래완료진행 시제 정답 자리

| | |
|---|---|
| 정답 공식 ① | By + 미래 시점, 주어 + will have been + -ing + for + 기간 |
| 정답 공식 ② | By the time + 주어 + 현재 동사, 주어 + will have been + -ing + for + 기간 |
| 정답 공식 ③ | Before + 주어 + 현재 동사, 주어 + will have been + -ing + for + 기간 |

### 실전 Practice Test | 괄호 안에서 알맞은 것을 고르세요.

정답 및 해설 p. 19

1. By the time the new GPS watch is released, Elliot (will have been waiting / has been waiting) for it for almost a year.

2. You (were probably waiting / will probably have been waiting) for more than an hour before the bus comes.

3. By tomorrow, Samuel (has been staying / will have been staying) at this resort for an entire month.

# 실전 문제

1. Sarah is very busy today in her law office. Right now, she _____ a meeting with her staff. When she finishes, she will go to the courthouse to defend a client.

   (a) will lead
   (b) has led
   (c) is leading
   (d) was leading

2. My daughter is sick, so she needs to get a lot of rest. She _____ in her room when I last checked on her about thirty minutes ago.

   (a) sleeping
   (b) was sleeping
   (c) would sleep
   (d) slept

3. China is one of the fastest growing economies in the world. Due to manufacturing and exporting, China's economy _____ almost 10% annually since it initiated market reforms in 1978.

   (a) will be growing
   (b) was growing
   (c) will have grown
   (d) has been growing

4. The marathon runners stand prepared at the starting line, lacing up their shoes with adrenaline coursing through their veins. By noon, they _____ for several hours, pushing their bodies to the limit.

   (a) will run
   (b) will have been running
   (c) have been running
   (d) are running

5. Emily sat at her desk and stared at the blank canvas, contemplating her artistic journey. She _____ with different techniques for months before her unique artistic vision took shape.

   (a) had been experimenting
   (b) would have been experimenting
   (c) will have experimented
   (d) has been experimenting

6. Sarah is eagerly preparing for her first day at her dream job. She _____ the company's mission statement when her new colleague arrives to show her around the office.

   (a) will review
   (b) will be reviewing
   (c) is reviewing
   (d) has been reviewing

7.  The news reported that the state governor was in a car accident but was not injured. While he _____ home from a restaurant, he hit another car that had stopped suddenly in front of him.

    (a) was driving
    (b) had driven
    (c) drove
    (d) is driving

8.  Caroline carefully examined the intricate puzzle pieces spread across the table. She _____ on the puzzle tirelessly for days before she was finally able to piece together the final sections.

    (a) had been working
    (b) is working
    (c) will have worked
    (d) has been working

9.  Not many tourists are visiting older, less popular parts of cities like Los Angeles and London. Currently, many restaurants and small businesses _____ discounts in order to attract new customers.

    (a) will give
    (b) are giving
    (c) have given
    (d) gives

10. The band members are now tuning their instruments and adjusting the stage setup. The venue _____ with excitement when the audience goes wild, immersing themselves in the electrifying performance.

    (a) will be pulsating
    (b) has pulsated
    (c) is pulsating
    (d) will have been pulsating

11. A local pizza restaurant had lines around the block last weekend. They said that they _____ at least double their usual number of bulgogi pizzas ever since they were on the famous TV show 'Four-Wheeled Restaurant'.

    (a) were selling
    (b) are selling
    (c) sold
    (d) have been selling

12. Recent economic changes have encouraged some people to buy cryptocurrency, and market prices for Bitcoin are rising. By the time the market closes on Friday, Bitcoin prices _____ steadily for almost two weeks.

    (a) increased
    (b) will have been increasing
    (c) have been increasing
    (d) are increasing

13. The farmers are tirelessly working in their flooded fields in order to salvage what they can from the relentless rain. By tomorrow, they _____ through the inundated conditions for a full week.

    (a) will be persevering
    (b) will have been persevering
    (c) perseveres
    (d) has been persevering

14. Sebastian works in an asset management company and he has to give a financial status presentation to the managers in his office every quarter. At the moment, he _____ his presentation slides in an empty meeting room.

    (a) had reviewed
    (b) was reviewing
    (c) reviews
    (d) is reviewing

15. The invitation for the retirement party has clear instructions. The dinner will start promptly at 7:30 P.M. The guests _____ if you get there late.

    (a) will already eat
    (b) are already eating
    (c) will already be eating
    (d) already ate

16. Leo is taking care of a puppy that he recently found near his house. He said that he _____ along the road when he noticed the puppy sleeping in the grass.

    (a) would walk
    (b) was walking
    (c) is walking
    (d) walks

17. Amelia's passion for painting knows no bounds. She _____ her artistic skills diligently since her teenage years, spending countless hours experimenting with various mediums.

    (a) had been honing
    (b) honed
    (c) has been honing
    (d) is honing

18. Jenny just broke up with her boyfriend, so she called her friend to talk about what happened. She _____ to her friend for over three hours when her mom told her to stop talking and go to sleep.

    (a) talked
    (b) was talking
    (c) would talk
    (d) had been talking

**19.** A company called Slat invented solar-powered boats that collect garbage from rivers and oceans around the world. One of the boats was recently launched in Malaysia, and it _____ garbage in the Klang River.

(a) was now cleaning
(b) now cleans
(c) would now clean
(d) is now cleaning

**20.** Andrew is finally able to schedule a doctor's appointment in Spanish without his wife's help. He _____ in Spain for many years now, so he is slowly becoming more capable of using the Spanish language.

(a) was living
(b) lives
(c) has been living
(d) will live

**21.** Jason usually talks to his wife every day around 2 P.M. but told her not to call him during the afternoon tomorrow. He says he _____ clients and won't be able to answer his phone.

(a) was meeting
(b) meets
(c) will be meeting
(d) will have met

**22.** Ellenie Rodriguez, a popular politician and political leader in Canada, retired last November. Since 2011, she _____ as a Member of Parliament in the House of Representatives for nearly a decade.

(a) had been serving
(b) is serving
(c) would have served
(d) served

**23.** Alexis just received an award for being Employee of the Year. She is a manager now, but she started as an intern and worked hard for years. By the end of the year, she _____ at the company for over ten years.

(a) is working
(b) has worked
(c) will have been working
(d) has been working

**24.** Wildfires burned about 27.2 million acres of bush and forest across Australia in 2019. Many houses were destroyed, causing people to move to safer areas. Fortunately, volunteers and firefighters _____ around the clock, so many people and animals were saved.

(a) have been working
(b) have worked
(c) were working
(d) work

# Chapter 4

# 준동사

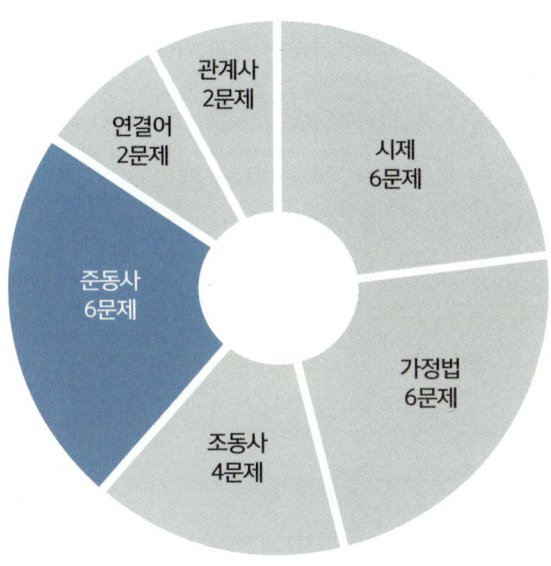

### 출제 문제 수 (총 26문제)

- 관계사 2문제
- 연결어 2문제
- 시제 6문제
- 준동사 6문제
- 가정법 6문제
- 조동사 4문제

**출제 공식 16** 동명사 정답 자리: (1) 목적어 자리
**출제 공식 17** 동명사 정답 자리: (2) 주어/보어 자리
**출제 공식 18** 부정사 정답 자리: (1) 목적어 자리, 목적격 보어 자리
**출제 공식 19** 부정사 정답 자리: (2) 형용사 자리, 부사 자리
**출제 공식 20** 부정사 정답 자리: (3) 진주어 자리
**출제 공식 21** 부정사 정답 자리: (4) 진목적어 자리
**출제 공식 22** 의미에 따라 부정사/동명사를 구별하는 자리
**출제 공식 23** 준동사의 관용적 표현

**실전 문제**

# 기초 다지기

## 개념 기초 다지기

**준동사**란 동사에서 비롯되어 동사의 성격을 가지지만 문법적으로는 동사의 역할을 하지 않는 것으로, 부정사, 동명사, 분사 총 3가지의 준동사가 존재한다.

**부정사**란 to 뒤에 동사 원형을 붙인 준동사로, 명사, 형용사, 부사의 역할을 한다.
**동명사**란 동사 원형에 -ing를 붙인 준동사로, 명사의 역할을 한다.
**분사**란 동사 원형에 -ing가 붙거나 p.p.형의 준동사로, 형용사의 역할을 한다.

|  ★지텔프 빈출 | ★지텔프 빈출 |  |
|:---:|:---:|:---:|
| 부정사 | 동명사 | 분사 |

부정사와 동명사의 차이점을 간단히 살펴본 다음 본격적인 학습을 시작해 보자.

| 부정사 | 동명사 |
|:---:|:---:|
| 문장에서 명사/형용사/부사 역할을 함 | 문장에서 명사 역할을 함 |

<table>
<tr><td align="center">Katie likes <u>to run</u> at night.<br>케이티는 밤에 달리기 하는 것을 좋아한다.<br>명사 역할(목적어)</td><td rowspan="3" align="center">VS</td><td align="center">Brian enjoys <u>skiing</u> in winter.<br>브라이언은 겨울에 스키 타는 것을 즐긴다.<br>명사 역할(목적어)</td></tr>
<tr><td align="center">It is time <u>to exercise</u>!<br>운동할 시간이에요!<br>형용사 역할</td><td></td></tr>
<tr><td align="center">Jane went to the sea <u>to surf</u>.<br>제인은 서핑을 하기 위해 바다에 갔다.<br>부사 역할</td><td></td></tr>
</table>

## G-TELP 기초 다지기

지텔프 Level 2에는 '부정사', '동명사' 이렇게 총 2가지의 준동사가 주로 출제된다.

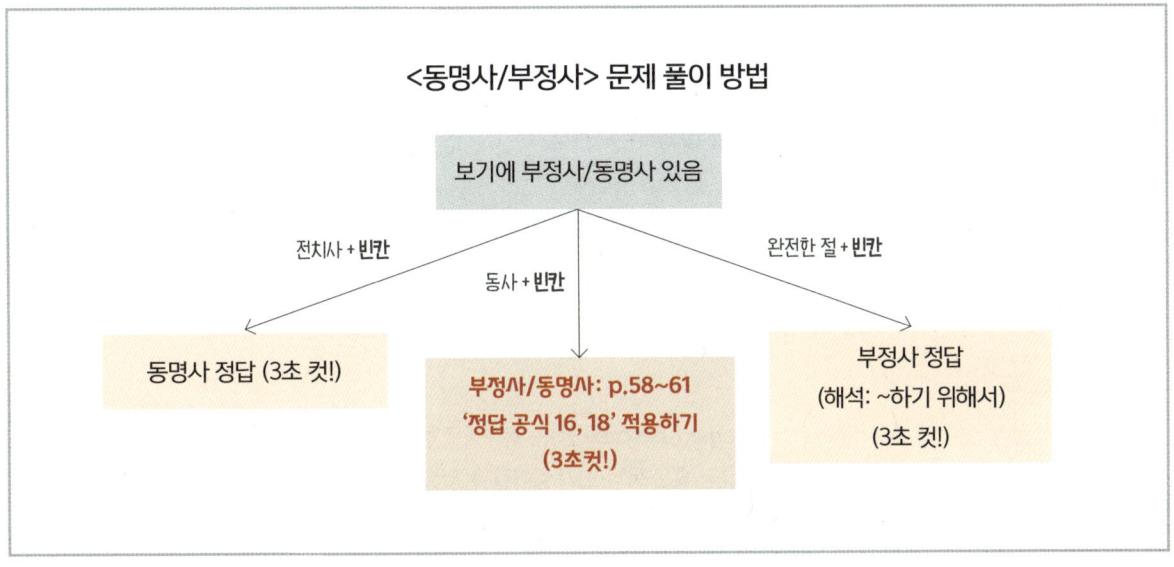

## 출제 공식 16. 동명사 정답 자리: (1) 목적어 자리

### 개념 완성

**동명사(동사 원형 + -ing)**는 문장의 명사 자리(주어, 목적어, 보어)에 위치하는데, 이 중 목적어 자리의 출제 빈도가 가장 높다. 목적어 자리에는 **동사의 목적어** 자리와 **전치사의 목적어** 자리가 있다.

- My friend recommends buying a new phone. 내 친구는 새 전화기를 사라고 추천한다. ⚡최빈출 유형
- Please refrain from taking photos inside the building. 건물 내에서는 사진 촬영을 삼가 주세요. ⚡최빈출 유형
- In her spare time, Heidi enjoys walking her dog. 여가 시간에 하이디는 그녀의 개를 산책시키는 것을 즐긴다.
- Director Bong Joon Ho never considers directing a Marvel movie.
  봉준호 감독은 마블 영화 연출은 전혀 고려하지 않는다.

> **문법 만점 도전**
> ① 5형식 문장을 이끄는 동사(make, find, regard, describe 등)는 목적어로 동명사를 취한다.
> ② 동명사 앞에 동명사의 의미상의 주어[소유격 혹은 목적격]가 들어갈 수 있으므로 주의한다.
>   The weather made driving on the highway dangerous. 날씨 때문에 고속도로에서 운전하는 것이 위험했다.

### 최신 유형 분석 동명사 정답 자리

| 정답 공식 ① | 동명사를 목적어로 취하는 동사 + 동사 원형 + -ing |
|---|---|
| 정답 공식 ② | 전치사(from, for, in, by, on, of, despite, without, upon, against 등) + 동사 원형 + -ing |

> **출제 어휘 | 동명사를 목적어로 취하는 동사**
> recommend 추천하다  keep 계속 ~하다  consider 고려하다  enjoy 즐기다  appreciate 고마워하다  practice 연습하다
> finish 끝내다  quit 그만두다  involve/include/entail 포함하다  prohibit 금지하다  prevent 막다  risk 위험을 무릅쓰다
> delay/postpone/put off 미루다  resist 저항하다  mind 꺼리다  deny 부인하다  dislike 싫어하다  dread/fear 두려워하다
> resent 분개하다  avoid/evade/escape 피하다  support 지원하다  recall 기억해내다  admit (to) 인정하다  suggest 제안하다
> tolerate 용납하다  require 필요로 하다  adore 아주 좋아하다  depict 묘사하다  advise 조언하다  contemplate 고려하다
> allow 허용하다  imagine 상상하다  experience 겪다  justify 정당화하다  welcome 환영하다  miss 그리워하다
> discuss 논의하다  anticipate 예상하다  envision 구상하다  resume 재개하다  discontinue 중단하다

### 실전 Practice Test | 괄호 안에서 알맞은 것을 고르세요.

1. Some doctors recommend (to get / getting) regular massages to enhance the immune system.
2. This tour involves (walking / having walked) barefoot on natural surfaces such as grass, sand, and dirt.
3. Under certain circumstances, foreign residents are exempt from (paying / to have paid) income taxes.

## 출제 공식 17. 동명사 정답 자리: (2) 주어/보어 자리

### 개념 완성

**동명사(동사 원형 + -ing)**는 문장의 명사 자리(주어, 목적어, 보어)에 위치하는데, **주어 자리**인 경우 보통 동사 앞에, **보어 자리**인 경우 보통 be동사의 뒤에 위치한다.

- **Running** away would not be the best option. [주어] 도망치는 것이 최선의 선택은 아닐 것이다. ⚡최빈출 유형
- **Keeping** our customers happy is our priority. [주어] 고객을 행복하게 하는 것은 우리의 최우선 과제다.
- Abraham Lincoln's greatest achievement was **freeing** the slaves.
  [보어] 에이브러햄 링컨의 가장 큰 업적은 노예를 해방시킨 것이다.

> ☑ 문법 만점 도전
> 부정사는 주어 자리에 오는 경우 가주어/진주어 구문으로 전환하는 것이 일반적이다.
> **It** is our priority **to keep** our customers happy. 고객을 행복하게 하는 것은 우리의 최우선 과제다.

### 최신 유형 분석 동명사 정답 자리

| 정답 공식 ① | 동사 원형 + -ing ~ + 동사 ~ |
|---|---|
| 정답 공식 ② | 주어 + is/was + 동사 원형 + -ing ~ |

---

### 실전 Practice Test | 괄호 안에서 알맞은 것을 고르세요.  정답 및 해설 p. 24

1. (Washing / To wash) your hands frequently is the best way to stay healthy and protect yourself from viruses.

2. The movie director admitted that his biggest mistake was (to have cast / casting) his own daughter, who did not fit the role at all.

3. In many cultures, (to be exchanging / exchanging) business cards is considered an important practice in business settings.

## 출제 공식 18. 부정사 정답 자리: (1) 목적어 자리, 목적격 보어 자리

### 개념 완성

**부정사(to + 동사 원형)**는 문장의 다양한 자리에 위치할 수 있으며, 명사/형용사/부사의 역할을 한다. 지텔프에서는 **목적어 자리**와 **목적격 보어 자리**의 출제 비중이 가장 높다.

· The billionaire promised to pay off all student loans. ⚡최빈출 유형
  [목적어] 그 억만장자는 모든 학자금 대출을 갚아 주겠다고 약속했다.

· In 2015, Phil Collins decided to write his autobiography. [목적어] 2015년 필 콜린스는 자서전을 쓰기로 결심했다.

· Elliot needs to travel to Verona on business. [목적어] 엘리엇은 베로나로 출장 갈 필요가 있다.

· Your feedback will allow us to improve our service.
  [목적격 보어] 당신의 피드백은 저희로 하여금 서비스를 개선하도록 할 것입니다.

> ☑ **문법 만점 도전**
> 
> ① 부정사의 완료 형태인 to have + p.p.는 지텔프 Level 2에서 주로 오답으로 출제된다.
> 
> ② 목적격 보어 자리에 부정사를 동반하는 동사들은 수동태로도 자주 출제된다.
>   You are kindly asked to book a tour in advance. 관광을 미리 예약해 두시는 것을 요청 드립니다.
> 
> ③ 동명사와 달리 부정사는 전치사 뒤에 위치할 수 없다.
>   The heavy rain prevented us from dining outdoors. 폭우로 인해 우리는 야외에서 식사를 할 수 없었다.
>                                       to dine (X)

## 최신 유형 분석 부정사 정답 자리

| 정답 공식 ① | 부정사를 목적어로 취하는 동사 + to + 동사 원형 |
| --- | --- |
| 정답 공식 ② | 부정사를 목적격 보어로 취하는 동사 + 목적어 + to + 동사 원형 |

### 출제 어휘 | 부정사를 목적어로 취하는 동사

promise/vow/swear/pledge 약속하다, 맹세하다   decide/determine 결정하다   plan 계획하다   mean 의도하다
refuse 거부하다   choose 선택하다   fail 실패하다   seem ~인 것 같다   hope/wish 희망하다   want 원하다   ask 부탁하다
agree 동의하다   prepare 준비하다   offer 제의하다   afford ~할 여유가 있다   need 필요로 하다   pretend ~인 척하다
seek 노력하다   struggle/strive 애쓰다   manage 해내다   arrange 준비하다   volunteer 자원하다   threaten 협박하다
tend 경향이 있다   learn 배우다   hesitate 주저하다   consent 승낙하다   prove 판명되다   happen 우연히 ~하다
attempt 시도하다   wait 기다리다   aim 목표로 하다

### 출제 어휘 | 부정사를 목적격 보어로 취하는 동사

allow 허락하다   require 요구하다   encourage 격려하다   advise 조언하다   want 원하다   ask 요구하다   cause 야기하다
enable 가능케 하다   remind 상기시키다   prompt 촉구하다   order 명령하다   instruct 지시하다   urge 강력히 촉구하다
force 강요하다

---

**실전 Practice Test** | 괄호 안에서 알맞은 것을 고르세요.  정답 및 해설 p. 24

1. On her doctor's advice, Kristen has decided (to follow / following) a high protein, low carb diet plan.

2. Joel plans (to watch / watching) Paul Thomas Anderson's new movie after the final exam next week.

3. The new regulation requires community members (to have registered / to register) their bicycles with the police department.

# 출제 공식 19. 부정사 정답 자리: (2) 형용사 자리, 부사 자리

### 개념 완성

부정사(to + 동사 원형)는 **명사를 뒤에서 수식**할 경우 '~할'이라는 의미를 갖는데, 이를 **부정사의 형용사적 용법**이라고 한다. 또한, 문장의 **동사를 수식**하여 '~하기 위해서'라는 목적의 의미를 가질 수 있는데, 이를 **부정사의 부사적 용법**이라고 한다.

- Emma jogs five miles every morning to stay healthy. ⚡최빈출 유형
  [부사] 엠마는 건강을 유지하기 위해 매일 아침 5마일을 조깅한다.
- The building has been painted to make it look fresh. [부사] 그 건물은 새롭게 보이도록 페인트칠 되었다.
- My father always has something to say about the old days.
  [형용사] 저희 아버지는 늘 자신의 옛날 일들에 대해 할 말이 있습니다.
- It is time to go home. [형용사] 집에 가야 할 시간이다.

> **문법 만점 도전**
> to부정사가 '~하기 위해'라는 의미를 갖는 경우 so as to V 혹은 in order to V로 표현할 수 있다.
> Scott commutes by bicycle so as to avoid traffic jams. 스캇은 교통 체증을 피하기 위해 자전거로 통근한다.
> = in order to

### 최신 유형 분석 부정사 정답 자리

| 정답 공식 ① | [부사 자리] 완전한 절(주어 + 동사 + 목적어 / 주어 + be + 형용사[p.p.] / 주어 + 자동사) + to + 동사 원형 |
|---|---|
| 정답 공식 ② | [형용사 자리] 부정사와 결합하는 명사 + to + 동사 원형 |

**🔖 출제 어휘 | 부정사와 결합하는 명사**

time 시간   place 장소   thing 것   something/anything (어떤) 것   desire 열망
first 첫 번째[second 두 번째 / next 다음의 / last 마지막 / best 최고의] + 명사   ability 능력   opportunity 기회

---

### 실전 Practice Test | 괄호 안에서 알맞은 것을 고르세요.
정답 및 해설 p. 25

1. The new medication will be used (treating / to treat) people who are allergic to nuts.
2. The first thing (to keep / keeping) in mind when traveling abroad is that you must carry your passport.
3. Brandon had to make a loud noise and throw big stones (chasing / to chase) the bear away.

## 출제 공식 20. 부정사 정답 자리: (3) 진주어 자리

### 개념 완성

to부정사가 문장의 주어인 경우, **가짜 주어**인 **it**을 주어 자리에 놓고 **진짜 주어**인 **to부정사**를 뒤로 보내는데, 이를 **가주어 진주어 구문**이라 한다.

- **It** is important **to have** a balanced diet. 균형 잡힌 식사를 하는 것은 중요하다. ⚡최빈출 유형
  가주어 / 진주어
- **It** took 14 years **to build** the Sydney Opera House. 시드니 오페라 하우스를 짓는 데 14년이 걸렸다.

> **문법 만점 도전**
> 부정사가 나타내는 동작의 주체를 표현하기 위해 'for + 명사'를 to부정사 앞에 사용하며 이를 '의미상의 주어'라고 한다.
> It may not be safe **for a woman** to travel around India alone. 여성이 혼자 인도를 여행하는 것은 안전하지 않을 수 있다.
>                                     to travel의 의미상의 주어

### 최신 유형 분석 부정사 정답 자리

| 정답 공식 ① | It is[was/will be/has been] ~ + **to** + 동사 원형 |
|---|---|
| 정답 공식 ② | It takes[took/will take] ~ time + **to** + 동사 원형 |

---

### 실전 Practice Test | 괄호 안에서 알맞은 것을 고르세요.

1. It generally takes less than one hour (learning / to learn) how to speak Spanish.

2. During the presentation, it is important (to keep / keeping) eye contact with the audience.

3. It was impossible for Griffin (to get / getting) to work on time yesterday because his car broke down.

## 출제 공식 21. 부정사 정답 자리: (4) 진목적어 자리

### 개념 완성

to부정사가 문장의 목적어인 경우, **가짜 목적어**인 it을 목적어 자리에 놓고 진짜 목적어인 to부정사를 뒤로 보내는데, 이를 **가목적어 진목적어 구문**이라 한다.

- I found it impossible to persuade my father. 나는 아빠를 설득하는 것이 불가능하다는 것을 알았다. ◆최빈출 유형
  가목적어              진목적어

- I think it necessary to travel abroad once a year. 나는 1년에 한 번 해외 여행을 하는 것이 필요하다고 생각한다.

- Some people consider it rude to leave food on your plate.
  어떤 사람들은 접시에 있는 음식을 남기는 것이 무례하다고 생각한다.

### 📅 문법 만점 도전

부정사가 나타내는 동작의 주체를 표현하기 위해 'for + 명사'를 to부정사 앞에 사용하며 이를 '의미상의 주어'라고 한다.
The knee injury made it hard for Griffin to finish the race. 무릎 부상은 그리핀이 경기를 끝내는 것을 힘들게 만들었다.
                                          to finish의 의미상의 주어

### 최신 유형 분석 부정사 정답 자리

| 정답 공식 ① | 주어 + make/find/consider/think + it + 목적격 보어 + to + 동사 원형 |

---

**실전 Practice Test** | 괄호 안에서 알맞은 것을 고르세요. ──────── 정답 및 해설 p. 26

1. Luke considers it especially important (to find / finding) a job that fits his lifestyle.

2. Brandi found it almost impossible (getting / to get) six-pack abs without doing cardio exercises.

3. With a 24-hour fitness center and an indoor swimming pool, the new hotel makes it easy (to stay / staying) fit while travelling.

## 출제 공식 22. 의미에 따라 부정사/동명사를 구별하는 자리

### 개념 완성

부정사와 동명사를 둘 다 목적어로 취할 수 있으나 그에 따라 의미가 달라지는 동사들이 있다. 일반적으로 **동명사는 과거의 의미**(~했던 것을)를 **부정사는 미래의 의미**(~할 것을, ~하게 되어)를 나타내므로 해석에 따라 알맞은 형태를 선택해야 한다.

- Chris says he doesn't <u>remember</u> **meeting** the defendant. 크리스는 피고를 만난 기억이 없다고 말한다. ⚡최빈출 유형

- Please <u>remember</u> **to flush** after using the restroom. 화장실 이용 후 물 내리는 것을 잊지 마세요. ⚡최빈출 유형

- The actress admitted she <u>regrets</u> not **getting** married. 그 여배우는 결혼하지 않은 것을 후회한다고 인정했다.

- We <u>regret</u> **to inform** you that your application has been rejected.
  귀하의 신청이 거절되었음을 알려드리게 되어 유감입니다.

- If the problem persists, <u>try</u> **restarting** your device. 문제가 지속되면 장치를 다시 시작해 보십시오.

- Saxon <u>tried</u> **to keep** calm before the interview. 색슨은 면접 전에 침착하기 위해 애썼다.

- Andrea <u>stopped</u> **using** shampoo for healthier hair. 안드레아는 더 건강한 머리카락을 위해 샴푸 사용을 중단했다.

- After running for 30 minutes, Kara <u>stopped</u> **to catch** her breath. 30분 동안 달린 후 카라는 숨을 고르기 위해 멈췄다.

- I will never <u>forget</u> **watching** a sunrise at Skógafoss. 나는 스코가포스에서 일출을 본 것을 결코 잊지 못할 것이다.

- Don't <u>forget</u> **to turn off** the lights when you leave the room. 방을 나갈 때 불을 끄는 것을 잊지 마세요.

### 📅 문법 만점 도전

start, begin은 부정사와 동명사 둘 다 목적어로 취할 수 있으며 의미 차이가 없다.
Paul <u>started</u> **to collect** stamps last year.
= Paul <u>started</u> **collecting** stamps last year.
폴은 작년에 우표 수집을 시작했다.

### 최신 유형 분석   의미에 따라 부정사/동명사를 구별하는 자리

| 정답 공식 ① | remember + <u>동사 원형</u> + <u>-ing</u>  ~했던[한] 것을 기억하다 |
| --- | --- |
| | remember + <u>to</u> + <u>동사 원형</u>  ~할 것을 기억하다 |
| 정답 공식 ② | forget + <u>동사 원형</u> + <u>-ing</u>  ~했던[한] 것을 잊다 |
| | forget + <u>to</u> + <u>동사 원형</u>  ~할 것을 잊다 |
| 정답 공식 ③ | regret + <u>동사 원형</u> + <u>-ing</u>  ~한 것을 후회하다 |
| | regret + <u>to</u> + <u>동사 원형</u>  ~하게 되어 유감이다 |
| 정답 공식 ④ | try + <u>동사 원형</u> + <u>-ing</u>  (시험 삼아) ~해보다 |
| | try + <u>to</u> + <u>동사 원형</u>  ~하기 위해 애쓰다[노력하다] |
| 정답 공식 ⑤ | stop + <u>동사 원형</u> + <u>-ing</u>  ~하던 것을 그만두다 |
| | stop + <u>to</u> + <u>동사 원형</u>  ~하기 위해 멈추다 |

## 실전 Practice Test | 괄호 안에서 알맞은 것을 고르세요.  정답 및 해설 p. 26

1. Although the pay is not very good, Matt does not regret (becoming / to become) a teacher.

2. Pete Sampras still clearly remembers (winning / to win) his first Wimbledon championship in 1993.

3. After placing the vitamin supplements beside his toothbrush, Jonathan never forgot (taking / to take) them.

# 출제 공식 23. 준동사의 관용적 표현

## 개념 완성

지텔프에 출제되는 동명사 관용 표현과 부정사 관용 표현의 의미와 쓰임을 알아두자.

- I could not help eating chocolate when I'm feeling stressed. ◆최빈출 유형
  [동명사 관용 표현] 나는 스트레스를 받을 때 초콜릿을 먹지 않을 수 없어.

- My brother is too big to ride a pony. [부정사 관용 표현] 내 오빠는 조랑말을 타기에는 너무 크다. ◆최빈출 유형

- Jeffrey has given up smoking for his baby. [동명사 관용 표현] 제프리는 아기를 위해 담배를 끊었다.

- Due to the pandemic, I had no choice but to cancel my trip.
  [부정사 관용 표현] 전염병 대유행으로 나는 여행을 취소할 수밖에 없었다.

### 문법 만점 도전
never to V는 '결과'의 의미를 나타내어 '결국 ~하지 못하게 되다'의 의미를 갖는다.
Jacob left his hometown never to return. 제이콥은 고향을 떠나 다시는 돌아오지 않았다.

## 최신 유형 분석

| | | |
|---|---|---|
| 동명사 | go + -ing ~하러 가다<br>end up + -ing 결국 ~하게 되다<br>spend + 시간 + -ing ~하면서 시간을 보내다<br>feel like + -ing ~하고 싶다<br>have trouble[difficulty/a hard time] + -ing ~하는 데 어려움을 겪다<br>be worth + -ing ~할 가치가 있다<br>find[catch] + 목적어 + -ing ~하는 것을 발견하다 | cannot help + -ing ~하지 않을 수 없다<br>give up + -ing ~을 그만두다, 포기하다<br>be busy + -ing ~하느라 바쁘다<br>have fun + -ing ~하며 즐거운 시간을 보내다 |
| 부정사 | too ... to V 너무 …해서 ~할 수 없다<br>have no choice but to V ~할 수밖에 없다<br>only to V 결국 ~하게 되다 | enough to V ~할 정도로 충분히<br>to make matters worse 설상가상으로<br>never to V 결국 ~하지 못하게 되다 |

## 실전 Practice Test | 괄호 안에서 알맞은 것을 고르세요.

정답 및 해설 p. 27

1. Instead of hitting the gym, Rebecca will go (swimming / to swim) tomorrow to ease her knee pain.

2. Sofia certainly was in her best condition, but she was not lucky enough (winning / to win) the championship.

3. Stuck in a traffic jam for nearly an hour, Briana ended up (to be arriving / arriving) late for work today.

# 실전 문제

1. The government is expecting a high number of applicants for the new housing loans, which are available on the first of next month. Housing officials recommend _____ as soon as possible to guarantee getting a loan.

   (a) applying
   (b) to be applying
   (c) to apply
   (d) having applied

2. The instructions for making bread say that you have to add two cups of water and six cups of flour. It is important to keep _____ the dough until it becomes completely smooth and mixed.

   (a) having stirred
   (b) to have stirred
   (c) stirring
   (d) to stir

3. Daniel stood nervously in front of the microphone, his heart pounding in his chest. As the audience hushed, he saw this as his golden opportunity _____ others with his heartfelt words.

   (a) to have inspired
   (b) inspiring
   (c) to inspire
   (d) having inspired

4. Barcelona has been voted as one of the top tourist destinations this year. While visiting the Spanish city, you can enjoy _____ along the beach, stopping to sample delicious tapas and wine on the way.

   (a) walking
   (b) to have walked
   (c) having walked
   (d) to walk

5. Forest fires have burned much of the land in California and Oregon. Fire fighters are now starting a process called "grazing", which is intended _____ the risk of fires by removing brush and other biomass from the forest floor.

   (a) to reduce
   (b) to have reduced
   (c) reducing
   (d) having reduced

6. The local university has built new fields for their football and baseball teams. During the week, the fields are used only by university teams. However, on the weekend the university will allow anyone _____ the fields for recreation.

   (a) using
   (b) having used
   (c) to use
   (d) to be using

7.  Jia's car is in the repair shop this week, so she asked her friend for a ride to work. Unfortunately, it looks like the engine repair is going to need more time. She hopes her friend doesn't mind _____ for a few more days.

    (a) to have driven
    (b) having driven
    (c) to drive
    (d) driving

8.  Mr. White is a teacher in the science lab at our high school. Right now, we're doing a class chemistry project. Mr. White is always reminding us that safety glasses must be used _____ our eyes from dangerous chemicals.

    (a) to have protected
    (b) protecting
    (c) having protected
    (d) to protect

9.  On his birthday, Jordan's girlfriend brought a chocolate cake to the party he was having with his friends. Even though he was trying to maintain a strict diet, he couldn't resist _____ a big slice.

    (a) eating
    (b) having eaten
    (c) to eat
    (d) to be eating

10. Social media companies have recently tried to stop dangerous or misleading information from being spread on their platforms. People who use the social networking services must refrain from _____ this kind of content.

    (a) to be posting
    (b) to post
    (c) posting
    (d) having posted

11. An apartment complex in the city was recently demolished and now there is a large space in the middle of a popular downtown area. Rather than building more apartments, city officials decided _____ the area into a public park.

    (a) changing
    (b) to have changed
    (c) to change
    (d) having changed

12. Emma stood on the sandy beach, her heart filled with a longing to experience the wonders that awaited beyond the horizon. She wished _____ her perspective through travel and wanderlust.

    (a) to have broadened
    (b) broadening
    (c) to broaden
    (d) having broadened

13. Rena has been working hard in school all year in order to get good grades. Her goal was to improve her grades in math and science. Her parents promised _____ her a new bike if she can get all A's.

    (a) buying
    (b) will buy
    (c) to have bought
    (d) to buy

14. Cryptocurrencies like Bitcoin can be very volatile, and their prices often fluctuate up and down. Many people do not want to risk _____ in such unstable assets because they fear losing their money.

    (a) having invested
    (b) investing
    (c) to have invested
    (d) to invest

15. Emily's hectic schedule leaves her with little time for self-care and relaxation. Realizing the importance of finding inner peace, she is now considering _____ meditation into her daily routine.

    (a) having incorporated
    (b) incorporating
    (c) to incorporate
    (d) to have incorporated

16. These days there are a lot of opportunities to invest money. One way is to invest in real estate in areas that are growing. Prices of houses and apartments in these areas are likely _____ over time.

    (a) having increased
    (b) to increase
    (c) increasing
    (d) to have increased

17. When he woke up, Sam realized that his laptop had run out of battery. Last night he was using it to watch a movie and he forgot _____ it in before he went to sleep.

    (a) plugging
    (b) to plug
    (c) having plugged
    (d) to have plugged

18. Police are investigating a recent crime in Ridgemont Park. Until the investigation is complete, authorities are prohibiting _____ the park and all sports facilities will be closed.

    (a) having entered
    (b) to enter
    (c) to be entering
    (d) entering

**19.** Construction work on the highway has caused major traffic jams over the last week. Most commuters relied on their smartphone navigation apps _____ alternative routes.

(a) finding
(b) to have found
(c) having found
(d) to find

**20.** The adventure seekers eagerly signed up for an expedition to the remote wilderness. Little did they know that their journey would involve _____ treacherous rivers in pursuit of the ultimate thrill.

(a) having crossed
(b) crossing
(c) to cross
(d) to have crossed

**21.** The Food and Drug Administration has released new nutrition guidelines for maintaining a healthy diet. It is their recommendation _____ at least 3 servings of fresh vegetables per day.

(a) having eaten
(b) eating
(c) to eat
(d) to have eaten

**22.** In many public areas, the city is building fenced-in parks for dogs to freely run and play. These dog parks are a great way for dogs _____ exercise, especially for those living in apartments.

(a) to get
(b) to have gotten
(c) having gotten
(d) getting

**23.** I know that watching funny videos online is a waste of time, but I like looking at them on my way to work. Sometimes I can't help _____ through hundreds of videos while I'm on the bus.

(a) to have scrolled
(b) to scroll
(c) having scrolled
(d) scrolling

**24.** Amy bought a record player and has recently been buying records to listen to. _____ records is an expensive hobby, but she enjoys the music and the artwork on the record covers.

(a) To collect
(b) Having collected
(c) To be collecting
(d) Collecting

# Chapter 5

# 관계사

## 출제 문제 수 (총 26문제)

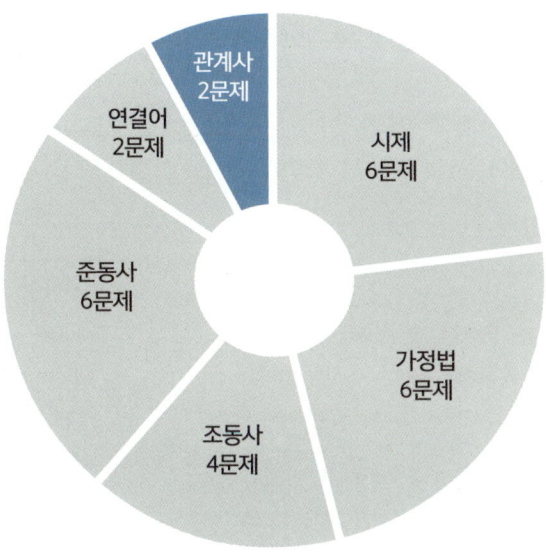

- 관계사 2문제
- 시제 6문제
- 가정법 6문제
- 조동사 4문제
- 준동사 6문제
- 연결어 2문제

**출제 공식 24** 선행사가 사람인 경우
who/whom/that

**출제 공식 25** 선행사가 사물/동물인 경우 which/that

**출제 공식 26** 선행사가 장소/시간인 경우
관계 부사 where/when

**출제 공식 27** 소유격 관계 대명사 whose

**실전 문제**

# 기초 다지기

## 개념 기초 다지기

**관계사**란 절의 형태가 앞의 명사를 수식할 때 필요한 것으로, 관계 대명사와 관계 부사가 있다.

**관계 대명사**란 사람/사물/동물을 절이 수식할 때 필요한 것으로, 뒤에 **불완전한 절**이 온다.
**관계 부사**란 장소/시간/방법/이유를 절이 수식할 때 필요한 것으로, 뒤에 **완전한 절**이 온다.

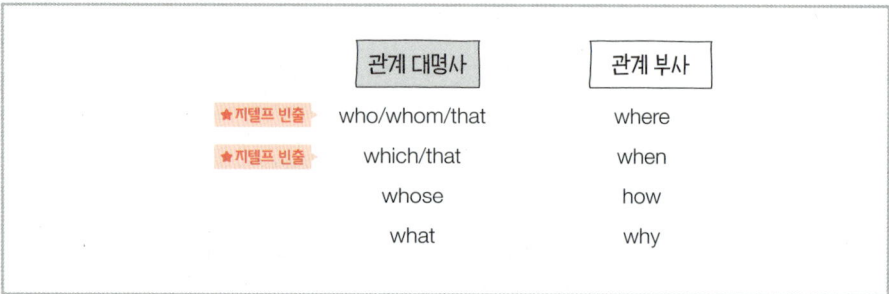

관계 대명사와 관계 부사가 문장에서 어떻게 쓰이는지를 간단히 살펴본 다음 본격적인 학습을 시작해 보자.

| 관계 대명사 | 관계 부사 |
|---|---|
| Brian likes **the woman**. | Brian and Jane went to **a buffet**. |
| 브라이언은 그녀를 좋아한다. | 브라이언과 제인은 뷔페에 갔다. |
| + | + |
| **She** lives next door. | There were various foods **there**. |
| 그녀(= the woman)는 옆집에 산다. | 그곳(= a buffet)에는 다양한 음식이 있었다. |
| ↓ | ↓ |
| Brian likes the woman **who** lives next door. | Brian and Jane went to a buffet **where** there were various foods. |
| 불완전한 절 | 완전한 절 |
| 브라이언은 옆집에 사는 여자를 좋아한다. | 브라이언과 제인은 다양한 음식이 있는 뷔페에 갔다. |

(VS 두 관계사 사이)

## G-TELP 기초 다지기

지텔프 Level 2에는, who, whom, which, that 이렇게 총 4가지의 관계 대명사가 주로 출제된다.

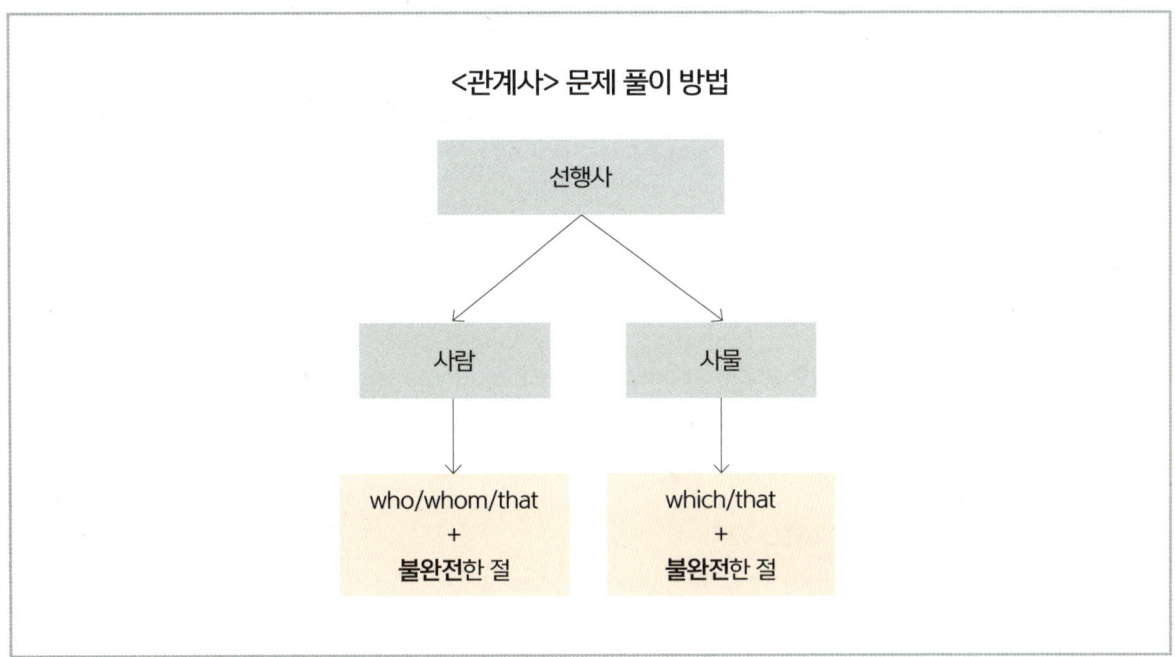

🍃 선행사 뒤에 콤마(,) 있으면 ~~that!~~　　🍃 선행사 뒤에 ~~what~~

🍃 관계 대명사 뒤에는 불완전한 절이 와야 한다!

· the book **which** I bought yesterday → which + 불완전한 절 (O)

· the book **which** I bought it yesterday → which + 완전한 절 (X)

## 출제 공식 24. 선행사가 사람인 경우 who/whom/that

매회 1문제 출제

### 개념 완성

(1) **형태:** 사람 명사 + who/whom/that + 불완전한 절
                    ↑_____수식_____|

(2) **용법:** 관계 대명사 who/whom/that이 이끄는 절은 앞의 **사람 명사를 수식하는 형용사절의 역할**을 수행한다. 이때 수식 받는 명사를 선행사라고 한다.

- I will never forget the person who[that] rescued me. 나는 나를 구해준 사람을 절대 잊지 않을 것이다. ⚡최빈출 유형
- The judges who[that] are highly respected by the public are very independent.
  대중들에게 매우 존경받는 판사들은 매우 독립적이다.
- Karen gave a pay raise to the chef whom[that] she hired three years ago.
  카렌은 자신이 3년 전에 고용한 주방장에게 급여를 인상해 주었다.

> ☑ **문법 만점 도전**
> 콤마(,) 뒤에 관계 대명사 that은 사용할 수 없다.
> Martha learned about Henry Ford, who introduced the assembly line in 1913.
>                                    that (X)
> 마르타는 1913년 생산 라인을 도입한 헨리 포드에 대해 알게 되었다.

### 최신 유형 분석  who ~/ whom ~/ that ~이 정답이 되는 자리

| 정답 공식 ① | 사람 + who/that + 주어 없는 절 |
|---|---|
| 정답 공식 ② | 사람 + whom/that + 목적어 없는 절 |

---

**실전 Practice Test** | 괄호 안에서 알맞은 것을 고르세요.  정답 및 해설 p. 32

1. Chadwick Boseman, (why he appeared / who appeared) in Avengers, died after a long battle with cancer.

2. The committee has yet to announce the name of the person (that will replace the retiring director / whom will replace the retiring director).

3. The editor has an interview next week with author John Brecher, (whom she will write an article about / that she will write an article about).

## 출제 공식 25. 선행사가 사물/동물인 경우 which/that

매회 1문제 출제

### 개념 완성

(1) **형태:** 사물/동물 명사 + which/that + 불완전한 절
　　　　　　　　　↑─── 수식 ───┘

(2) **용법:** 관계 대명사 which/that이 이끄는 절은 앞의 **사물/동물 명사를 수식하는 형용사절의 역할**을 수행한다. 이때 수식 받는 명사를 선행사라고 한다.

- I received a uniform which[that] was blue. 나는 파란색의 유니폼을 받았다. ⚡최빈출 유형
- A historic castle which[that] once served as a prison was put on the market.
  과거 한때 감옥의 역할을 했던 역사적인 성이 시장에 (매물로) 나왔다.
- Daniel glanced at the backpack which[that] he received as a Christmas gift.
  다니엘은 크리스마스 선물로 받은 배낭을 힐끗 보았다.

> 📅 **문법 만점 도전**
> 콤마(,) 뒤에 관계 대명사 that은 사용할 수 없다.
> The Peden Lake Trail, which features beautiful views of the valley, is a local landmark.
> 　　　　　　　　　　　　that (X)
> 계곡의 아름다운 경치가 특징인 페덴 호수 산책로는 지역의 랜드마크이다.

### 최신 유형 분석  which ~ / that ~이 정답이 되는 자리

| 정답 공식 ① | 사물/동물 + which/that + 주어 없는 절 |
|---|---|
| 정답 공식 ② | 사물/동물 + which/that + 목적어 없는 절 |

---

### 실전 Practice Test | 괄호 안에서 알맞은 것을 고르세요.　　정답 및 해설 p. 32

1. Items (what are purchased during a promotion / that are purchased during a promotion) also qualify for returns or exchanges.

2. Emperor penguins, (which are vulnerable to climate change / that are vulnerable to climate change), are disappearing at an alarming rate.

3. This book introduces the effects of the industrialization (that Europe has long completed / which Europe has long completed it).

Chapter 5 관계사　77

## 출제 공식 26. 선행사가 장소/시간인 경우 관계 부사 where/when [매회 1문제 출제]

### 개념 완성

(1) **형태:** ① 장소 명사 + where + 완전한 절  ② 시간 명사 + when + 완전한 절
    (수식)                                  (수식)

(2) **용법:** 관계 부사 where는 선행사가 장소 명사인 경우, 관계 부사 when은 선행사가 시간 명사인 경우 사용하며, 관계 부사 뒤에는 완전한 문장 구조의 절이 온다.

· I met Jane in the police office where she was working.  ⚡최빈출 유형
  나는 제인이 일하고 있는 경찰서에서 그녀를 만났다.

· We were facing a difficult time when everything seemed out of control.  ⚡최빈출 유형
  우리는 모든 것이 통제 불능으로 보이는 어려운 시기를 맞고 있었다.

· I know that 1789 is the year when the French Revolution occurred.
  나는 1789년이 프랑스 혁명이 일어난 해라는 것을 알고 있다.

#### 📋 문법 만점 도전
관계 부사는 관계 대명사와 달리 뒤에 완전한 문장 구조가 온다.

| 관계 부사 | Today Frank will go to a shopping mall, where he can buy winter coats. 완전한 절 |
| --- | --- |
|  | 오늘 프랭크는 겨울 코트를 살 수 있는 쇼핑몰에 갈 것이다. |
| 관계 대명사 | Patti will visit a museum which[that] is located in downtown Miami. 불완전한 절 |
|  | 패티는 마이애미 시내에 위치한 박물관을 방문할 것이다. |

### 최신 유형 분석  where ~ / when ~이 정답이 되는 자리

| 정답 공식 ① | 장소 + where + 완전한 절 |
| --- | --- |
| 정답 공식 ② | 시간 + when + 완전한 절 |

---

**실전 Practice Test** | 괄호 안에서 알맞은 것을 고르세요.  정답 및 해설 p. 33

1. Next month, Antoine Griezmann will fly to Spain, (where he will have a meeting / which he will have a meeting) with the FC Barcelona president.

2. Rob eagerly waited for Monday, (that school would resume after the winter break / when school would resume after the winter break).

3. Shannon booked a suite, (which she could enjoy panoramic views of the river / where she could enjoy panoramic views of the river).

## 출제 공식 27. 소유격 관계 대명사 whose

매회 1문제 출제

### 개념 완성

**(1) 형태:** 사람/사물 명사 + whose + 완전한 절
　　　　　　　　　수식

**(2) 용법:** 관계 대명사 whose는 '~의'라는 소유의 의미를 가지며 바로 뒤에 명사가 온다. 또한 주격/목적격 관계 대명사와 달리 뒤에 **완전한 문장 구조의 절**이 온다.

· My father is a police officer whose job is to catch criminals. ⚡최빈출 유형
　나의 아버지는 범죄자를 잡는 일을 하는 경찰관이다.

· An interview was held with a scientist whose contributions were overlooked.
　공헌이 간과된 과학자와의 인터뷰가 열렸다.

· Please visit the closest repair shops whose locations are listed on the website.
　웹사이트에 위치가 나열된 가장 가까운 수리점을 방문하세요.

**🗒 문법 만점 도전**
소유격 관계 대명사 whose는 선행사가 사람인 경우와 사물인 경우에 모두 사용할 수 있다.

### 최신 유형 분석 | whose ~가 정답이 되는 자리

| 정답 공식 ① | 사람/사물 + whose + 명사 ~ (완전한 절) |
|---|---|

---

**실전 Practice Test** | 괄호 안에서 알맞은 것을 고르세요.　　　　　　　　정답 및 해설 p. 33

1. Andrea, (whom / whose) talent was spotted early in her childhood, became a singer when she was 13.

2. New board members will be appointed to replace the retiring ones (whose terms will expire on March 15 / where terms will expire on March 15).

3. Do not use bicycles when exercising your dachshund, (how legs are too short to run fast / whose legs are too short to run fast) for a long distance.

## 실전 문제

1. Parents often criticize the quality of today's children's programming. They claim that older cartoons, _____, educated and entertained children, but these new shows only feature gross humor and deplorable characters.

   (a) which usually featured some central moral
   (b) who usually featured some central moral
   (c) that usually featured some central moral
   (d) what usually featured some central moral

2. Daniel desperately wants to buy a new PlayStation 5. However, his friend Zach, _____, has told him to just wait a few months until they're readily available. He says more games will be released for the console by then.

   (a) when he was lucky enough to pre-order one
   (b) who was lucky enough to pre-order one
   (c) that was lucky enough to pre-order one
   (d) which was lucky enough to pre-order one

3. Governments around the world are concerned with declining birth rates due to young couples deciding not to have children. While the financial costs of having children are daunting, another reason _____ is the looming threat of climate change.

   (a) what discourages potential parents
   (b) which potential parents have discouraged it
   (c) that discourages potential parents
   (d) who has discouraged potential parents

4. Evan and Caroline are beginning to regret their decision to purchase an old Victorian house. It was always their dream to do so, but the house, _____, is in constant need of expensive repairs and renovations.

   (a) what was built in the 19th century
   (b) where it was built in the 19th century
   (c) that was built in the 19th century
   (d) which was built in the 19th century

5. For her college application essay, Sophia needed to write about a person who has had a major influence on her life. Instead of writing about a famous scientist or artist, she decided to write about her grandfather, _____.

   (a) which she has always admired
   (b) whom she has always admired
   (c) what she has always admired him
   (d) that she has always admired

6. Business analysts expect that more companies will begin shifting away from traditional office arrangements. Studies have shown that employees _____ are more productive than their coworkers in the office. They also report higher levels of job satisfaction.

   (a) which work from home
   (b) who work from home
   (c) when work from home
   (d) whom work from home

**7.** Samsung Electronics has recently released a so-called "smart" refrigerator. While some consumers are rolling their eyes, the refrigerator, _____, is the perfect example of how the Internet is changing our daily lives.

(a) how it can tell you if you need to purchase more milk
(b) which can tell you if you need to purchase more milk
(c) what can tell you if you need to purchase more milk
(d) that can tell you if you need to purchase more milk

**8.** The mayor wants to put the scandal of his son's drunk driving arrest behind him. His office has stated that the press conference _____ will be the last time the mayor will discuss the issue with the media.

(a) which is holding tomorrow
(b) when will be held tomorrow
(c) whom will be held tomorrow
(d) that will be held tomorrow

**9.** Netflix has produced a ton of new shows aimed at the nebulous tastes of today's teenage audience, but most have failed to gain popularity. It seems that the only media _____ are ten-second long TikTok videos and Twitch streams.

(a) what teenagers really want to consume
(b) whom teenagers really want to consume
(c) that teenagers really want to consume
(d) when teenagers really want to consume

**10.** The music scene in Seoul is full of talented bands and musicians, and a wide variety of genres are represented, ranging from jazz to punk rock. However, K-pop is the only genre _____ when most people discuss Korean music.

(a) that gets mentioned
(b) where it gets mentioned
(c) which it gets mentioned
(d) when it gets mentioned

**11.** The Oakland Coliseum, home of the Oakland Athletics, is infamous as one of the worst stadiums in Major League Baseball. The stadium, _____, has been criticized for being an eyesore and suffering frequent sewage problems.

(a) which also hosts professional football games
(b) when it also hosts professional football games
(c) where also hosts professional football games
(d) that also hosts professional football games

**12.** Luckily, Matthew and Laura were staying at a hotel close to the airport. The afternoon flight _____ was cancelled in the middle of the night, so they rushed to the airport and caught an early morning flight.

(a) whom they were scheduled to take
(b) that they were scheduled to take
(c) when they were scheduled to take it
(d) who they were scheduled to take

Chapter 5 관계사 81

13. My co-worker Daryl can't wear contacts anymore because they have become too uncomfortable, and he hates wearing glasses. He asked me about my laser eye surgery, so I gave him the contact information for Dr. Lutz, the eye doctor _____.

    (a) when my operation was performed
    (b) who performed my operation
    (c) whom performed my operation
    (d) which performed my operation

14. Thrill-seeking foodies who want more excitement in their dishes should try fugu, or Japanese pufferfish. The fish, _____, contains a highly toxic poison in its organs and is the cause of multiple deaths per year.

    (a) which must be prepared by a licensed chef
    (b) that must be prepared by a licensed chef
    (c) why must it be prepared by a licensed chef
    (d) how must be prepared by a licensed chef

15. The emergency room at Camden University Hospital is completely overwhelmed today with patients. It's so bad that that old man, _____, has been waiting to see a doctor for more than three hours.

    (a) which appears to have a broken arm
    (b) who appears to have a broken arm
    (c) that appears to have a broken arm
    (d) why he appears to have a broken arm

16. Everyone with basic familiarity with first aid should be able to administer the Heimlich maneuver. The technique, _____, uses abdominal thrusts to expel blockages from the windpipe and stop choking.

    (a) that was developed by Dr. Henry Heimlich in 1972
    (b) which was developed by Dr. Henry Heimlich in 1972
    (c) who was developed by Dr. Henry Heimlich in 1972
    (d) how Dr. Henry Heimlich developed it in 1972

17. Industrial rock band Nine Inch Nails was recently inducted into the Rock and Roll Hall of Fame. The induction ceremony concluded with an acceptance speech by band founder and lead songwriter Trent Reznor, _____ several award-winning film scores.

    (a) where he is also famous for composing
    (b) who is also famous for composing
    (c) how composing is also famous for
    (d) that he is also famous for composing

18. Our catering event at the wedding last weekend was a disaster. One of the entrees _____ was undercooked, and the guests complained about the saltiness of several of our side dishes.

    (a) when the bride was specifically requested
    (b) who was specifically requested by the bride
    (c) which the bride was specifically requested
    (d) that was specifically requested by the bride

19. My uncle is extremely proud of his alma mater, and he tells everyone he meets about his school. In fact, he says that graduating from Cornell University, _____, is one of the greatest achievements of his life.

    (a) what he attended over thirty years ago
    (b) which he attended over thirty years ago
    (c) that he attended over thirty years ago
    (d) whom he attended over thirty years ago

20. A new government task force comprising political leaders and medical professionals has been organized to respond to the pandemic. The first issue _____ is the efficient and timely distribution of a possible vaccine.

    (a) what the committee will be addressing
    (b) that the committee will be addressing
    (c) when the committee will be addressing
    (d) who the committee will be addressing

21. Movie audiences were blown away by the time-bending action of Christopher Nolan's Tenet. However, the audio mix left many baffled, as the dialogue during intense scenes was inaudible. Nolan, _____, has defended the audio, stating that the mix levels were intentional.

    (a) that is considered one of today's best directors
    (b) when he is considered one of today's best directors
    (c) who is considered one of today's best directors
    (d) what directors considered one of the best

22. Food banks all around the United States are preparing for a challenging holiday season due to the stagnant economy. Anyone able to help should inquire with local charities to find out the goods _____ for donations.

    (a) what they are in need of
    (b) how they are in need of
    (c) that they are in need of
    (d) whom they are in need of

23. Ashley is taking her grandmother on a road trip to revisit her favorite places from her memories. Ultimately, they'll drive all the way to the East Coast so that her grandmother can see the house _____ one more time.

    (a) where she grew up
    (b) that it grew up
    (c) whose place she grew up
    (d) which she grew up

24. Caffe Florian has been officially recognized as the oldest coffee house in the world by the Guinness Book of World Records. Since 1720, _____, the café has been in continuous operation in Venice's Piazza San Marco.

    (a) where it first opened
    (b) that it first opened
    (c) how it opened first
    (d) when it first opened

# Chapter 6

# 연결어

## 출제 문제 수 (총 26문제)

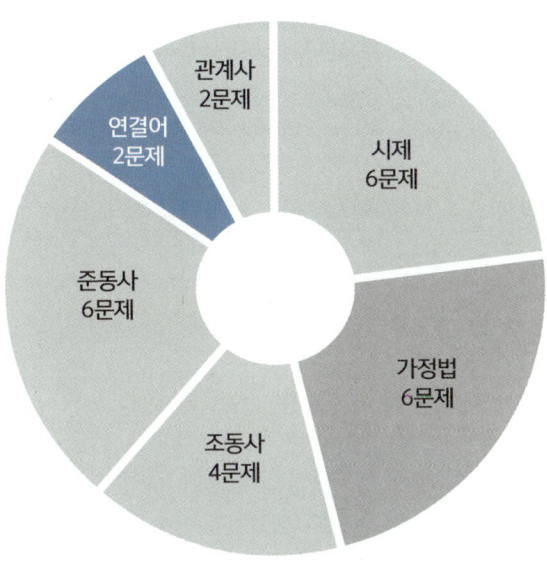

- 관계사 2문제
- 연결어 2문제
- 준동사 6문제
- 조동사 4문제
- 가정법 6문제
- 시제 6문제

**출제 공식 28** 접속부사

**출제 공식 29** 부사절 접속사/전치사

**실전 문제**

# 기초 다지기

## 개념 기초 다지기

**연결어**란 문장이나 절, 구, 단어 등을 연결해 주는 것으로, 접속부사, 부사절 접속사, 등위 접속사, 전치사 등이 있다.

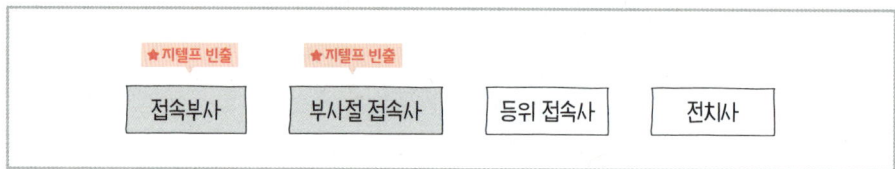

접속부사, 부사절 접속사, 등위 접속사, 전치사의 차이점을 간단히 살펴본 다음 본격적인 학습을 시작해 보자.

| | |
|---|---|
| 접속부사 | 문장과 문장을 의미상 연결하는 부사로 주로 콤마(,)와 함께 쓰인다. (ex. However, Therefore)<br>Alex does not like Coca-Cola. **However**, he likes Sprite.<br>알렉스는 코카콜라를 좋아하지 않는다. 하지만, 그는 스프라이트를 좋아한다. |
| 부사절<br>접속사 | 하나의 절을 부사로 만들어 그 절을 다른 절과 연결한다. (ex. because, before)<br>Ann is working part-time **because** she wants to buy a tablet PC.<br>앤은 태블릿 PC를 사고 싶어서 아르바이트를 하고 있다. |
| 등위<br>접속사 | 단어와 단어, 구와 구, 절과 절을 대등하게 연결한다. (ex. and, but, or, so)<br>Katie arrived late at the movie theater, **so** she missed the beginning of the movie.<br>케이티는 영화관에 늦게 도착했고, 그래서 영화의 앞부분을 놓쳤다.<br>→ 절과 절을 연결 |
| 전치사 | 명사 앞에 위치하여 장소/시간/이유 등 다양한 의미를 나타낸다. (ex. despite, because of)<br>**Despite** her physical difficulties, Jane finished the race.<br>신체적인 어려움에도 불구하고, 제인은 완주했다.<br>Brian could not finish the race **because of** a leg injury.<br>브라이언은 다리 부상 때문에 완주할 수 없었다. |

## G-TELP 기초 다지기

지텔프 Level 2에는, '접속부사', '부사절 접속사' 이렇게 총 2가지의 연결어가 주로 출제되며, '등위 접속사'와 '전치사'는 출제 빈도가 낮다.

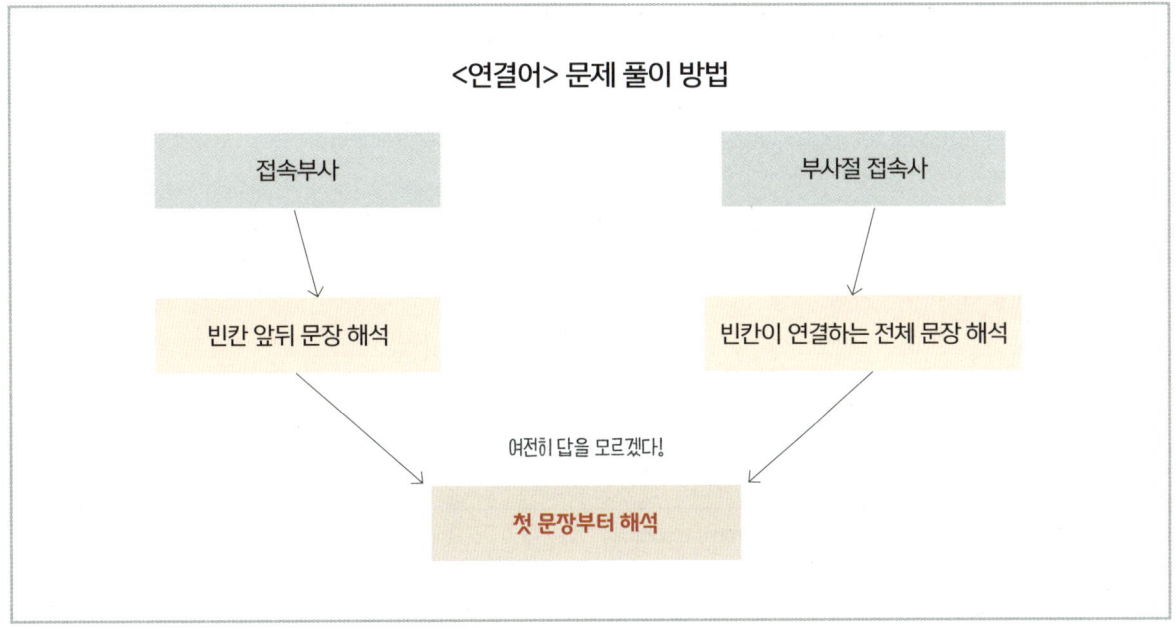

# 출제 공식 28. 접속부사

매회 1문제 출제

## 개념 완성

**접속부사**는 연결어로서 **문장과 문장의 의미를 연결**하는 역할을 한다. 주로 콤마와 함께 사용되며, 뒤 문장의 주어 앞에 위치하는 것이 일반적이다. 접속부사 문제가 출제될 경우 **앞뒤 문장의 논리 관계를** 파악하여 **의미상 적절한 접속부사를 선택**하는 것이 중요하다.

· The weather forecast for today was sunny. **However**, it has been raining all day.   ◆최빈출 유형
  오늘의 일기 예보는 '맑음'이었다. 하지만 하루 종일 비가 내리고 있다.

## 최신 유형 분석  접속부사 정답 자리

| 정답 공식 ① | 문장. _____, 문장 |

### 출제 어휘 | 접속부사

| 역접/대조/전환 | however/but 하지만   on the contrary 그와 반대로   on the other hand 반면에<br>meanwhile 한편/그러는 동안   in contrast 그에 반해서 |
|---|---|
| 양보 | nevertheless/nonetheless 그럼에도 불구하고   even so 비록 그렇지만   still 그럼에도/그렇지만 |
| 인과 | therefore/thus/hence 그러므로   consequently/as a result 그 결과 |
| 조건 | if so 만약 그렇다면   otherwise 그렇지 않으면 |
| 시간 | then 그러고 나서   afterwards 그 후에 |
| 추가/부연/강조 | in addition/additionally/besides/plus/furthermore/moreover 게다가   also 또한<br>in fact/indeed 실제로   in other words 다시 말해서   as a matter of fact 사실은 |
| 예시 | for example/for instance 예를 들면 |
| 기타 | in the first place 우선/애당초   similarly/likewise 마찬가지로   in particular 특히<br>undoubtedly 의심의 여지 없이   alternatively 대안으로   unfortunately 유감스럽게도   after all 결국 |

## 실전 Practice Test | 괄호 안에서 알맞은 것을 고르세요.  정답 및 해설 p. 40

1. Last night, Sabrina was feeling extremely tired after a 15-hour flight. (However / Instead), she was unable to sleep until 2 a.m.

2. We expect attendance at the event to be higher than ever this year. (Otherwise / In fact), we have already sold a record number of tickets.

3. Most dishes I had at The Garden Café were of poor quality. (Regardless / Moreover), the staff were unfriendly and seemed inexperienced.

## 출제 공식 29. 부사절 접속사/전치사

매회 0~1문제 출제

### 개념 완성

부사절 접속사는 절(주어+동사~)을 **부사로 만들어 다른 절**(주어+동사~)**과 연결**하는 역할을 하며, **전치사**는 **명사 혹은 동명사를 연결**하는 역할을 한다.

- **Although** hippos may look cute, they can be quite aggressive.  ⚡최빈출 유형
  하마가 귀엽게 보일지 모르지만, 꽤 공격적일 수 있다.

- **Whenever** my son cooks a meal, he makes a big mess in the kitchen.
  내 아들은 요리를 할 때마다 부엌을 엉망으로 만든다.

- **Despite** being unusually compact, the rooms of Hotel Apas are very popular among travelers.
  유난히 작은 사이즈에도 불구하고 아파스 호텔의 방은 여행객들에게 매우 인기가 많다.

> 📅 **문법 만점 도전**
>
> 부사절은 주절의 앞과 뒤에 모두 위치할 수 있다.
>
> **Because** the actual color didn't match the image, Laura returned the carpet. (O)
> Laura returned the carpet **because** the actual color didn't match the image. (O)
> 실제 색깔이 이미지와 맞지 않아 로라는 카펫을 반품했다.

## 최신 유형 분석 부사절 접속사와 전치사 정답 자리

| 부사절 접속사 | 주어 + 동사 ~ + _____ + 주어 + 동사 ~. |
| --- | --- |
| | _____ + 주어 + 동사 ~, 주어 + 동사 ~. |
| 전치사 | _____ + 명사[동명사] ~, 주어 + 동사 ~. |
| | 주어 + 동사 ~ _____ + 명사[동명사] |

### 출제 어휘 | 접속부사

| | 부사절 접속사 | 전치사 |
| --- | --- | --- |
| 이유 | because ~이기 때문에   since ~이므로   as ~ 때문에<br>now that ~이므로 | because of/due to ~ 때문에 |
| 양보 | although / though / even though / while 비록 ~이지만<br>wherever ~하는 곳이면 어디든<br>no matter how 아무리~라 할지라도, ~에 관계없이 | despite, in spite of ~에도 불구하고 |
| 대조/대비 | while / whereas ~인 반면에 | |
| 시간 | when ~할 때   whenever ~할 때마다   while ~하는 동안<br>since ~한 이래로   before ~하기 전에   after ~한 후에<br>until ~할 때까지   as soon as / once ~하자마자 | before ~ 전에   after ~ 후에<br>until ~까지   since ~ 이래로<br>during ~ 동안에 |
| 조건 | if ~이라면   unless ~가 아니라면   even if 만약 ~라 할지라도<br>as long as ~하는 한   provided (that) ~라는 조건하에<br>in case / in the event (that) ~이라면, ~할 경우에 대비하여 | in case of ~인 경우에 |
| 기타 | so that / in order that ~할 수 있도록<br>so ~ that 너무 ~해서 ~하다 | for ~을 위해   instead of ~ 대신에<br>aside from ~을 제외하고<br>besides ~ 외에도 |

## 실전 Practice Test | 괄호 안에서 알맞은 것을 고르세요.

정답 및 해설 p. 40

1. The 100-kilometer boat race will be canceled or postponed (when / unless) there is bad weather.

2. The speech by Seth Hill was well received (until / while) others didn't get much attention.

3. (Because / Although) drinking coffee does have some benefits, drinking it in the late afternoon may negatively affect your sleep.

# 실전 문제

1. The departure time listed on the plane tickets was at 10:30 a.m. _____, heavy rain caused a backup of planes on the runway and the departure time was delayed to 12:00 p.m.

   (a) Besides
   (b) Therefore
   (c) In fact
   (d) However

2. In the US, the cost of producing and shipping a penny is 1.79 cents. _____ this cost is more than the value of the coin, the government continues to make new pennies every year.

   (a) Aside from
   (b) Otherwise
   (c) Although
   (d) Because of

3. This year, the weather in many northern states was unseasonably warm compared to normal. _____, Michigan and Wisconsin didn't even get any snow until the last week of December.

   (a) Still
   (b) In fact
   (c) Thus
   (d) In short

4. In order to pick up some new furniture, Marco needs to borrow his friend's truck. His friend said it was okay _____ he fills it up with gas when he is finished.

   (a) before
   (b) since
   (c) as long as
   (d) other than

5. In order to get downtown in a reasonable amount of time, you have to take the express train from Maple Station. _____, you won't be able to avoid heavy traffic on the roads.

   (a) Additionally
   (b) Otherwise
   (c) Instead
   (d) Therefore

6. Sasha's mother told her she needed to finish her homework. She can't go outside to play with her friends _____ she completes all of her assignments.

   (a) as long as
   (b) until
   (c) since
   (d) whereas

7. As part of the Green Cities Initiative, solar panels will be installed on all government buildings. _____, city busses will be modified to run exclusively on electricity, which will reduce carbon emissions.

    (a) Otherwise
    (b) Regardless
    (c) Moreover
    (d) Instead

8. Jenny was in a hurry to get to a meeting yesterday, but she couldn't find a parking space. She ended up getting a ticket _____ she parked illegally outside of the building.

    (a) although
    (b) after
    (c) thus
    (d) as long as

9. Every year, some animal populations increase enough to be able to move off the endangered species list. _____, both the giant panda and the Arabian oryx were recently removed from the list.

    (a) However
    (b) Furthermore
    (c) For example
    (d) In conclusion

10. Ultraviolet rays from the sun can cause harm to humans. You risk damaging your skin _____ you apply sunscreen before going outside on sunny days.

    (a) unless
    (b) while
    (c) besides
    (d) if

11. We asked all of our wedding guests to RSVP to our wedding. It's important to know how many people are coming _____ we have to prepare enough food and beverages for the reception.

    (a) because
    (b) but
    (c) although
    (d) whenever

12. Jason was given the VIP award from his high school basketball team at the end of the season. _____, he might be one of the best players they've ever had.

    (a) Instead
    (b) Indeed
    (c) Otherwise
    (d) Then

13. Vitamin C is a common vitamin that can be found in citrus fruits, strawberries, green vegetables and tomatoes. _____, vitamin K is much rarer and only found in some leafy greens and spices.

    (a) Furthermore
    (b) Therefore
    (c) For example
    (d) In contrast

14. In an act of environmental responsibility, the community organized a beach cleanup event. The residents joined forces, dedicating their time and energy _____ future generations could enjoy its splendor.

    (a) since
    (b) even though
    (c) so that
    (d) unless

15. Massive flooding occurred after a recent hurricane. Warning signs were placed on many roads throughout the province. _____, many residents still drove to and from their homes.

    (a) Eventually
    (b) Otherwise
    (c) Nevertheless
    (d) Moreover

16. The young innovator captivated prospective investors as she passionately presented her groundbreaking startup ideas. _____, she secured the necessary funding to bring her visionary concept to life.

    (a) Meanwhile
    (b) For instance
    (c) Thus
    (d) Moreover

17. The dry weather this summer has allowed construction crews to make faster progress than expected on the new Flannery Island Bridge. _____, the bridge is now on track to be open two weeks ahead of schedule.

    (a) As a matter of fact
    (b) On the contrary
    (c) Nevertheless
    (d) Unfortunately

18. At a Korean restaurant, my wife and I ordered some spicy dumplings. My wife told me to wait until the dumplings cooled down before eating them. _____ her warning, however, I took a bite of one and burned my tongue.

    (a) Because of
    (b) Despite
    (c) Rather than
    (d) Besides

**19.** Botanists classify fruit as the part of a plant that develops from a flower and contains seeds, like apples or pumpkins. _____, the leaves, stems, bulbs and roots of a plant are considered vegetables, like carrots or potatoes.

(a) On the other hand
(b) Consequently
(c) Actually
(d) Nevertheless

**20.** The marathon runner crossed the finish line after more than three hours. _____ he caught his breath, he reached for a bottle of water to quench his thirst and replenish his exhausted body.

(a) Although
(b) In case
(c) Unless
(d) As soon as

**21.** Sarah and Mark had contrasting tastes when it came to food. _____ Sarah enjoyed spicy dishes, Mark preferred milder flavors that were more subtle and delicate on the palate.

(a) While
(b) As long as
(c) Even though
(d) Unless

**22.** The rainy weather persisted throughout the day and soaked everything in its path. _____, the outdoor event had to be moved indoors to ensure the attendees stayed dry and comfortable.

(a) Nevertheless
(b) Therefore
(c) In addition
(d) Similarly

**23.** Josh's Amazon Echo smart speaker keeps him from losing his phone around his house. The device can call Josh's phone whenever he asks, _____ he can find it immediately when it rings.

(a) because
(b) yet
(c) although
(d) so

**24.** As the curtain rose on the stage, the dancer stood poised in the spotlight. The audience held their breath in anticipation _____ they witnessed her graceful movements and felt captivated by her artistry.

(a) although
(b) once
(c) before
(d) because

# Listening

# 청취

출제 문제 수 (총 26문제)

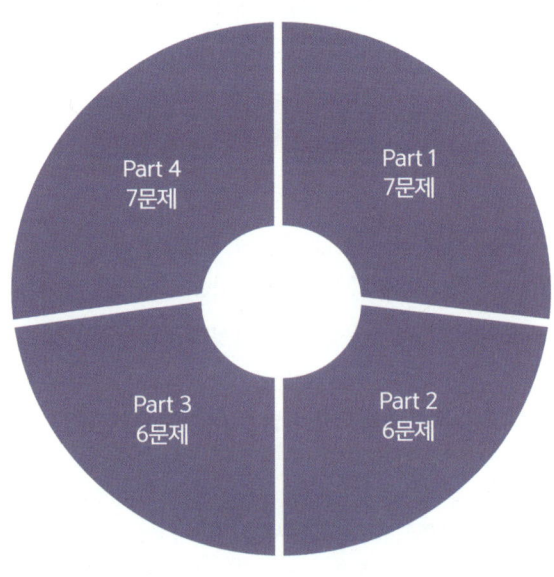

지텔프 청취 문제의 특징 및 고득점 전략

전략 적용

실전 문제

# 청취

지텔프 청취는 질문 받아쓰기, 보기 해석, 패러프레이징의 세 가지 능력을 모두 갖추어야 고득점이 가능한 매우 어려운 섹션이다. 따라서 목표 점수가 65점 미만인 경우, 청취보다 문법과 독해에 시간과 노력을 할애하는 것이 효율적이다. 65점 이상의 고득점이 필요해서 청취 문제를 풀어야 한다면, 다음의 세 가지 전략을 적극 활용하자. 분명히 기대 이상의 청취 점수를 얻게 될 것이다.

## 지텔프 청취 문제의 특징 및 고득점 전략

**특징1** 지텔프 청취의 네 파트 중, Part 1과 Part 3는 상대적으로 난도가 낮은 편이며, Part 2와 Part 4는 고난도로 출제된다.

**전략** 상대적으로 점수를 받기 용이한 **Part 1과 Part 3를 집중적으로 학습**한다. 고난도 파트인 Part 2와 Part 4는 풀어도 정답률이 낮으므로, 목표 점수 70점까지는 Part 2와 Part 4의 정답을 일렬로 마킹한 후 문법과 독해에 해당 시간을 쓰는 것이 더 효율적이다.

**특징2** 지텔프 청취는 질문을 듣고 받아쓰기해야 하며, 질문을 미리 적지 못할 경우 정답을 맞히기 어렵기 때문에 질문 받아쓰기는 매우 중요하다.

**전략** 질문의 핵심을 효율적으로 받아쓰기할 수 있는 다음 방법을 숙달될 때까지 계속 연습한다.

> **질문 받아쓰기 방법**
> ① 의문사를 모르면 질문 내용 파악이 어려우므로 **의문사를 반드시 적는다.**
>   **TIP** 보기의 형태로 의문사 파악이 가능한 질문이 약 70%이므로 듣기가 시작되기 전에 의문사를 미리 적어 두고, 나머지 30%는 질문을 읽어줄 때 받아 적는다.
>
>   [보기 형태와 의문사 파악의 예]
>   · **by** upgrading a current system ➡ 보기가 by로 시작되면 의문사를 How로 적는다.
>   · **move** to a different city ➡ 보기가 동사 원형으로 시작되면 의문사를 What으로 적는다.
>   · **because** it's close to the popular museum ➡ 보기가 because로 시작되면 의문사를 Why로 적는다.
>
> ② 질문에 언급된 사람의 대사에서 정답이 나오는 경우가 많으므로 **사람 이름을 반드시 적는다.**
>   **TIP** 이름의 영문 스펠링은 익숙하지 않거나 쓰는 데 시간이 걸릴 수 있으므로, 단순화하거나 우리말로 적는 것이 좋다.
>   예) 질문: Why is Ellie tired? ➡ Why E tired? / Why 엘리 tired? (Ellie의 대사에서 정답이 나올 가능성이 크다.)
>
> ③ 질문의 핵심을 영어나 한글, 약자 등을 사용하여 **자신에게 편한 방법으로 받아쓴다.**
>   예) 질문: What is Taylor's problem? ➡ What T 문제?
>
> ④ based on the conversation, most likely, probably 등과 같이 **질문의 핵심이 아닌 부분은 적지 않는다.**

**특징3** 지텔프 청취는 2개 이상의 보기에 같은 단어가 반복되어 쓰이는 경향이 있다.

**전략** 언뜻 보면 보기의 의미가 비슷해 보이기에, 미리 읽고 정확한 차이를 파악해야 정답을 맞힐 확률이 높아진다. 따라서 각 파트의 **Directions가 나오는 시간과 질문을 두 번째로 읽어주는 시간**을 활용하여 **보기를 미리 읽으며 차이점을 파악**한다.

> [보기 차이점 파악의 예]
> (a) by installing light fixtures
> (b) by leaving the doors open 문을 열어 놓음
> (c) by keeping the doors closed 문을 닫아 놓음 ➡ 보기에 doors가 반복되어 쓰였으므로 보기 (b)와 (c)의 차이점에 해당하는 open / closed에 표기한다.
> (d) by measuring the window frames

## 전략 적용

🎧 청취_전략 적용.mp3 | 정답 및 해설 p. 47

### 시험 문제지 내용

**Step 1**

27. (a) because he is hunting for a job in fashion
    (b) because he is learning how to design clothing
    (c) because he is working for a fashion magazine
    (d) because he is studying to write a story

28. (a) the enjoyable experience of a father and son
    (b) some people taking a vacation to India
    (c) a country's plans to attract tourists
    (d) some challenges faced by a family

### 청취 방송 내용

**Step 1** Listening Section Directions + Part 1 Directions (약 100초)

**Step 2**
27. Why is Fred stressed nowadays?
28. What is Wilma's short story about?

> **TIP** 대화의 처음 인사하는 부분에서 대화자의 이름 확인한다. 27번은 남자인 Fred 대사에서, 28번은 여자인 Wilma 대사에서 정답이 나올 것을 예측할 수 있다.

**Step 3**

M: Hi, Wilma! It's been ages since I last saw you! How are you doing?
F: Hi, Fred! I'm great, but you said on the phone you were feeling stressed these days. Why is that?
M: 27 I'm taking fashion design courses at the Collins Institute. I'm enjoying the courses, but they're quite demanding.
F: You'll be glad you did them, though.
M: That's true. So, what have you been up to lately?
F: My job's still the same, but I've been devoting more time to my hobbies. I submitted my work in a short story writing competition last week.
M: Great! What's your story about?
F: 28 It's about a mother, father, and son moving to a new country, India, and having to adapt to an unfamiliar culture and face unexpected difficulties.
M: Didn't you go to India on your last vacation?
F: Yes! I definitely used my vacation as inspiration. But the family's challenges are nothing that a tourist would experience.
M: Well, good luck! I'd love to read your story sometime.

---

**Step 1** 방송의 Directions 시간에 보기를 미리 읽어 ① 질문의 의문사를 예측하고 ② 보기의 핵심을 파악한다.

**27.**
① why (보기가 because로 시작되므로 의문사 why를 미리 적을 수 있다.)
② (a)와 (c)에 fashion이 중복되므로 차이점에 표시한다.
  (b)의 learning과 (d)의 studying은 비슷한 내용(배우다)이므로 차이점에 표시한다.

**28.**
① what (보기가 모두 명사구이므로 의문사 what을 미리 적을 수 있다.)
② (a)의 father and son과 (d)의 family는 비슷한 내용(가족)이므로 차이점에 표시한다.

**Step 2** 질문을 들으며 핵심을 받아 적는다.
27. Why F stressed 요즘?
28. What W short story 주제?

**Step 3** 대화를 들으며 정답을 선택한다.
27번 질문의 키워드인 stressed these days가 들린 후 남자 대사 I'm taking fashion design courses를 듣고 의미가 같은 보기 (b) because he is learning how to design clothing을 정답으로 선택한다.
28번 질문의 키워드인 What's your story about?가 들린 후 여자 대사 It's about a mother, father, and son ... face unexpected difficulties.를 듣고 의미가 같은 보기 (d) some challenges faced by a family를 정답으로 선택한다.

Listening 청취 **99**

# 실전 문제

**PART 1.** You will hear a conversation between two people. First you will hear questions 1 through 7. Then you will hear the conversation. Choose the best answer to each question in the time provided.

01. (a) their holiday traditions
    (b) their preferred Christmas presents
    (c) their upcoming travel plans
    (d) their favorite travel destinations

02. (a) She hasn't been to Hawaii.
    (b) She hates to travel during the peak season.
    (c) She doesn't like the weather at the destination.
    (d) She is afraid of traveling by plane.

03. (a) seeing a famous waterfall
    (b) visiting a museum
    (c) buying local crafts
    (d) going to some religious sites

04. (a) because it is a remote island
    (b) because it is a popular place
    (c) because it is a beautiful island
    (d) because it is a relaxing place

05. (a) relax on the beach
    (b) take a lot of pictures
    (c) try some new foods
    (d) visit the local aquarium

06. (a) by asking his wife
    (b) by reading blogs
    (c) by checking some brochures
    (d) by speaking to his friends

07. (a) on Christmas Day
    (b) on December 22
    (c) before December 25
    (d) after Christmas Day

**PART 3.** *You will hear a conversation between two people. First you will hear questions 8 through 13. Then you will hear the conversation. Choose the best answer to each question in the time provided.*

08. (a) what university degree to choose
    (b) how to get to work
    (c) where to apply for a job
    (d) how to decorate his office

09. (a) by being able to leave for work later
    (b) by parking in the office parking lot
    (c) by listening to relaxing music in the car
    (d) by keeping a consistent schedule

10. (a) He will have to purchase a parking pass.
    (b) He will have to change his insurance.
    (c) He will have to wake up earlier.
    (d) He will have to spend more money.

11. (a) by going for a run before his commute
    (b) by arriving to work on time every day
    (c) by taking the subway with his coworkers
    (d) by giving him time to learn a language

12. (a) because they might choose the wrong train
    (b) because commuters make a lot of noise
    (c) because it can be very crowded
    (d) because the schedule is not reliable

13. (a) drive his own vehicle to work
    (b) commute to work with Sheryl
    (c) move to the Sutherland neighborhood
    (d) take the subway to the office

# Reading & Vocabulary

# 독해 및 어휘

## 출제 문제 수 (총 28문제)

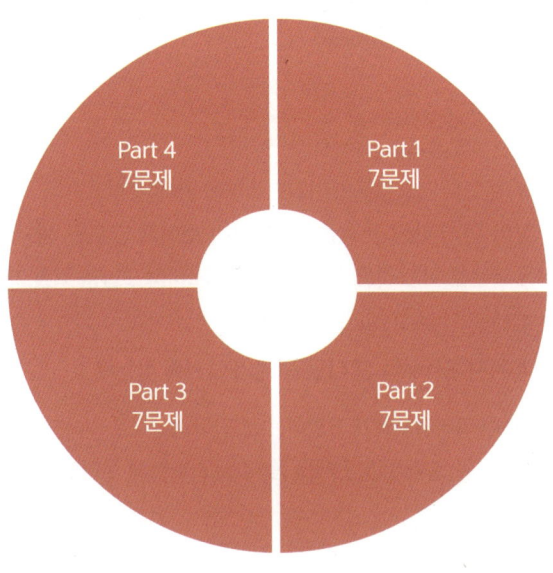

- Part 4: 7문제
- Part 1: 7문제
- Part 3: 7문제
- Part 2: 7문제

**지텔프 독해 및 어휘 문제의 특징 및 고득점 전략**

**전략 적용**

**실전 문제**

# 독해 및 어휘

지텔프 Level 2에서 47점 이상의 점수가 필요한 경우, 문법에서 고득점을 받는다고 하더라도 다른 파트에서도 일정 점수를 받아야 한다. 지텔프는 문법/청취/독해 및 어휘의 세 파트 중에서 청취의 난도가 가장 높으므로 독해 및 어휘 파트에서 가능한 한 많은 점수를 확보하는 것이 유리하다.

## 지텔프 독해 문제의 특징 및 고득점 전략

**특징1** 문제의 단서가 지문 여러 곳에 퍼져 있지 않고 질문의 키워드 주변에 위치한다.
**전략** **질문의 키워드를 지문에서 찾아 먼저 해당 문장을 읽고, 답이 보이지 않으면 해당 문장의 전/후 문장만 읽어도 정답 파악이 가능하다.** 지문의 많은 부분을 읽는 것은 시간 낭비이며, 오히려 오답을 고를 가능성이 높아진다.

**특징2** 질문의 순서와 단서의 순서가 일치하는 경우가 대부분이다.
**전략** 지문에서 **앞 문제의 단서 아래 위치에서부터 그 다음 문제의 단서를 찾는다.**

**특징3** 지문의 단서는 패러프레이징(비슷한 의미를 다르게 표현하는 것)되어 정답으로 주어진다.
**전략** **지텔프 독해의 패러프레이징 방식을 알아두면 문제를 좀 더 쉽고 빠르게 풀이할 수 있다.**

---

[패러프레이징이 적용된 정답과 오답의 예]

**Richard James** was an American inventor and a former US Navy engineer. He is best known for creating the Slinky, a wire coil toy that "walks" on its own down a flight of stairs.   ←질문 키워드

리처드 제임스는 미국의 발명가이자 전직 미 해군 엔지니어였다. 그는 스스로 계단을 내려가는 철사 코일 장난감인 슬링키를 만든 것으로 가장 잘 알려져 있다.

Q. What is **Richard James** best known for?   리처드 제임스는 무엇으로 가장 잘 알려져 있는가?

**정답 보기 예시** His invention of a metal coil toy   금속 코일 장난감 개발
→ 지문 단서 부분의 create(만들다, 창조하다)가 invention(발명)으로, wire coil toy(철사 코일 장난감)이 metal coil toy(금속 코일 장난감)으로 적절하게 패러프레이징 되었으므로 정답이다.

**오답 보기 예시** His development of a toy for the US Navy.   미 해군을 위한 장난감 개발
→ 지문 단서 부분의 create(만들다, 창조하다)가 development(개발)로 적절하게 패러프레이징 되었으나, US Navy를 위한 장난감이라는 내용은 없으므로 오답이다.

**핵심포인트** 보기의 다른 부분이 적절히 패러프레이징 되었더라도 단서의 내용과 다른 부분이 한 단어라도 있다면 오답이므로, 성급히 단서와 비슷해 보이는 보기를 골라서는 안 된다.

---

## 지텔프 어휘 문제의 특징 및 고득점 전략

**특징** 동의어 8문제 중 3-4문제는 평이하게 출제되는 편이며, 주어진 단어를 모르더라도 문맥을 통해 의미 파악이 가능할 수도 있다.
**전략** 밑줄 그어진 **단어의 의미를 모르더라도 해당 단어가 있는 문장을 해석하면서 의미를 유추해본다.**

## 전략 적용

### The Bloom of Bocce

Bocce ball is a game that is played with eight large bocce balls and one smaller target ball called the pallino. The game is played with two teams, and the object of the game is for one team to get as many of their bocce balls closer to the pallino than any of the opponent's balls. **67** The first evidence of bocce is on an Egyptian tomb painting dating back to 5200 B.C. that depicts two boys playing the game. 보체의 첫 번째 증거는 기원전 5200년에 그려진 두 소년이 게임을 하는 모습을 묘사한 이집트 무덤 그림이다.

The game grew in popularity and spread from Egypt to Palestine. By 800 B.C., the game extended into Greece and then to Rome. **68** It was especially popular with the Roman soldiers who played it between battles during the Punic Wars against Carthage in 246 BC. The game offered soldiers a welcome distraction from the stress of war. 이것(보체)은 특히 기원전 246년 카르타고와의 포에니 전쟁 기간에 전투들 사이에 그 게임을 했던 로마 병사들에게 인기가 있었다. 그 게임은 군인들을 전쟁의 스트레스에서 벗어나게 해 주는 반가운 것이었다.

The popularity of the game escalated to the point that on December 11, 1576, the Republic of Venice publicly **72** outlawed bocce, implementing the punishment of fines and imprisonment if not obeyed. Perhaps the strictest condemnation came from the Catholic Church, which prohibited clergymen from playing bocce, which they considered a form of gambling.

---

**67.** What is an indication that bocce was practiced in the 6th millennium BC? 보체가 기원전 6천년에 시행되었다는 것을 나타내는 것은 무엇인가?

(a) An ancient collection of painted bocce balls was discovered by historians.
(b) **An Egyptian tomb shows a painting of the game.** 한 이집트 무덤이 보체의 그림을 보여준다.
(c) A mural in Palestine illustrates boys playing with some balls.
(d) The Roman soldiers played bocce during the Punic Wars.

**68.** Why did Roman soldiers play bocce ball during the Punic Wars? 왜 로마 병사들은 포에니 전쟁 동안 보체볼을 했는가?

(a) **because it offered them a diversion from the tensions of war**
그것이 그들에게 전쟁의 긴장에서 벗어나게 해주었기 때문에
(b) because it enhanced soldiers' competitiveness
(c) because it helped them to fight against Carthage soldiers
(d) because it could test accuracy during training drills

**72.** In the context of the passage, outlaw means _____.

(a) praise
(b) disapprove
(c) explain
(d) excuse

---

67번 질문의 키워드인 6th millennium BC를 지문에서 찾아 해당 문장을 읽는다. Egyptian tomb painting that depicts two boys playing in the game(게임을 하고 있는 두 소년을 묘사한 이집트 무덤 그림)이 패러프레이징 된 (b)를 정답으로 선택한다.

68번 문제의 단서는 67번 문제의 단서 아래에 위치하므로 playing in the game 이하부터 단서를 찾는다. 질문의 키워드인 Punic Wars가 있는 문장을 읽고, 답이 보이지 않으면 주변 문장을 읽는다. a welcome distraction from the stress of war(전쟁 스트레스에서 벗어나게 해 주는 반가운 것)이 패러프레이징 된 (a)를 정답으로 선택한다.

72. 밑줄 친 outlaw(금지하다)의 의미를 모르더라도, 해당 문장을 해석해 본다. implementing the punishment of fines and imprisonment if not obeyed(이를 따르지 않을 경우 벌금과 투옥의 처벌을 시행했다)를 통해 정답이 (b) disapprove (반대하다)임을 유추할 수 있다.

## Goliath Birdeater

The Goliath birdeater, or Theraphosa blondi, is the world's largest spider and can be found in marshy areas and wet swamps of the rainforest in northern countries of South America, such as Suriname, Brazil, Guyana and Venezuela. Weighing up to six ounces and having nearly a foot-long leg span, the Goliath birdeater is the largest spider on the planet based on weight.

The spider was named the "birdeater" due to Maria Merican's mural depicting a Goliath spider ingesting a hummingbird. Despite its name, the Goliath birdeater typically does not eat birds, as it is a ground-based predator. Earthworms make up a majority of its diet, along with frogs, rodents, small snakes and lizards. When hunting and coming upon its prey, the birdeater pounces on its victim and injects poison with its fangs. As the birdeater cannot consume solid prey, the venom not only kills the prey but dissolves its internal organs into digestible juices. Although the birdeater's fangs contain venom, its bite will not kill humans and will only cause discomfort.

The Goliath birdeater has distinctive ways of defending itself against predators. Due to its impoverished eyesight, the birdeater must rely on sensory hairs, which detects the movement of approaching predators. Another defense mechanism is to rub its first and second pairs of legs together to create a hissing sound that can frighten predators up to 15 feet away. Additionally, it rubs its hind legs against its abdomen and releases tiny hairs that hook into the victim.

The birdeater is nocturnal. During the daylight hours, they remain in the safety of their burrow and hunt for prey at night. They are solitary creatures, interacting only to reproduce. Unlike many other spiders, the females do not attempt to eat or kill their potential mates.

Today, the Goliath birdeater continues to be a very common species that some consider to be a suitable pet. While some spider species may become accustomed to captivity, birdeaters usually remain agitated despite an ideal captive environment. If a threat is perceived, they are very apt to hurl hairs and bite. A Goliath birdeater is popular in the exotic pet trade but can be very expensive due to the fact that they must be brought in from another country. Although they can be found in limited pet stores within the United States, they are often sold illegally online.

01. Which statement best characterizes the Goliath birdeater?

    (a) It primarily consumes birds for its diet.
    (b) It has been studied extensively by Maria Merican.
    (c) Its habitat is dry, arid environments.
    (d) It weighs more than any other spider.

02. Why is Goliath spider named "birdeater"?

    (a) because it mostly preys on birds
    (b) because its large mass allowed for swallowing small birds
    (c) because an artist represented it as consuming a bird
    (d) because it uses earthworms to bait birds

03. What is a result of the birdeater's injected venom?

    (a) internal organs turning to liquid
    (b) a hissing sound being emitted
    (c) a human being killed
    (d) small hooks being released

04. What defense tactic is the Goliath birdeater noted for?

    (a) having excellent vision
    (b) having large fangs
    (c) having hairs sensitive to movement
    (d) having a spray of venom

05. How most likely do birdeaters respond to captivity?

    (a) by remaining calm
    (b) by behaving aggressively
    (c) by displaying curiosity to habitat
    (d) by being active during the day

06. In the context of the passage, impoverished means _____.

    (a) excellent
    (b) keen
    (c) poor
    (d) unusual

07. In the context of the passage, nocturnal means _____.

    (a) lethargic
    (b) resourceful
    (c) awake in the morning
    (d) active at night

Janet Westwood
VP Advertising and Promotions
Santa Diego Bookshop

Dear Ms. Westwood,

My name is Sally Evans, and I am an English teacher at Martin Luther High School. I also serve as the school's faculty advisor for the Shining Lights Performing Arts Club. Our organization offers our students a venue to express their inspiration through the performance arts. However, in an effort to provide the students with a broader audience to share their stories artistically, we would like to display their talents to the surrounding communities.

In order to do this, Shining Lights Performing Arts Club is planning a month-long series of performances called "This is Me" next month. The series will include performances of dramas written by our very own students, poetry readings, improv acts, and vocal performances by our students. As our culminating event, we will be holding a musical concert given by vocalist Lauren Steegle, an alumnus of Martin Luther High School.

We are kindly asking that your business support our "This is Me" series by providing a financial donation, product giveaways or prizes for contests. You are also welcome to be a financial sponsor of any of the performances during our "This is Me" series. In return, we will list your business as one of our sponsors in our acknowledgment page in our digital performance bulletin board. Additionally, we would like to extend an invitation to your business to occupy a vendor booth at the school gymnasium to display your promotional posters and giveaways.

Should you have any inquiries or require additional details of our event, please do not hesitate to call our public relations director, Sarah Swanson at (313) 555-9201. You may also e-mail me at shininglights@martinlutherhs.edu.

We look forward to connecting with you and working together to help bolster our performing arts at Martin Luther High School. Thank you very much.

Sally Evans
Performing Arts Club Sponsor
Martin Luther High School

08. According to Sally Evans, what does the school's Performance Art Club mainly do?

    (a) sponsor school club activities
    (b) provide a forum for expressing creativity
    (c) assist with poetry in English classes
    (d) publish newsletters

09. Why is the club planning to hold a series of performances?

    (a) to showcase the students' talents
    (b) to generate funds for the school
    (c) to attract more vendors
    (d) to recruit more alumni involvement

10. Based on the letter, what is the final activity in the month-long event?

    (a) a public poetry reading
    (b) a performance of a drama
    (c) an improv act
    (d) a performance by a vocal artist

11. How can Janet Westwood benefit from supporting the event?

    (a) by being able to publish a letter in the bulletin
    (b) by receiving free giveaways
    (c) by having advertising opportunities for her business
    (d) by getting discounts on "This is Me" events

12. Based on the letter, what will Westwood do if she wants to know more about the Performing Arts Club?

    (a) attend one of the performances in the "This is Me" series
    (b) donate financially to the club
    (c) email the headmaster of the school
    (d) contact the public relations director

13. In the context of the passage, extend means _____.

    (a) offer
    (b) volunteer
    (c) exchange
    (d) charge

14. In the context of the passage, bolster means _____.

    (a) advertise
    (b) strengthen
    (c) educate
    (d) increase

목표한 점수에 도달했는지 궁금하시죠?
나의 G-TELP 점수를 결과 발표 전 미리 확인하세요.

# 정재현의 G-TELP 점수 계산기

각 영역별 득점한 문항 수만 입력하면
득점, 총점, 평균까지 한번에!
지금 공단기 정재현 선생님 홈에서 확인하세요!

여러분의 목표 점수 달성을 도와줄
## 정재현 G-TELP 강의

|  | 32점+ | 48점+ | 65점+ | 77점+ | 89점+ |
|---|---|---|---|---|---|
| 일반공무원 |  |  | 국가직/지역인재 7급<br>서울시/지방직 7급 | 국가직 7급 외무영사직 |  |
| 경찰/소방<br>공무원 |  | 경찰/소방간부(50+)<br>경찰공무원(43+, 2022년~)<br>경찰공무원 가산 2점 |  | 경찰공무원 가산 4점(75+) | 경찰공무원 가산 5점 |
| 군무원 | 군무원 9급 |  | 군무원 5급 |  |  |

# 공단기

소방·경찰·군무원 지텔프 기본서 | 개정판

## 출제 공식 29개로 끝내는
# 정재현 지텔프
# LEVEL 2

정재현어학연구소

**3일 완성**

해설집

# 출제 공식 29개로 끝내는
# 정재현 지텔프
# LEVEL 2

해설집

# Chapter 1 가정법

## 출제 공식 1. 가정법 과거

### 실전 Practice Test

1. If I (**could afford** / will afford) the high cost of living, I would move to Palo Alto.

   [해석] 내가 높은 생활비를 감당할 여유가 있다면, 팔로 알토로 이사할 텐데.
   [해설] 주절의 동사가 'would+동사 원형' 또는 'could+동사 원형'일 때 if절의 동사는 과거 시제가 되어야 하므로 could afford가 정답이다.
   [어휘] can afford ~을 감당할 여유가 있다, ~할 형편이 되다   cost of living 생활비

2. Travis (**would not quit** / did not quit) his job if the company were to offer a pay raise.

   [해석] 회사가 급여 인상을 제공할 예정이라면 트래비스가 일을 그만두지 않을 텐데.
   [해설] if절의 동사가 과거 시제(were)일 때 주절의 동사는 'would/could/might+동사 원형'이 되어야 하므로 would not quit이 정답이다.
   [어휘] quit ~을 그만두다   be to do ~할 예정이다   offer ~을 제공하다   pay raise 급여 인상

3. If it weren't for Joey's diligence and professionalism, we (**would not be** / had not been) where we are today.

   [해석] 조이 씨의 근면함과 전문성이 없다면, 우리는 오늘 우리가 있는 곳에 있지 못할 겁니다.
   [해설] if절의 동사가 과거 시제(were)일 때 주절의 동사는 'would/could/might+동사 원형'이 되어야 하므로 would not be가 정답이다.
   [어휘] if it weren't for ~가 아니라면, ~가 없다면   diligence 근면함   professionalism 직업 의식, 전문성

## 출제 공식 2. 가정법 과거완료

### 실전 Practice Test

1. Henrietta Leavitt (**could have won** / could be winning) the Nobel Prize if she had not died young.

   [해석] 헨리에타 레빗이 젊어서 죽지 않았다면, 노벨상을 받을 수 있었을 것이다.
   [해설] if절의 동사가 had p.p.일 때 주절의 동사는 would/could/might have p.p.가 되어야 하므로 could have won이 정답이다.
   [어휘] win (상 등) ~을 받다, ~을 타다   die young 젊어서 죽다

2. Had I known the tote bag was on sale, I (would buy / **would have bought**) it without any hesitation.

   [해석] 그 토트백이 세일 중이라는 것을 알았다면, 어떤 망설임도 없이 구입했을 것이다.
   [해설] if절의 동사가 had p.p.일 때 주절의 동사는 would/could/might have p.p.가 되어야 하므로 would have bought이 정답이다. 참고로, 이 문장은 if가 생략되고 had가 주어 앞으로 이동한 도치 구조이다.
   [어휘] on sale 세일 중인   hesitation 망설임, 주저함

3. If Van Gogh (would be born / **had been born**) before oil paints were created, he would have been a mediocre painter.

   [해석] 유화 물감이 만들어지기 전에 반 고흐가 태어났다면, 그는 그저 그런 화가가 됐을 것이다.
   [해설] 주절의 동사가 would/could/might have p.p.일 때 if절의 동사는 had p.p. 형태가 되어야 하므로 had been born이 정답이다.
   [어휘] oil paints 유화 물감   create ~을 만들어내다   mediocre 그저 그런, 평범한

### 실전 문제

| | | | |
|---|---|---|---|
| 1. (a) | 2. (c) | 3. (d) | 4. (c) |
| 5. (b) | 6. (a) | 7. (c) | 8. (b) |
| 9. (a) | 10. (b) | 11. (a) | 12. (c) |
| 13. (b) | 14. (d) | 15. (c) | 16. (c) |
| 17. (d) | 18. (d) | 19. (b) | 20. (d) |
| 21. (b) | 22. (a) | 23. (b) | 24. (d) |

**1.**

[문장 해석] X
[핵심 포인트] 가정법 과거완료 주절 동사: would have+p.p.
[해석] 1800년에, 이탈리아의 물리학자 알레산드로 볼타는 특정 화

학 반응을 통해 전기를 만들어내는 방법을 알아냈다. 만일 그가 안정된 전류를 만들어내는 이 '볼타의 전지'를 고안하지 않았다면, 과학자들이 최초의 배터리를 만드는 데 더 오래 걸렸을 것이다.

**해설** if절의 동사가 가정법 과거완료 문장을 구성하는 had+p.p.의 형태(had not constructed)일 때, 주절의 동사로 'would/could/might have+p.p.'가 함께 쓰이므로 (a) would have taken이 정답이다.

**어휘** physicist 물리학자  discover ~을 알아내다, 발견하다  a way to do ~하는 방법  produce ~을 만들어내다, 생산하다  electricity 전기  certain 특정한, 일정한  chemical reaction 화학 반응  construct ~을 고안하다, 구상하다  steady 꾸준한, 한결같은  electric current 전류  create ~을 만들어내다

## 2.

**문장 해석** X

**핵심 포인트** 가정법 과거 주절 동사: would+동사 원형

**해석** 실비아는 주기적으로 자선 단체에 돈을 기부하고 있지만, 지역 사회에서 자원봉사를 시작하고 싶어 한다. 만일 그녀가 자원봉사를 할 시간이 있다면, 주말마다 동네의 식품 지원 단체에서 일할 것이다.

**해설** if절의 동사가 가정법 과거 문장을 구성하는 과거 시제(had)일 때, 주절의 동사로 'would/could/might+동사 원형'이 함께 쓰이므로 (c) would work가 정답이다.

**어휘** regularly 주기적으로, 정기적으로  donate A to B A를 B에 기부하다  charity 자선 단체  volunteer 자원봉사를 하다  local 지역의, 현지의  community 지역 사회, 지역 공동체  have the time to do ~할 시간이 있다  neighborhood 지역, 인근  food pantry 식품을 소외계층에 지원하는 단체

## 3.

**문장 해석** X

**핵심 포인트** 가정법 과거완료 if절 동사: had+p.p.

**해석** 제스는 오늘 아침에 상사와 함께 성과 평가 시간을 가졌다. 안타깝게도, 상사는 그녀의 최근 업무에 깊은 인상을 받지 못했다. 만일 제스가 더 열심히 일했다면, 상사가 나무라지 않았을 것이다.

**해설** 주절의 동사가 'would/could/might have+p.p.'일 때 if절의 동사는 가정법 과거완료 문장을 구성하는 had+p.p.의 형태가 되어야 하므로 (d) had worked가 정답이다.

**어휘** performance 업무 능력, 실력, 성과, 실적  review 평가, 검토, 후기  unfortunately 안타깝게도, 아쉽게도  be impressed with ~에 깊은 인상을 받다  recent 최근의  rebuke ~을 나무라다, 꾸짖다

## 4.

**문장 해석** X

**핵심 포인트** 가정법 과거완료 주절 동사: would have+p.p.

**해석** 지역 경찰서에서 지난주에 발생한 강도 사건을 수사했다. 하지만, 용의자를 찾을 수 없었다. 만일 그들이 용의자가 어떻게 생겼는지 봤다면, 다이아몬드를 훔친 사람을 찾아냈을 것이다.

**해설** 'If they had seen ~'의 가정법 과거완료 문장에서 If가 생략되고 had가 주어 앞으로 도치된 형태이므로 가정법 과거완료 주절의 동사로 적합한 (c) would have identified가 정답이다.

**어휘** local 지역의, 현지의  investigate ~을 수사하다, 조사하다  take place (일, 행사 등이) 발생하다, 개최되다  however 하지만  be able to do ~할 수 있다  find ~을 찾아내다  suspect 용의자  what A look like A가 어떻게 생겼는지  steal ~을 훔치다(stole은 과거형)  identify 발견하다, (신분 등) ~을 확인하다

## 5.

**문장 해석** X

**핵심 포인트** 가정법 과거 주절 동사: would+동사 원형

**해석** 제임스는 집에 가는 길에 필사적으로 도움을 얻기 위해 울고 있는 길 잃은 새끼 고양이 한 마리를 우연히 발견했다. 그는 자신이 그 새끼 고양이의 애원을 무시하고 계속 가던 길을 간다면 무슨 일이 일어날까 생각했다.

**해설** if절의 동사가 과거 시제(ignored)일 때 if절과 연결되는 절의 동사는 'would/could/might+동사 원형'이 되어야 하므로 (b) would happen이 정답이다.

**어휘** stumble upon ~을 우연히 발견하다  stray 길 잃은  on one's way 가는 길에, 오는 길에  desperately 필사적으로  meow (고양이가) 야옹 하고 울다  wonder ~일까 생각하다, ~을 궁금해하다  ignore ~을 무시하다  plea 애원, 간청  continue 계속하다

## 6.

**문장 해석** X

**핵심 포인트** 가정법 과거 주절 동사: would+동사 원형

**해석** 하나의 대륙에서 다른 대륙으로 건너가는 데이터의 거의 99퍼센트가 바다 깊은 곳의 광섬유 케이블을 통해 이동한다. 만일 이러한 케이블이 존재하지 않는다면, 데이터 통신은 낮은 품질을 가진 위성에 의존할 것이다.

**해설** if절의 동사가 가정법 과거 문장을 구성하는 과거 시제(did not exist)일 때, 주절의 동사로 'would/could/might+동사 원형'이 함께 쓰이므로 (a) would rely가 정답이다.

**어휘** cross from A to B A에서 B로 가로질러 가다  continent 대륙  travel 이동하다  through ~을 통해  fiber-optic cable 광섬유 케이

블 exist 존재하다  data communication 데이터 통신  satellite 위성  quality 질, 품질  rely on ~에 의존하다

어휘 teach A how to do A에게 ~하는 법을 가르치다  ride a bike 자전거를 타다

## 7.
문장 해석 X
핵심 포인트 가정법 과거완료 주절 동사: might have+p.p.
해설 리사가 붐비는 열차에 탑승했을 때, 창문 근처에 있는 빈 자리가 하나 보였다. 그녀가 외부의 찌는 듯한 더위를 예상했다면, 대신 그늘진 곳에 서 있기로 결정했을지도 모른다.
해설 if절의 if가 생략되고 had p.p. 동사의 had가 주어 앞으로 이동한 도치 구조로 시작하는 문장이다. 따라서, if절의 동사가 had p.p.일 때 주절의 동사로 함께 사용하는 'would/could/might have+p.p.' 형태의 동사가 빈칸에 쓰여야 알맞으므로 (c) might have chosen이 정답이다.
어휘 board ~에 탑승하다  crowded 붐비는  notice ~을 알아차리다, ~에 주목하다  anticipate ~을 예상하다  sweltering 찌는 듯한, 숨 막히는  shade 그늘  instead 대신  choose (to V) (~하기로) 결정하다, 선택하다

## 8.
문장 해석 X
핵심 포인트 가정법 과거 주절 동사: would+동사 원형
해설 나는 도심 지역에서 약 40킬로미터 떨어진 곳에 살고 있다. 다행히, 고속 열차 정거장이 최근 동네에 지어졌다. 만일 이 고속 열차가 없다면, 난 사무실로 가기 위해 매일 거의 1시간을 운전해야 할 것이다.
해설 if절의 동사가 가정법 과거 문장을 구성하는 과거 시제(weren't)일 때, 주절의 동사로 'would/could/might+동사 원형'이 함께 쓰이므로 (b) would be driving이 정답이다.
어휘 about 약, 대략  luckily 다행히  stop 정거장, 정류장  recently 최근에  neighborhood 지역, 인근  if it weren't for ~가 아니라면, 없다면  get to ~로 가다, ~에 도착하다

## 9.
문장 해석 X
핵심 포인트 가정법 과거 주절 동사: could+동사 원형
해설 한나는 겨우 네 살에 밖에 되지 않았지만, 아버지가 자전거 타는 법을 가르쳐 주고 싶어한다. 만일 한나가 자전거 타는 법을 안다면, 가족이 여름에 공원이나 아이스크림 가게로 타고 갈 수 있을 것이다.
해설 if절의 동사가 가정법 과거 문장을 구성하는 과거 시제(knew)일 때, 주절의 동사로 'would/could/might+동사 원형'이 함께 쓰이므로 (a) could ride가 정답이다.

## 10.
문장 해석 X
핵심 포인트 가정법 과거완료 주절 동사: would have+p.p.
해설 한 고등학교에서 최근 수학 시험이 있은 후, 네 명의 학생이 낙제 점수를 받았다. 선생님께서는 만약 그 학생들이 같은 반에 있는 다른 모든 학생들만큼 많이 공부했다면 시험에서 낙제하지 않았을 것이라고 말씀하셨다.
해설 if절의 동사가 가정법 과거완료 문장을 구성하는 had+p.p.의 형태(had been studying)일 때, 주절의 동사로 'would/could/might have+p.p.'가 함께 쓰이므로 (b) would not have failed가 정답이다.
어휘 recent 최근의  mathematics 수학  exam 시험  receive ~을 받다  fail 낙제하다, 실패하다  grade 점수, 등급  as much as ~만큼 많이

## 11.
문장 해석 X
핵심 포인트 가정법 과거 if절 동사: 과거 시제
해설 안톤은 예전에 전국에서 가장 빠른 달리기 선수들 중 한 명이었다. 하지만, 지금은 은퇴했으며, 무릎과 엉덩이에 문제를 겪고 있다. 만약 그가 여전히 달릴 수 있다면, 다가오는 마라톤 대회에서 경주할 것이다.
해설 주절의 동사가 'would/could/might+동사 원형'일 때 if절의 동사는 가정법 과거 문장을 구성하는 과거 시제가 되어야 하므로 (a) could still run이 정답이다.
어휘 used to do 한때 ~했다  however 하지만  retired 은퇴한, 퇴직한  race 경주하다  upcoming 다가오는, 곧 있을

## 12.
문장 해석 X
핵심 포인트 가정법 과거완료 if절 동사: had+p.p.
해설 알렉은 대학에서 외국어를 공부해야 했고, 그래서 아랍어를 공부하기로 결정했다. 만약 그가 아랍어 중급자가 되는 데 얼마나 오래 걸릴지 알았더라면, 이 언어를 배우기로 결심하지 않았을 것이다.
해설 주절의 동사가 'would/could/might have+p.p.'일 때 if절의 동사는 가정법 과거완료 문장을 구성하는 had+p.p.의 형태가 되어야 하므로 (c) had realize가 정답이다.
어휘 choose to do ~하기로 결정하다, 선택하다  take ~의 시간이 걸리다  intermediate 중급의  decide to do ~하기로 결심[결정]하다  realize ~임을 알게 되다, 깨닫다

## 13.
**문장 해석** X

**핵심 포인트** 가정법 과거 주절 동사: might+동사 원형

**해석** 릴리는 자신의 책상에 놓인 채워지지 않은 장학금 신청서를 쳐다봤다. 그녀가 그 신청서를 제출한다면, 꿈에 그리던 교육을 계속할 기회가 생길지도 모르지만, 거절에 대한 두려움으로 머뭇거렸다.

**해설** If절의 동사가 과거 시제(submitted)일 때 주절의 동사는 'would/could/might+동사 원형'이 되어야 하므로 (b) might have가 정답이다.

**어휘** stare at ~을 쳐다보다, ~을 응시하다  blank 빈, 공백의  scholarship 장학금  application form 신청서, 지원서  submit ~을 제출하다  pursue ~을 계속하다, ~을 추구하다  rejection 거절, 거부  hold A back A를 머뭇거리게 만들다, A를 제지하다

## 14.
**문장 해석** X

**핵심 포인트** 가정법 과거 주절 동사: would+동사 원형

**해석** 마르코는 엔지니어로서 직장 생활을 하며 매우 열심히 일한다. 그는 항상 해외 여행을 꿈꾸지만, 시간이 충분하지 않다. 만일 그가 어느 나라든 갈 수 있다면, 스페인이나 포르투갈을 방문할 것이다.

**해설** if절의 동사가 가정법 과거 문장을 구성하는 과거 시제(could go)일 때, 주절의 동사로 'would/could/might+동사 원형'이 함께 쓰이므로 (d) would visit이 정답이다.

**어휘** career 직장 생활, 경력, 진로  abroad 해외로, 해외에  have enough time 충분한 시간이 있다  either A or B A 또는 B 둘 중의 하나

## 15.
**문장 해석** X

**핵심 포인트** 가정법 과거완료 주절 동사: would have+p.p.

**해석** 어젯밤에 내 친구의 생일 파티가 있어서 우리는 정말 늦게까지 밖에 있었다. 그래서 나는 오늘 아침 일찍 일어날 수 없었다. 만일 내가 그 파티에 가지 않았다면, 아마 제때 회사에 도착했을 것이다.

**해설** if절의 동사가 가정법 과거완료 문장을 구성하는 had+p.p.의 형태(had not gone)일 때, 주절의 동사로 'would/could/might have+p.p.'가 함께 쓰이므로 (c) would have arrived가 정답이다.

**어휘** stay out late 늦게까지 밖에 나가 있다  probably 아마  at work 회사에, 직장에  on time 제때  arrive 도착하다

## 16.
**문장 해석** X

**핵심 포인트** 가정법 과거 주절 동사: would+동사 원형

**해석** 대부분의 플라스틱 물통과 청량음료 통에 쓰이는 플라스틱은 화석 연료와 기타 화학 물질로 만들어진다. 만약 이 통들 중 하나를 땅속에 묻는다면, 완전히 분해되기까지 약 450년 동안 지속될 것이다.

**해설** if절의 동사가 가정법 과거 문장을 구성하는 과거 시제(were)일 때, 주절의 동사로 'would/could/might+동사 원형'이 함께 쓰이므로 (c) would last가 정답이다.

**어휘** be made from ~로 만들어지다  fossil fuel 화석 연료  chemical n. 화학 물질  bury ~을 묻다  completely 완전히, 전부, 전적으로  degrade 분해되다  last v. 지속되다

## 17.
**문장 해석** X

**핵심 포인트** 가정법 과거 주절 동사: would+동사 원형

**해석** 지구에서 화성까지의 거리는 1억 6천 7백만 킬로미터가 넘는다. 설령 우주 비행사들이 가장 빠른 우주선을 이용할 수 있다 하더라도, 그 여정을 완수하는 데 여전히 6개월이 넘게 걸릴 것이다.

**해설** if절의 동사가 가정법 과거 문장을 구성하는 과거 시제(were)일 때, 주절의 동사로 'would/could/might+동사 원형'이 함께 쓰이므로 (d) would still take가 정답이다.

**어휘** distance from A to B A에서 B까지의 거리  over ~가 넘는  even if 설령 ~한다 하더라도  astronaut 우주 비행사  be able to do ~할 수 있다  spaceship 우주선  complete ~을 완수하다, 완료하다

## 18.
**문장 해석** X

**핵심 포인트** 가정법 과거완료 주절 동사: would have+p.p.

**해석** 올해 어려운 경제 상황 때문에, 셰인은 일자리를 잃어 은행 계좌에 돈이 많지 않다. 만일 그가 일하고 있을 때 돈을 덜 썼다면, 긴급한 일에 쓸 돈을 충분히 저축했을 것이다.

**해설** 'If he had spent less money ~'의 가정법 과거완료 문장에서 If가 생략되고 had가 주어 앞으로 도치된 형태이므로 가정법 과거완료 주절의 동사로 적합한 (d) would have saved가 정답이다.

**어휘** tough 힘든, 어려운  economy 경제  account 계좌, 계정  less 더 적은, 덜한  while ~하는 동안  enough 충분히  emergency 긴급 상황, 비상 사태  save 저축하다

## 19.
**문장 해석** X
**핵심 포인트** 가정법 과거 주절 동사: would+동사 원형
**해석** 릴리는 자신이 처한 곤경의 복잡함에 마음이 사로잡힌 채 어수선한 방 안을 이리저리 서성거렸다. 릴리가 잠시 시간을 갖고 멈춰서 곰곰이 생각한다면, 자신의 문제에 대한 해답이 바로 자신의 능력 범위 내에 있다는 사실을 깨닫게 될 것이다.
**해설** If절의 동사가 과거 시제(took)일 때 주절의 동사는 'would/could/might+동사 원형'이 되어야 하므로 (b) would realize가 정답이다.
**어휘** pace back and forth 이리저리 서성거리다  cluttered 어수선한  consumed by (감정 등) ~에 사로잡힌  complexity 복잡함  predicament 곤경, 궁지  take a moment to V 잠시 시간을 갖고 ~하다  reflect 곰곰이 생각하다  within one's grasp ~의 능력 범위 내에 있는  realize ~을 깨닫다

## 20.
**문장 해석** X
**핵심 포인트** 가정법 과거완료 주절 동사: would have+p.p.
**해석** 로스앤젤레스는 1938년에 역사적인 홍수를 겪었다. 그 피해는 지금의 돈으로 10억 달러가 넘는 것으로 추정되었다. 만약 그 강마다 댐이 지어져 있었다면, 많은 사람들이 재해로 집과 재산을 잃지 않았을 것이다.
**해설** if절의 동사가 가정법 과거완료 문장을 구성하는 had+p.p.의 형태(had been dammed)일 때, 주절의 동사로 'would/could/might have+p.p.'가 함께 쓰이므로 (d) would not have lost가 정답이다.
**어휘** suffer (재해, 질병, 고통 등) ~을 겪다, ~에 시달리다  historic 역사적인  flood 홍수, 범람  damage 피해, 손해, 손상  be estimated to do ~하는 것으로 추정되다  cost ~의 돈이 들다, 비용이 ~이다  over ~가 넘는  dam ~에 댐을 짓다  property 자산, 부동산, 건물  disaster 재해  lose ~을 잃다

## 21.
**문장 해석** X
**핵심 포인트** 가정법 과거 주절 동사: would+동사 원형
**해석** 영국 내 많은 대학들이 최근 연구 자금 부족 문제를 겪어 왔다. 만일 그 대학들이 더 많은 자금을 갖고 있다면, 과학과 수학, 그리고 기술 분야의 혁신적인 프로젝트들을 지원할 것이다.
**해설** if절의 동사가 가정법 과거 문장을 구성하는 과거 시제(had)일 때, 주절의 동사로 'would/could/might+동사 원형'이 함께 쓰이므로 (b) would support가 정답이다.
**어휘** experience v. ~을 겪다, 경험하다  lack 부족  research 연구, 조사  funding 자금 (제공)  recently 최근  innovative 혁신적인  support ~을 지원하다, 후원하다, 지지하다

## 22.
**문장 해석** X
**핵심 포인트** 가정법 과거완료 주절 동사: would have+p.p.
**해석** 사샤는 오늘 아침에 서둘러 집을 나섰다. 오후에 비가 내리기 시작했고, 그녀는 우산을 갖고 있지 않다는 것을 알게 되었다. 만약 그녀가 일기 예보를 봤다면, 우산을 가져왔을 것이다.
**해설** if절의 동사가 가정법 과거완료 문장을 구성하는 had+p.p.의 형태(had seen)일 때, 주절의 동사로 'would/could/might have+p.p.'가 함께 쓰이므로 (a) would have brought이 정답이다.
**어휘** leave ~에서 나가다, 떠나다  in a hurry 급하게  start to do ~하기 시작하다  realize (that) ~임을 알게 되다, 깨닫다  weather forecast 일기 예보  bring 가져가다, 가져오다

## 23.
**문장 해석** X
**핵심 포인트** 가정법 과거 주절 동사: could+동사 원형
**해석** 에이미는 무대와 더 가깝기를 갈망하며, 멀리 떨어진 발코니 구역에서 가장 좋아하는 밴드가 공연하는 것을 지켜보고 있다. 그녀가 VIP 출입 권한을 받는다면, 마음을 불타오르게 할 강렬함을 안고 그 음악을 경험할 수 있을 것이다.
**해설** If절의 동사가 과거 시제(were granted)일 때 주절의 동사는 'would/could/might+동사 원형'이 되어야 하므로 (b) could experience가 정답이다.
**어휘** watch 지켜보다  perform 공연하다, 연주하다  distant 멀리 떨어진  long to V ~하기를 갈망하다  close to ~와 가까운  grant A B A에게 B를 주다, A에게 B를 승인하다  access 출입 (권한)  intensity 강렬함, 격렬함  ignite ~에 불을 붙이다

## 24.
**문장 해석** O
**핵심 포인트** 가정법 과거완료 if절 동사 had+p.p.와 주절의 now
**해석** 허리케인 샌디가 지난달 멕시코 비치를 강타해 주택 수천 채를 파괴했다. 시속 120마일의 강풍으로 800년 된 참나무도 쓰러졌다. 허리케인이 아니었더라면 그 나무는 지금도 여전히 살아 있을 것이다.
**해설** if절의 동사가 가정법 과거완료 문장을 구성하는 had+p.p.의 형태(had been)인 경우 주절에는 'would/could/might have+p.p.'가 함께 쓰이는 것이 원칙이지만, 주절에 현재를 나타내는 부사 'now'가 있는 경우 'would/could/might+동사 원형'이 함께 쓰여야 하므로 (d) would still be alive가 정답이다. 이와 같이 가정법 과거완료와 가정법 과거를 혼용한 문장을 '혼합 가정법'이라고 한다.
**어휘** destroy 파괴하다  thousands of 수천의  knock down 쓰러뜨리다  if it had not been for ~이 없었더라면  alive 살아 있는

# Chapter 2 조동사

## 출제 공식 3. 조동사 may

### 실전 Practice Test

1. A new study suggested that medications for high blood pressure (might / must) help prevent Alzheimer's disease.

   해석 한 새로운 연구에 따르면 고혈압 약이 알츠하이머병을 예방하는 데 도움이 될 수도 있는 것으로 나타났다.

   해설 고혈압 약이 알츠하이머병을 예방하는 데 도움이 될 수도 있다는 가능성을 나타내는 의미이므로 '~할 수도 있다, ~일지도 모른다'를 뜻하는 조동사 might이 정답이다.

   어휘 study 연구, 조사  suggest that ~임을 나타내다, ~라고 주장하다, ~하도록 제안하다  medication 약  blood pressure 혈압  help do ~하는 데 도움이 되다  prevent ~을 예방하다, ~을 막다  disease 병, 질병

2. Your regular working hours will be 9 a.m. to 5 p.m. Monday to Friday, but you (can / may) have to work overtime as needed.

   해석 당신의 정규 업무 시간은 월요일에서 금요일까지 오전 9시부터 오후 5시가 되겠지만, 필요에 따라 초과 근무를 해야 할 수도 있습니다.

   해설 필요에 따라 초과 근무를 해야 할 수도 있다는 가능성을 나타내는 의미가 되어야 알맞으므로 '~할 수도 있다, ~일지도 모른다'를 뜻하는 조동사 may가 정답이다.

   어휘 regular 정규의, 주기적인, 규칙적인  work overtime 초과 근무를 하다, 야근하다  as needed 필요에 따라

3. If you experience difficulty logging on to our website, your password (might / will) have expired or have never been set.

   해석 저희 웹사이트에 로그인하시는 데 어려움을 겪으시는 경우, 비밀번호가 만료되었거나 전혀 설정되지 않았을 수도 있습니다.

   해설 비밀번호가 만료되었거나 전혀 설정되지 않았을 수도 있다는 추측의 의미이므로 뒤에 있는 have p.p. 구조와 어울려 '~였을지도 모른다'라는 과거에 대한 추측을 나타내는 might이 정답이다.

   어휘 experience v. ~을 겪다, ~을 경험하다  might have p.p. ~였을지도 모른다

## 출제 공식 4. 조동사 can

### 실전 Practice Test

1. These cold medicines (can / shall) cause drowsiness, so refrain from driving after taking a dose.

   해석 이 감기약들은 졸음을 유발할 수 있으므로, 복용 후에는 운전을 삼가십시오.

   해설 감기약이 졸음을 유발할 수 있다는 '가능성'을 나타내는 의미가 되어야 알맞으므로 can이 정답이다.

   어휘 cold medicine 감기약  cause ~을 유발하다, 초래하다  drowsiness 졸음  refrain from -ing ~하는 것을 삼가다  take a dose (1회분을) 복용하다

2. The new cruise ship (would / can) accommodate up to 1,000 passengers in comfortable seating and features three swimming pools.

   해석 새 여객선은 편안한 좌석으로 최대 1,000명의 승객을 수용할 수 있으며, 세 개의 수영장을 특징으로 한다.

   해설 여객선이 최대로 수용할 수 있는 인원을 나타내는 '능력'의 의미가 되어야 알맞으므로 can이 정답이다.

   어휘 cruise ship 여객선  accommodate ~을 수용하다  up to 최대 ~까지  comfortable 편안한  seating 좌석 (설비)  feature ~을 특징으로 하다

3. Employees (can / must) use the company's gym, complete with state-of-the-art equipment, during working hours.

   해석 직원들은 근무 시간 중에 최신식 장비가 모두 갖춰진 사내 체육관을 이용해도 좋습니다.

   해설 직원들이 근무 시간에 사내 체육관을 이용해도 좋다는 '허락/허가'의 의미가 되어야 알맞으므로 can이 정답이다.

   어휘 complete with ~을 모두 갖춘  state-of-the-art 최신식의  equipment 장비  during ~ 중에, ~ 동안

## 출제 공식 5. 조동사 must

### 실전 Practice Test

1. Please note that children under 14 (would / must)

be accompanied by an adult at all times.

- 해석 14세 이하의 어린이들은 반드시 항상 성인 한 명을 동반해야 한다는 점에 유의하시기 바랍니다.
- 해설 14세 이하의 어린이들에게 적용되는 의무 및 규정을 나타내는 의미가 되어야 알맞으므로 must가 정답이다.
- 어휘 Please note that ~라는 점에 유의하세요, 주의하세요　be accompanied by ~을 동반하다　at all times 항상

2. According to the airline's website, the size of the luggage (**must** / can) not exceed 210 cm for the total of three dimensions.

- 해석 그 항공사의 웹사이트에 따르면, 수하물 크기는 3면의 총합이 210cm를 초과하지 말아야 한다.
- 해설 수하물 크기와 관련해 반드시 지켜야 하는 의무 및 규정을 나타내는 의미이므로 must가 정답이다.
- 어휘 according to ~에 따르면　luggage 수하물　total of three dimensions 3면 총합

3. Jason looked very tired this morning. He (**must** / could) have stayed up late partying last night.

- 해석 제이슨은 오늘 아침에 아주 피곤해 보였다. 그는 어젯밤에 파티에서 노느라 늦게까지 있었던 것이 틀림없다.
- 해설 오늘 아침에 피곤해 보인 것을 보고 어젯밤에 있었을 일을 추측하는 의미가 되어야 알맞으므로 have p.p. 동사와 함께 '~했음이 틀림없다'라는 과거에 대한 추측을 나타낼 때 사용하는 must가 정답이다.
- 어휘 look+형용사 ~하게 보이다　must have p.p. ~했음이 틀림없다　stay up late -ing ~하느라 늦게까지 있다　party v. 파티를 하다

## 출제 공식 6. 조동사 should

### 실전 Practice Test

1. Logan has been using the same password for more than two years. He (**should** / can) change his password frequently.

- 해석 로건은 동일한 비밀번호를 2년 넘게 계속 사용해 오고 있다. 그는 자주 비밀번호를 변경해야 한다.
- 해설 같은 비밀번호를 오래 사용하고 있는 것에 대해 자주 변경하도록 권고하는 내용의 문장이므로 should가 정답이다.
- 어휘 more than ~ 넘게　frequently 자주, 빈번히

2. The customer information (**should** / would) not be shared with anyone outside the company.

- 해석 고객 정보는 회사 외부 사람 누구와도 공유되지 말아야 한다.
- 해설 고객 정보가 외부 사람과 공유되지 말아야 한다는 당위성을 나타내는 의미이므로 should가 정답이다.
- 어휘 share A with B A를 B와 공유하다　outside ~ 외부의, ~ 밖의

3. The deadline for submitting the proposal is approaching soon. Melina (will / **should**) have started drawing it up earlier.

- 해석 제안 제출 마감 기한이 곧 다가오고 있다. 멜리나는 더 빨리 그것을 작성하기 시작했어야 했다.
- 해설 마감 기한이 닥치는 상황에서 더 빨리 제안서를 작성했어야 했다는 의미로 과거의 일에 대한 후회를 나타내야 알맞으므로 have p.p. 동사와 함께 '~했어야 했다'라는 뜻을 갖는 should가 정답이다.
- 어휘 deadline 마감 기한　submit ~을 제출하다　proposal 제안(서)　approach 다가오다, 다가가다　should have p.p. ~했어야 했다　draw up ~을 작성하다, ~을 만들다

## 출제 공식 7. 조동사 will

### 실전 Practice Test

1. Today's outdoor event (**will** / would) be postponed until next Friday due to the terrible weather.

- 해석 오늘의 야외 행사가 악천후로 인해 다음 주 금요일로 연기될 것입니다.
- 해설 미래 시점 표현 until next Friday와 어울려 미래에 예정된 일을 나타내야 알맞으므로 will이 정답이다.
- 어휘 outdoor 야외의, 옥외의　postpone ~을 연기하다, ~을 미루다　due to ~로 인해, ~ 때문에　terrible 끔찍한

2. My boss is a stubborn man, and I'm sure he (may / **will**) not admit that he is wrong.

- 해석 내 상사는 고집스러운 남자라서, 그가 틀렸다는 사실을 인정하지 않을 거라고 확신한다.
- 해설 상사(he)가 인정하지 않을 것이라는 뜻으로 주어의 의지나 고집을 나타내는 의미를 갖는 will이 정답이다.
- 어휘 stubborn 고집스러운, 완고한　admit that ~임을 인정하다

3. LeBron James recently announced that he (can / **would**) be signing a four-year contract with the team.

- 해석 르브론 제임스는 최근 그 팀과 4년 계약을 맺을 것이라고 발표했다.

해설 주절의 동사가 과거(announced)로 쓰였으므로 종속절인 that절에는 과거형의 조동사인 would를 정답으로 선택한다. 이때의 would의 용법을 '과거에서 본 미래'라고 부르기도 한다.

어휘 recently 최근 announce that ~라고 발표하다, ~라고 알리다 sign a contract 계약을 맺다

### 출제 공식 8. 주장/명령/요구/제안 동사와 should의 생략

**실전 Practice Test**

1. The organizing committee has suggested that participants (are arriving / arrive) early for the best seating.

   해석 조직 위원회는 참가자들이 가장 좋은 좌석을 얻으려면 일찍 도착해야 한다고 제안했다.

   해설 suggest와 같이 주장/명령/요구/제안을 나타내는 동사의 목적어 역할을 하는 that절의 동사는 '(should)+동사원형'을 사용하므로 arrive가 정답이다.

   어휘 organizing committee 조직 위원회 suggest that ~하도록 제안하다 participant 참가자 arrive 도착하다

2. The manufacturer advises that the outdoor grilling equipment (be cleaned / is cleaned) after every use.

   해석 제조사는 야외용 그릴 장비가 매번 사용 후에 세척되어야 한다고 조언한다.

   해설 advise와 같이 주장/명령/요구/제안을 나타내는 동사의 목적어 역할을 하는 that절의 동사는 '(should)+동사원형'을 사용하므로 be cleaned가 정답이다.

   어휘 manufacturer 제조사 advise that ~하도록 조언하다 equipment 장비 clean ~을 세척하다

3. The company security policy requires that employees (will keep / keep) customers' documents in a secure location.

   해석 회사 보안 정책은 직원들이 고객 서류를 안전한 곳에 보관하도록 요구하고 있다.

   해설 require와 같이 주장/명령/요구/제안을 나타내는 동사의 목적어 역할을 하는 that절의 동사는 '(should)+동사원형'을 사용하므로 keep이 정답이다.

   어휘 security 보안 policy 정책 require that ~하도록 요구하다 keep ~을 보관하다 secure 안전한 location 곳, 위치, 장소, 지점

### 출제 공식 9. 의무/필수 형용사와 should의 생략

**실전 Practice Test**

1. It is important that you (have not compared / not compare) yourself with others.

   해석 네 자신을 다른 사람들과 비교하지 않는 것이 중요해.

   해설 important와 같이 의무/필수를 나타내는 형용사가 it is ~ that 구조로 쓰일 때 that절의 동사는 '(should)+동사 원형'을 사용한다. 또한 that절이 부정문이 되는 경우, '(should) not+동사 원형'의 구조이므로 not compare가 정답이다.

   어휘 compare A with B A를 B와 비교하다

2. It is vital that the installation of the equipment (be done / is being done) by a certified technician.

   해석 그 장비의 설치가 공인된 기술자에 의해 이뤄지는 것이 중요합니다.

   해설 vital과 같이 의무/필수를 나타내는 형용사가 it is ~ that 구조로 쓰일 때 that절의 동사는 '(should)+동사 원형'을 사용하므로 be done이 정답이다.

   어휘 vital 중요한 installation 설치 equipment 장비 certified 공인된

3. When doing business in a foreign country, it is best that you (familiarize / will familiarize) yourself with local regulations.

   해석 외국에서 사업을 할 때, 현지의 규정을 숙지하는 것이 가장 좋습니다.

   해설 best와 같이 의무/필수를 나타내는 형용사가 it is ~ that 구조로 쓰일 때 that절의 동사는 '(should)+동사 원형'을 사용하므로 familiarize가 정답이다.

   어휘 familiarize oneself with ~을 잘 알고 있다, ~을 숙지하다 local 현지의, 지역의 regulation 규정, 규제

## 실전 문제

| 1. (d) | 2. (b) | 3. (a) | 4. (b) |
| 5. (c) | 6. (d) | 7. (a) | 8. (c) |
| 9. (c) | 10. (d) | 11. (a) | 12. (b) |
| 13. (c) | 14. (c) | 15. (a) | 16. (d) |
| 17. (d) | 18. (b) | 19. (c) | 20. (c) |
| 21. (b) | 22. (c) | 23. (c) | 24. (b) |
| 25. (b) | 26. (a) | 27. (a) | 28. (a) |
| 29. (c) | 30. (b) | 31. (d) | 32. (b) |
| 33. (b) | 34. (c) | 35. (c) | 36. (d) |

**1.**

문장 해석 X

핵심 포인트 의무/필수 형용사＋that＋주어＋(should)＋동사 원형

해석 운전 면허증을 취득하는 것이 십대에게는 힘든 경험일 수 있다. 어린 운전자는 부모와 함께 운전하면서 충분한 시간을 보내는 것이 가장 좋은데, 특히 극심한 교통량과 악천후와 같은 많은 스트레스를 받을 수 있는 상황에서 그렇다.

해설 가주어 it이 이끄는 문장에서 best처럼 의무/필수의 의미를 나타내는 형용사 뒤에 이어지는 진주어 that절의 동사는 '(should)＋동사 원형'을 사용하므로 (d) spend가 정답이다.

어휘 challenging 힘든, 어려운  It is best that ~하는 것이 가장 좋다  ample 충분한  especially 특히  situation 상황  such as ~ 같은  heavy traffic 극심한 교통량  bad weather 악천후  spend A -ing ~하면서 A만큼의 시간을 보내다

**2.**

문장 해석 O

핵심 포인트 의무를 나타내는 must

해석 에릭은 늦은 체크아웃을 요청하기 위해 프레즐리 호텔의 프런트 데스크에 전화했다. 그의 요청은 받아들여졌지만, 반드시 2시까지 퇴실해야 하며, 그렇지 않으면 추가로 하루 전체에 대한 비용을 지불해야 할 것이다.

해설 빈칸 뒤에 이어지는 내용은 숙박 규정상 해야 하는 일을 나타낸다. 따라서 '~해야 한다'라는 의미로 의무를 나타낼 때 사용하는 조동사 (b) must가 정답이다.

어휘 ask for ~을 요청하다  request 요청  grant (요청 등) ~을 받아들이다, ~을 승인하다  leave 나가다, 떠나다, 출발하다  will have to do ~해야 할 것이다  pay for ~에 대한 비용을 지불하다  entire 전체의  extra 추가의, 별도의

**3.**

문장 해석 O

핵심 포인트 미래의 예정/예상을 나타내는 will

해석 레오는 바인웍스 극장의 모든 공연 작품에 참석하고 있다. 지역 예술에 그가 보내는 성원을 감안할 때, 난 그 극장이 올 연말에 영구적으로 문을 닫는다는 사실을 그가 알게 될 경우 엄청난 충격을 받게 될 것이라고 확신한다.

해설 문장의 의미상 I'm sure 뒤에 나오는 절의 내용은 '확실한 미래'의 내용을 담고 있으므로 이러한 미래의 확실성을 나타내는 조동사 (a) will이 정답이다.

어휘 attend ~에 참석하다, 다니다  production (연극 등의) 공연물, 상연 작품  given ~을 감안할 때, ~을 고려할 때  support 성원, 후원, 지지  local 지역의, 현지의  devastated 엄청난 충격을 받은  learn that ~임을 알게 되다  permanently 영구적으로

**4.**

문장 해석 X

핵심 포인트 의무/필수 형용사＋that＋주어＋(should)＋동사 원형

해석 앤드류는 오늘 오후에 최고의 법률 회사에서 면접을 본다. 비록 명문 법대에서 우수한 성적으로 졸업하기는 했지만, 그 일자리를 얻기 위해 뛰어난 추천서를 제공하는 것이 중요하다.

해설 가주어 it이 이끄는 문장에서 important처럼 의무/필수의 의미를 나타내는 형용사 뒤에 이어지는 진주어 that절의 동사는 '(should)＋동사 원형'을 사용하므로 (b) provide가 정답이다.

어휘 law firm 법률 회사  even though 비록 ~이기는 하지만  graduate 졸업하다  with honors 우수한 성적으로, 우등으로  prestigious 명문의, 명망 있는  it is important that ~하는 것이 중요하다  outstanding 뛰어난, 우수한  reference 추천서, 추천인  in order to do ~하기 위해  provide ~을 제공하다

**5.**

문장 해석 O

핵심 포인트 불확실한 추측을 나타내는 might

해석 켈리가 이번 주말 옛 대학 친구들과 함께 떠나는 하이킹 여행을 준비하는 데 많은 시간을 쏟았다. 하지만, 일기 예보에서 토요일에 비가 내릴지도 모른다고 하고 있어서, 난 켈리에게 대안이 있기를 바라고 있다.

해설 빈칸 뒤에 쓰인 내용은 일기 예보에서 말하는 미래의 기상 상태이다. 따라서 불확실한 추측을 나타내는 의미가 되어야 알맞으므로 '~일지도 모른다'라는 의미의 조동사 (c) might이 정답이다.

어휘 put time into ~에 시간을 쏟다  organize ~을 준비하다, ~을 조직하다  retreat 짧은 여행, 야유회  however 하지만  forecast 일기 예

보  back-up plan 대안, 대체 계획

## 6.
**문장 해석** O
**핵심 포인트** 허가를 나타내는 can
**해석** 진행 중인 전 세계적인 유행병으로 인해 캠든 병원은 어쩔 수 없이 대단히 신중한 상태가 되었으며, 특히 방문 정책과 관련해서 그렇다. 이에 따라, 오직 한 명의 가족만 병원 내에 입원해 있는 인척을 방문할 수 있다.
**해설** 앞 문장에 언급된 병원의 정책에 따라 방문 가능한 인원수를 나타내는 의미가 되어야 알맞으므로 허가(be allowed to)의 의미를 갖는 조동사 (d) can이 정답이다.
**어휘** ongoing 계속 진행 중인  pandemic 전 세계적인 유행병  A force B to do A로 인해 B가 어쩔 수 없이 ~하다, A가 B에게 ~하도록 강요하다  extremely 대단히, 매우  cautious 신중한, 조심스러운  especially 특히  concerning ~와 관련해  visitation 방문  policy 정책, 방침  as such 그에 따라, 그런 이유로  relative n. 인척, 친척

## 7.
**문장 해석** X
**핵심 포인트** 주장/명령/요구/제안 동사＋that＋주어＋(should)＋동사 원형
**해석** 제임스 조이스의 <율리시스>는 모더니즘 문학의 걸작이지만, 그럼에도 불구하고 그 줄거리는 악명 높을 정도로 이해하기 어렵다. 전문가들은 독자들이 조이스의 글을 더 잘 감상할 수 있도록 가이드북과 함께 읽을 것을 권장한다.
**해설** 빈칸은 동사 suggest의 목적어 역할을 하는 that절의 동사 자리이다. suggest처럼 주장/명령/요구/제안 등을 나타내는 동사의 목적어 역할을 하는 that절의 동사는 '(should)＋동사 원형'을 사용하므로 (a) be read가 정답이다.
**어휘** masterpiece 걸작, 명작  modernist literature 모더니즘 문학  plot 줄거리  nonetheless 그럼에도 불구하고  notoriously 악명 높게  follow (내용 등) ~을 이해하다, ~을 따라잡다  suggest that ~라고 주장하다, ~임을 암시하다  alongside ~와 함께  so that (목적) ~할 수 있도록  appreciate ~을 감상하다, ~을 제대로 인식하다

## 8.
**문장 해석** O
**핵심 포인트** 능력을 나타내는 can
**해석** 최근의 한 연구는 우리의 반려 동물들이 얼마나 똑똑한지 보여주고 있다. 분명히, 개들은 얼굴 표정을 읽음으로써 주인의 감정 상태를 알아낼 수 있는데, 이는 심지어 많은 사람들조차 힘겨워하는 능력이다.
**해설** 빈칸 뒤에 이어지는 내용은 개들이 지니고 있는 능력을 나타내고 있으므로 '~할 수 있다'라는 의미로 능력을 나타낼 때 사용하는 조동사 (c) can이 정답이다. (d) may는 '~일 수도 있다'라는 의미로 불확실한 추측을 나타내므로 맞지 않다.
**어휘** recent 최근의  reveal ~을 나타내다, ~을 드러내다  apparently 분명히, 보아 하니  determine ~을 알아내다, ~을 결정하다  emotional state 감정 상태  owner 주인, 소유주  facial expression 얼굴 표정  skill 능력, 기술  even 심지어 (~조차)  struggle with ~로 힘겨워하다, 어려움을 겪다

## 9.
**문장 해석** O
**핵심 포인트** 제안/권고를 나타내는 should
**해석** 스캇 치지는 리그 최고의 포수이지만, 커브볼을 잘 치지 못한다. 그의 코치는 배트를 휘둘러 삼진 아웃 당하는 대신, 참을성을 갖고 볼넷을 얻어 출루해야 한다고 말하고 있다.
**해설** 빈칸 뒤에 이어지는 내용은 삼진 아웃을 잘 당하는 선수에게 필요한 코치의 충고에 해당된다. 따라서 '~해야 한다'라는 의미로 제안/권고를 나타낼 때 사용하는 조동사 (c) should가 정답이다.
**어휘** catcher 포수  be incapable of -ing ~하지 못하다, ~할 수 없다  curveball 커브볼  instead of ~하는 대신  swing 배트를 휘두르다  strike out 삼진 아웃 당하다  patient 참을성 있는, 인내심 있는  get to base on balls 볼넷으로 출루하다

## 10.
**문장 해석** X
**핵심 포인트** 주장/명령/요구/제안 동사＋that＋주어＋(should)＋동사 원형
**해석** 그 유명 과학자가 기후 변화에 관해 매혹적인 강연을 했다. 그는 즉각적인 조치를 취하는 것의 중요성을 강조했으며, 모두에게 우리 지구의 미래를 보호할 지속 가능한 관행을 택하도록 촉구하고 있다.
**해설** urge와 같이 주장/명령/요구/제안을 나타내는 동사의 목적어 역할을 하는 that절의 동사는 '(should)＋동사 원형'을 사용하므로 (d) choose가 정답이다.
**어휘** renowned 유명한  deliver a lecture 강연하다  captivating 매혹적인  emphasize ~을 강조하다  take action 조치를 취하다  immediate 즉각적인  urge that ~하도록 촉구하다  sustainable 지속 가능한  practice 관행, 관례, 실행, 실천  safeguard ~을 보호하다

## 11.
**문장 해석** X

**핵심 포인트** 의무/필수 형용사+that+주어+(should)+동사 원형

**해석** 많은 사람들이 예술적 능력은 배울 수 없는 선천적 재능이라고 생각한다. 하지만, 연구에 따르면 이는 사실이 아닌 것으로 나타났다. 따라서, 어린 학생들에게 교육 초기에 예술을 접하게 하는 것이 필수적이다.

**해설** 가주어 it이 이끄는 문장에서 necessary처럼 의무/필수의 의미를 나타내는 형용사 뒤에 이어지는 진주어 that절의 동사는 '(should)+동사 원형'을 사용하므로 동사 원형인 (a) be introduced가 정답이다.

**어휘** artistic ability 예술적 능력  natural talent 선천적 재능  however 하지만  show that ~임을 나타내다  not the case 사실이 아닌, 그렇지 않은  therefore 따라서, 그러므로  it is necessary that ~하는 것이 필수적이다  education 교육  introduce ~을 접하게 하다, 소개하다

## 12.
**문장 해석** O

**핵심 포인트** 제안/권고를 나타내는 should

**해석** 해롤드가 마흔 번째 생일에 가까워지고 있는데, 그의 가족은 심장병력이 있다. 연례 건강 검진에서, 해롤드의 의사는 짠 음식을 줄이고 더 많은 유산소 운동을 해야 한다고 말했다.

**해설** 빈칸 뒤에 이어지는 내용은 건강이 우려되는 해롤드에게 의사가 말하는 충고에 해당된다. 따라서 '~해야 한다'라는 의미로 제안/권고를 나타낼 때 사용하는 조동사 (b) should가 정답이다.

**어휘** near v. ~에 가까워지다  heart disease 심장병  annual 연례적인, 해마다의  health check-up 건강 검진  tell A that A에게 ~라고 말하다  cut back on ~을 줄이다  exercise 운동

## 13.
**문장 해석** O

**핵심 포인트** 책임/당위를 나타내는 should

**해설** 호트 교수는 어젯밤 월터 홀에서 기후 변화와 자본주의에 관해 강의했다. 호트 교수는 설사 당장의 수익을 좀 손해 본다 하더라도 기업들이 장기적인 이익을 얻기 위해 더 엄격한 환경 규제를 지지해야 한다고 말했다.

**해설** 빈칸 뒤에 이어지는 내용은 기업들이 장기적으로 마땅히 해야 하는 행위이다. 따라서 '~해야 한다'라는 의미로 책임 및 당위를 나타낼 때 사용하는 조동사 (c) should가 정답이다.

**어휘** give a lecture 강의하다, 강연하다  climate change 기후 변화  capitalism 자본주의  even if 설사 ~한다 하더라도  lose ~을 손해 보다, ~을 잃다  immediate 당장의, 즉시의  profit 수익  corporation 기업  support ~을 지지하다, ~을 지원하다  strict 엄격한  environmental regulations 환경 규제  secure v. ~을 얻다, ~을 확보하다  long-term 장기적인  interests 이익

## 14.
**문장 해석** X

**핵심 포인트** 의무/필수 형용사+that+주어+(should)+동사 원형

**해석** 애런은 프리랜서 프로그래머로 일하고 있으며, 여러 주요 기술 회사에서 진행되는 프로젝트에 자주 기여하고 있다. 업계 내에서 경쟁력을 유지하기 위해, 프로그래밍 분야의 새로운 경향과 동향에 관해 스스로 공부하는 것은 필수적이다.

**해설** 가주어 it이 이끄는 문장에서 essential처럼 의무/필수의 의미를 나타내는 형용사 뒤에 이어지는 진주어 that절의 동사는 '(should)+동사 원형'을 사용하므로 (c) educate이 정답이다.

**어휘** frequently 자주, 빈번히  contribute to ~에 기여하다, 공헌하다  major 주요한  stay+형용사 ~한 상태를 유지하다  competitive 경쟁력 있는  field 업계, 분야  it is essential that ~하는 것이 필수적이다  development 발전(상), 동향, 정세  educate ~을 교육하다

## 15.
**문장 해석** O

**핵심 포인트** 의무를 나타내는 must

**해석** 소셜 미디어로 인해 잘못된 정보가 대규모의 사람들에게 확산되는 일이 매우 쉬워졌다. 플랫폼에서 그런 내용을 접하게 되면, 속단하기 전에 정보의 출처가 신뢰할 수 있는 것인지 반드시 확인해야 한다.

**해설** 빈칸 뒤에 이어지는 내용은 소셜 미디어 플랫폼에서 잘못된 정보를 접할 때 반드시 해야 하는 중요한 일에 해당되므로 '반드시 ~해야 하다'라는 의미로 매우 중요한 의무를 나타내는 조동사 (a) must가 정답이다.

**어휘** make it easy to do ~하는 것을 쉽게 만들다  extremely 대단히, 매우  spread ~을 확산시키다, ~을 퍼뜨리다  misinformation 잘못된 정보  large audience 대규모의 사람들  come across (우연히) ~와 맞닥뜨리다, 마주치다  content 내용(물)  whether ~인지 (아닌지)  source 출처, 원천  reliable 신뢰할 수 있는  jump to conclusions 속단하다, 성급히 결론을 내리다

## 16.
**문장 해석** O

**핵심 포인트** 미래의 예정/예상을 나타내는 will

**해설** 전 세계의 게이머들이 소니에서 곧 출시될 플레이스테이션 5를 구입하기 위해 돈을 모으고 있다. 이 전자 제품 회사는 그 게임기가 연휴 시즌까지 구매 가능할 것이라고 약속하고 있

지만, 공급량에 한계가 있을 것으로 예상되고 있다.
- 해설 동사 promise(약속하다)와 함께 쓰이는 that절의 문장은 의미상 '확실한 미래'의 내용을 담고 있으므로 이러한 미래의 확실성을 나타내는 조동사 (d) will이 정답이다.
- 어휘 save up for ~을 위해 돈을 모으다, ~을 저축하다   upcoming 곧 있을, 다가오는   electronics 전자 제품   promise that ~라고 약속하다   console 게임기   available 구매 가능한, 이용 가능한   by (기한) ~까지   supply 공급(량), 물품   be expected to do ~할 것으로 예상되다   limited 한계가 있는, 한정된

## 17.
- 문장 해석 X
- 핵심 포인트 주장/명령/요구/제안 동사 + that + 주어 + (should) + 동사 원형
- 해설 뉴욕 시장 빌 드 블라시오는 최근 경찰의 무자비함에 대해 항의하는 시위의 대처에 대해 비난을 받았다. 많은 주민들은 현재 그가 경찰의 인종 차별적 행위를 가능하게 한 것을 이유로 사임해야 한다고 주장하고 있다.
- 해설 빈칸은 동사 insist의 목적어 역할을 하는 that절의 동사 자리이다. insist처럼 주장/명령/요구/제안 등을 나타내는 동사의 목적어 역할을 하는 that절의 동사는 '(should) + 동사 원형'을 사용하므로 (d) resign이 정답이다.
- 어휘 mayor 시장   come under fire 비난을 받다   handling 대처, 처리   recent 최근의   protest against ~에 항의하는 시위   brutality 무자비함, 잔인함   resident 주민   insist that ~라고 주장하다   enable ~을 가능하게 하다   racist actions 인종 차별적 행위   resign 사임하다

## 18.
- 문장 해석 O
- 핵심 포인트 과거에 대한 강한 추측을 나타내는 must have + p.p.
- 해설 지난 주말에, 미나의 부모님께서는 미국인 사위 앤더스가 한국말을 얼마나 잘하는지에 대해 기분 좋게 놀라워하셨는데, 특히 처음 만났을 땐 그가 아무 말도 할 수 없었기 때문이었다. 앤더스가 한국말을 잘하기 위해 열심히 공부한 것이 틀림없다.
- 해설 처음에 한국말을 전혀 하지 못했던 사람이 아주 잘하게 된 경우, 열심히 공부한 것으로 당연히 추정할 수 있다. 따라서 have p.p. 동사와 함께 '~한 것이 틀림없다'라는 의미로 과거에 대한 강한 추측을 나타낼 때 사용하는 조동사 (b) must가 정답이다.
- 어휘 be surprised by ~ 때문에 놀라다   pleasantly 기분 좋게   son-in-law 사위   especially 특히   since ~하기 때문에   study hard 열심히 공부하다   improve ~을 향상시키다, ~을 개선하다   must

have p.p. ~한 것이 틀림없다   would have p.p. ~했을 텐데   should have p.p. ~했어야 했다

## 19.
- 문장 해석 O
- 핵심 포인트 의무를 나타내는 must
- 해설 알 수 없는 이유로, 바다거북은 항상 자신들이 태어난 곳과 동일한 해변에 알을 낳는다. 이러한 강박은 일부 거북이들이 태어난 곳으로 돌아가 알을 낳기 위해 수천 마일을 이동해야 한다는 것을 의미한다.
- 해설 문맥상 빈칸의 문장은 거북이들이 자신들이 태어난 해변으로 가서 알을 낳기 위해 꼭 해야 하는 행동을 나타낸다. 따라서 '~해야 한다'라는 의무를 나타내는 조동사 (c) must가 정답이다.
- 어휘 unknown 알 수 없는, 알려지지 않은   lay eggs 알을 낳다   born 태어난   compulsion 충동, 강박   mean that ~임을 의미하다   travel 이동하다   thousands of 수천의   return to ~로 돌아가다   birthplace 태어난 곳

## 20.
- 문장 해석 O
- 핵심 포인트 미래의 예정/예상을 나타내는 will
- 해설 폴 존스 교수는 자신의 다음 저서인 <노잉 포우>의 출간을 발표했다. 이 책은 에드가 앨런 포우의 개인적인 삶을 살펴보고 작품에 미친 다양한 영향을 탐구할 것이다. <노잉 포우>는 8월 15일에 서점에서 구매 가능할 것이다.
- 해설 앞 문장을 보면, 미래 시제 동사 will investigate와 함께 앞으로 출간될 책이 다룰 내용을 언급하고 있다. 따라서 빈칸이 속한 문장에서 구매 가능하다고 알리는 날짜 역시 미래 시점이므로 미래의 예정을 나타내는 조동사 (c) will이 정답이다.
- 어휘 announce ~을 발표하다, ~을 알리다   publication 출간(물)   investigate ~을 살펴보다   explore ~을 탐구하다, ~을 탐사하다   various 다양한   influence on ~에 대한 영향(력)   available 구매 가능한, 이용 가능한

## 21.
- 문장 해석 X
- 핵심 포인트 주장/명령/요구/제안 동사 + that + 주어 + (should) + 동사 원형
- 해설 해롤드는 항상 하버드 대학에 다니는 것을 꿈꿔 왔다. 하지만, 평범한 성적 때문에, 상담 교사는 그가 하버드에 입학 허가를 받지 못할 가능성이 큰 상황에서 몇몇 안전한 학교에 지원할 것을 권했다.
- 해설 빈칸은 동사 recommends의 목적어 역할을 하는 that절의

Chapter 2 조동사

동사 자리이다. recommend처럼 주장/명령/요구/제안 등을 나타내는 동사의 목적어 역할을 하는 that절의 동사는 원형으로 쓰여야 하므로 (b) apply to가 정답이다.

**어휘** dream of ~을 꿈꾸다   attend ~에 다니다   however 하지만   mediocre 평범한, 그저 그런   grade 성적, 점수, 등급   advisor 상담 교사   recommend that ~하도록 권하다, 추천하다   in the likely chance that ~할 가능성이 큰 가운데   accept ~의 입학을 허가하다, ~을 받아들이다   apply to ~에 지원하다

## 22.
**문장 해석** O
**핵심 포인트** 과거에 대한 추측을 나타내는 might have + p.p.
**해석** 캐나다의 한 국회 의원이 장애인들에 대해 지각없는 발언을 하는 동영상이 온라인상에 드러난 뒤로 사임했다. 방송 진행자들은 그가 동영상 속에서 술에 취해 있었을지도 모른다는 뜻을 내비치고 있는데, 그가 말할 때 발음이 불분명했기 때문이었다.
**해설** 해당 문장은 국회 의원의 발음이 불분명한 것으로 미루어 취한 상태였을 수 있다고 추측을 하는 내용이다. 따라서 have p.p. 구조와 함께 '~였을지도 모른다'라는 과거에 대한 추측을 나타낼 때 사용하는 조동사 (c) might이 정답이다.
**어휘** parliament member 국회 의원   resign 사임하다   surface v. ~을 드러내다, ~을 표면화시키다   make a remark 발언하다   insensitive 지각없는, 몰이해한   disabled 장애가 있는   commentator 방송 진행자   suggest that ~라는 뜻을 내비치다   slur ~의 발음을 불분명하게 하다   might have p.p. ~했을지도 모른다   would have p.p. ~했을 텐데

## 23.
**문장 해석** O
**핵심 포인트** 과거에서 본 미래를 나타내는 would
**해석** 임신한 뒤로, 애슐리는 여동생에게 네 살 된 투견인 데이지를 입양하도록 요청했다. 비록 데이지가 귀엽고 사랑스러운 강아지이기는 하지만, 애슐리는 아기 주변에 두기에는 너무 위험할 것이라고 생각했다.
**해설** 주절의 동사(thought)가 과거인 경우 종속절, 즉 that절의 동사 역시 과거를 사용하는 것이 원칙이므로 과거형의 조동사 (c) would가 정답이다. 참고로, 이때 would의 용법을 '과거에서 본 미래'라고 부르기도 한다.
**어휘** pregnant 임신한   ask A to do A에게 ~하도록 요청하다   adopt ~을 입양하다, ~을 채택하다   even though 비록 ~이기는 하지만   too A to do ~하기엔 너무 A한   risky 위험한   around ~ 주변에

## 24.
**문장 해석** O
**핵심 포인트** 과거의 허가를 나타내는 could
**해석** 몇 주 동안의 식사 제한을 견딘 끝에, 환자는 의사로부터 허락을 받았다. 그는 마침내 맛있는 식사를 음미하면서, 아주 오랫동안 제한되었던 맛과 영양을 즐길 수 있었다.
**해설** 앞선 문장에 의사로부터 허락을 받은 사실이 쓰여 있어 빈칸이 속한 문장은 '마침내 맛있는 식사를 음미할 수 있었다'와 같이 허락되는 일을 의미해야 자연스럽다. 따라서, '~할 수 있다, ~해도 된다'와 같이 허락을 나타낼 때 사용하는 조동사 can의 과거형 (b) could가 정답이다.
**어휘** endure ~을 견디다   dietary 식사의, 음식물의   restriction 제한, 제약   patient 환자   receive ~을 받다   green light 허락, 허가   savor ~을 음미하다   nourishment 영양(분)   restrict ~을 제한하다

## 25.
**문장 해석** X
**핵심 포인트** 주장/명령/요구/제안 동사 + that + 주어 + (should) + 동사 원형
**해석** 레이첼은 지난 3개월 동안 하프 마라톤에 대비해 훈련해 왔지만, 현재 달릴 때 오른쪽 무릎이 아픈 상태이다. 레이첼의 트레이너는 통증이 사라질 때까지 쉬어야 한다고 조언했다.
**해설** 빈칸은 동사 advised의 목적어 역할을 하는 that절의 동사 자리이다. advise처럼 주장/명령/요구/제안 등을 나타내는 동사의 목적어로 쓰인 that절의 동사는 '(should) + 동사 원형'을 사용하므로 (b) rest가 정답이다.
**어휘** train v. 훈련하다   hurt 아프다   advise that ~라고 조언하다   pain 통증   go away 사라지다   rest 쉬다, 휴식하다

## 26.
**문장 해석** O
**핵심 포인트** 능력을 나타내는 can
**해석** 새로운 투자 앱 S2 파이낸셜은 계속 인기를 얻고 있다. 이 앱은 사용자들의 주식 시장 투자 현황을 파악할 수 있으며 주식이 특정 가격에 이르면 자동으로 매각해, 투자로 인한 많은 위험성을 없애 준다.
**해설** 빈칸 앞에 쓰인 주어 It은 앞 문장에 언급된 투자 앱 S2 Financial을 가리키며, 빈칸 뒤에 이어지는 내용은 그 앱이 할 수 있는 기능을 나타낸다. 따라서 '~할 수 있다'라는 의미로 능력을 나타낼 때 사용하는 조동사 (a) can이 정답이다.
**어휘** investment 투자(금)   gain popularity 인기를 얻다   track ~을 파악하다, ~을 추적하다   stock 주식   automatically 자동으로   hit (어떤 수준 등) ~에 이르다, 달하다   certain 특정한, 일정한   remove

~을 없애다, ~을 제거하다  risk 위험(성)  invest 투자하다

## 27.
**문장 해석** O

**핵심 포인트** 과거의 가능성을 나타내는 could

**해석** 교통 문제가 예기치 못하게 해소되면서, 셜리는 더 이른 비행기를 타게 되었다. 그녀는 이제 일정보다 훨씬 더 앞서 목적지에 도착할 수 있다는 사실을 알게 되었다.

**해설** 앞선 문장에 더 이른 비행기를 탄 사실이 쓰여 있어 그에 따라 일정보다 훨씬 더 앞서 도착하는 것이 가능한 사실을 의미해야 알맞다. 또한, 빈칸 앞에 위치한 주절에 쓰인 과거 시제 동사 realized와 시제가 어울려야 하므로 과거의 가능성을 나타내는 조동사 (a) could가 정답이다.

**어휘** traffic 교통, 차량들  clear up 해소되다, 말끔히 정리되다  unexpectedly 예기치 못하게, 뜻밖에  manage to V (어떻게든) ~하게 되다, ~해내다  catch (교통편) ~을 타다  realize that ~임을 알게 되다, ~임을 깨닫다  reach ~에 도달하다, ~에 이르다  destination 목적지  well ahead of ~보다 훨씬 더 앞서

## 28.
**문장 해석** O

**핵심 포인트** 주어의 의지를 나타내는 will

**해석** 요즘, 친구들이 밖에 나가서 피자와 맥주를 먹자고 부르면, 더그는 살을 빼려고 노력 중이라고 그들에게 상기시키며 거절한다. 그는 설사 그것이 모든 사교 모임 계획을 취소하는 것을 의미한다 하더라도 자신의 다이어트를 고수할 것이다.

**해설** 해당 문장은 어떤 일이 있어도 식단을 지킬 것이라는 내용으로, 주어인 He의 강력한 의지를 나타내고 있는 문장이다. 따라서, 주어의 의지를 나타내는 조동사 (a) will이 정답이다.

**어휘** invite A out for B 밖으로 나가 B를 하자고 A를 초대하다  decline 거절하다  remind A that A에게 ~임을 상기시키다  try to do ~하려 하다  lose weight 체중을 감량하다  stick to ~을 지키다, ~을 고수하다  even if 설사 ~라 하더라도  cancel ~을 취소하다  social 사교적인, 사회적인

## 29.
**문장 해석** X

**핵심 포인트** 주장/명령/요구/제안 동사+that+주어+(should)+동사 원형

**해석** 로저가 축구를 하다가 발목을 삐었는데, 심각하지 않다고 생각했다. 하지만, 아내는 로저가 거의 걸을 수 없다는 사실을 알게 되자, 즉시 의사의 진료를 받도록 요구했다.

**해설** 빈칸은 동사 demanded의 목적어 역할을 하는 that절의 동사 자리이다. demand처럼 주장/명령/요구/제안 등을 나타내는 동사의 목적어 역할을 하는 that절의 동사는 '(should)+동사 원형'을 사용하므로 (c) see가 정답이다.

**어휘** twist one's ankle 발목을 삐다  while ~하는 동안  serious 심각한  however 하지만  see that ~임을 알게 되다  barely 거의 ~않다  demand that ~하도록 요구하다  immediately 즉시

## 30.
**문장 해석** O

**핵심 포인트** 추측/가능성을 나타내는 may

**해석** 레스토랑과 카페에서 1회용 플라스틱 빨대 사용을 금지하는 것을 여러 주에서 고려하고 있다. 이 금지법은 쓰레기 매립지와 강, 그리고 바다로 최종 유입되는 플라스틱 쓰레기의 양을 감소시킬 수도 있다.

**해설** 해당 문장은 금지 조치에 따라 발생할 수 있는 일을 추측하는 내용의 문장이다. 따라서 '~할 수도 있다'라는 의미로 추측/가능성을 나타내는 (b) may가 정답이다.

**어휘** several 여럿의, 몇몇의  state (행정 구역) 주  consider -ing ~하는 것을 고려하다  ban v. ~을 금지하다 n. 금지(법)  single-use 1회용의  reduce ~을 감소시키다, ~을 줄이다  amount 양, 수량  end up 결국 ~하게 되다  landfill 쓰레기 매립지

## 31.
**문장 해석** O

**핵심 포인트** 과거의 능력을 나타내는 could

**해석** 그 유명 요리사는 인터뷰 중에 밝혀지지 않았던 능력을 공개했다. 그는, 어렸을 때, 주방에서 여러 가지 일을 힘들이지 않고 처리해, 정확하게 복잡한 조리법들을 흠 잡을 데 없이 실행할 수 있었다고 말했다.

**해설** 앞 문장에서 그의 재능(talent)에 대해 언급하고 있으므로, 빈칸이 속한 that절은 어렸을 때 주방에서 할 수 있었던 일을 나타내는 의미가 구성되어야 자연스러우므로 '~할 수 있었다'라는 의미로 과거의 능력을 나타낼 때 사용하는 조동사 (d) could가 정답이다.

**어휘** renowned 유명한  reveal ~을 공개하다, ~을 드러내다  hidden 숨겨진, 비밀의  share that ~라는 사실을 남에게 말하다, ~임을 공유하다  effortlessly 힘들이지 않고  juggle ~을 처리하다  multiple 여러 가지의, 다수의  task 일, 업무  flawlessly 흠 잡을 데 없이  execute ~을 실행하다  complex 복잡한  recipe 조리법  with precision 정확하게

## 32.
**문장 해석** O

**핵심 포인트** 과거의 능력을 나타내는 could

**해석** 일본 나가노 출신의 다케루 고바야시는 먹기 대회 스포츠를

대중화시킨 공을 널리 인정받고 있다. 그가 경력상의 정점에 있었을 때, 10분 만에 100개가 넘는 핫도그를 먹을 수 있었다.

해설 앞 문장에 현재 시제 동사(is credited)와 함께 먹기 대회 스포츠를 대중화시킨 공을 현재 인정받고 있다는 말이 쓰여 있다. 따라서 빈칸 앞에 위치한 At the height of his career는 과거 정점에 오른 시점을 나타낸다는 것을 알 수 있으므로 과거에 10분 만에 100개가 넘는 핫도그를 먹을 수 있는 능력을 지니고 있었다는 의미가 되어야 알맞다. 따라서 과거 시점의 능력을 나타내는 조동사 (b) could가 정답이다.

어휘 be credited with ~에 대한 공을 인정받다 widely 널리, 폭넓게 popularize ~을 대중화시키다 competitive 경쟁적인, 경쟁하는 height 정점, 최고조, 절정 more than ~을 넘는

## 33.
문장 해석 X
핵심 포인트 주장/명령/요구/제안 동사+that+주어+(should)+동사 원형

해설 리 교수는 리사가 끝내지 못한 기말 과제와 관련해 그녀와 이야기하고 있다. 비록 그가 낙제 점수를 줄 수도 있었지만, 리사에게 주말까지 완성된 에세이를 제출하도록 요청하고 있다.

해설 빈칸은 동사 is requesting의 목적어 역할을 하는 that절의 동사 자리이다. request처럼 주장/명령/요구/제안 등을 나타내는 동사의 목적어 역할을 하는 that절의 동사는 '(should)+동사 원형'을 사용하므로 (b) turn in이 정답이다.

어휘 final paper 기말 과제 complete ~을 완료하다, 완성하다 even thought 비록 ~이기는 하지만 fail ~에게 낙제 점수를 주다 request that ~하도록 요청하다 by (기한) ~까지 turn in ~을 제출하다

## 34.
문장 해석 O
핵심 포인트 경향/습성을 나타내는 will

해설 대부분의 경험 많은 교사들은 아이들이 수업 중에 쉽게 산만해질 수 있다는 사실을 잘 알고 있다. 한 가지 해결책으로, 그들은 학습을 매력적이고 재미 있게 만들어주는 쌍방향 활동들을 흔히 도입한다.

해설 앞선 문장에 현재 시제 동사(are)와 함께 대부분의 경험 많은 교사들이 일반적으로 알고 있는 사실을 설명하고 있다. 따라서, 빈칸이 속한 문장도 그 교사들이 해결책으로서 으레 도입하는 일반적인 방법을 나타내야 알맞으므로 '(으레) ~하다'라는 의미로 경향이나 습성 등을 말할 때 사용하는 조동사 (c) will이 정답이다.

어휘 experienced 경험 많은 be aware that ~임을 알다, ~임을 인식하다 get distracted 산만해지다 solution 해결책 introduce ~을 도입하다, ~을 소개하다 interactive 쌍방향의, 상호적인 make A 형용사 A를 ~하게 만들다 engaging 매력적인

## 35.
문장 해석 X
핵심 포인트 의무/필수 형용사+that+주어+(should)+동사 원형

해설 연구팀은 다음 주 대학 이사회를 대상으로 초기 결과물을 발표할 것이다. 그 팀이 해당 프로젝트를 끝마칠 수 있는 충분한 자금을 확보할 수 있도록 발표가 잘 진행되는 것이 필수적이다.

해설 가주어 it이 이끄는 문장에서 vital처럼 의무/필수의 의미를 나타내는 형용사 뒤에 이어지는 진주어 that절의 동사는 '(should)+동사 원형'을 사용하므로 (c) go가 정답이다.

어휘 research 연구, 조사 present ~을 발표하다, 제시하다 initial 초기의, 처음의 findings 결과(물) board 이사회, 위원회 it is vital that ~하는 것이 필수적이다 presentation 발표(회) so that (목적) ~할 수 있도록 secure v. ~을 확보하다 funding 자금 (제공) go well 잘 진행되다

## 36.
문장 해석 O
핵심 포인트 가능성을 나타내는 can

해설 항생제의 과다 처방은 대중 건강의 심각한 위협 요소이다. 더 많이 사용되면 될수록, 박테리아가 더 많은 저항력을 갖게 된다. 현재, 점점 더 많은 일반적인 감염성 질병들은 가장 강력한 항생제를 사용해야만 치료될 수 있다.

해설 문장 전체는 항생제가 가진 질병의 치료 가능성을 설명하는 내용이다. 따라서 '~할 수 있다, ~하는 것이 가능하다'라는 의미로 가능성을 나타내는 조동사 (d) can이 정답이다.

어휘 over-prescription 과다 처방 antibiotics 항생제 serious 심각한 threat 위협 (요소) public health 대중 건강, 공중 보건 the 비교급, the 비교급 더 ~할수록, 더 ~하다 resistant to ~에 저항력이 있는 a growing number of 점점 더 많은 (수의) common 일반적인, 흔한 infection 감염 treat ~을 치료하다 by (방법) ~해서, ~함으로써 available 구할 수 있는, 이용 가능한

# Chapter 3 시제

### 출제 공식 10. 현재진행 시제

**실전 Practice Test**

1. Currently, Jared Ward (was living / **is living**) in Utah with his wife and two children.

   [해석] 현재, 자레드 워드는 자신의 아내와 두 명의 아이들과 함께 유타에 살고 있다.
   [해설] '현재'를 뜻하는 Currently와 어울려 현재 유타에 살고 있는 상황을 나타낼 현재진행 시제가 쓰여야 알맞으므로 is living이 정답이다.
   [어휘] currently 현재

2. At the moment, Dyson (**is developing** / has been developing) an electric car to be launched soon.

   [해석] 현재, 다이슨은 곧 출시될 전기 자동차 한 대를 개발하고 있다.
   [해설] '현재'를 뜻하는 A the moment와 어울려 현재 개발되고 있는 상황을 나타낼 현재진행 시제가 쓰여야 알맞으므로 is developing이 정답이다.
   [어휘] at the moment 현재  develop ~을 개발하다  launch ~을 출시하다, ~을 공개하다

3. Brandon (**is now talking** / now talks) on the phone about a delivery problem.

   [해석] 브랜든은 지금 배송 문제와 관련해 전화로 이야기하고 있다.
   [해설] '지금'을 뜻하는 now와 함께 지금 전화로 이야기하고 있는 상황을 나타낼 현재진행 시제가 쓰여야 알맞으므로 is now talking이 정답이다.
   [어휘] on the phone 전화로, 전화상에서  delivery 배송(품)

### 출제 공식 11. 과거진행 시제

**실전 Practice Test**

1. While Brian (**was looking** / is looking) through the bill, he found an error.

   [해석] 브라이언은 계산서를 살펴보던 중에, 오류를 하나 발견했다.
   [해설] while은 '~하는 중에, ~하는 동안'의 의미로 해당 절은 주절의 동사의 시점에 진행되고 있던 행위를 나타낸다. 따라서 과거 시제로 쓰인 주절의 동사 found와 같은 과거 시점에 진행되고 있던 일을 나타낼 과거진행 시제가 쓰여야 알맞으므로 was looking이 정답이다.
   [어휘] while ~하는 중에, ~하는 동안  look through ~을 살펴보다, ~을 검토하다  bill 계산서, 고지서, 청구서

2. Tracie (is preparing / **was preparing**) some food when her friends arrived at her house.

   [해석] 트레이시는 친구들이 집에 도착했을 때 음식을 좀 준비하고 있었다.
   [해설] 의미상 친구들이 도착한 과거 시점(arrived)에 음식을 준비 중이었다는 내용이므로 과거 시점에 진행되고 있던 일을 나타내는 과거진행 시제 was preparing이 정답이다.
   [어휘] prepare ~을 준비하다  arrive 도착하다

3. I saw Laurie yesterday while she (will be walking / **was walking**) into a shopping mall.

   [해석] 난 어제 쇼핑몰로 걸어 들어가던 로리를 봤다.
   [해설] while은 '~하는 중에, ~하는 동안'의 의미로 해당 절은 주절의 동사의 시점에 진행되고 있던 행위를 나타낸다. 따라서 과거 시제로 쓰인 주절의 동사 saw와 같은 과거 시점에 진행되고 있던 일을 나타낼 과거진행 시제가 쓰여야 알맞으므로 was walking이 정답이다.
   [어휘] while ~하는 중에, ~하는 동안  walk into ~로 걸어서 들어가다

### 출제 공식 12. 미래진행 시제

**실전 Practice Test**

1. Bob Dylan (**will be touring** / was touring) the country next year.

   [해석] 밥 딜런은 내년에 전국 순회 공연을 하고 있을 것이다.
   [해설] 미래의 특정 시점(next year)에 발생될 일을 나타낼 시제가 필요하므로 미래진행 시제인 will be touring이 정답이다.
   [어휘] tour 순회 공연을 하다, 여행하다

2. When David gets off work at 6 p.m. tonight, most of his colleagues (was still working / **will still be working**).

   [해석] 데이빗이 오늘 저녁 6시에 퇴근할 때, 대부분의 동료 직원

들은 여전히 일하고 있을 것이다.

- 해설 의미상 퇴근할 미래 시점(gets off work)에 여전히 근무 중일 것이라는 내용이므로 미래 시점에 진행되고 있을 일을 나타내는 미래진행 시제 will still be working이 정답이다. 시간 부사절 뒤에 쓰이는 현재 시제는 실제로 미래 시제임에 유의한다.
- 어휘 get off work 퇴근하다  colleague 동료 (직원)  would have p.p. ~했을 텐데, ~했을 것이다

3. I've always dreamed of doing a slam dunk, so I (**will be practicing** / am practicing) it until I finally make it.

- 해석 난 슬램 덩크를 하는 것을 항상 꿈꿔 왔기 때문에, 결국 해낼 때까지 연습할 것이다.
- 해설 의미상 슬램 덩크를 하게 될 미래 시점(make)까지 계속 연습 중일 것이라는 내용이므로 미래 시점까지 진행되고 있을 일을 나타내는 미래진행 시제 will be practicing이 정답이다.
- 어휘 dream of -ing ~하는 것을 꿈꾸다  practice 연습하다  until (지속) ~할 때까지  finally 결국, 마침내  make it 해내다

## 출제 공식 13. 현재완료진행 시제

### 실전 Practice Test

1. Karen (is exercising / **has been exercising**) at the Spring Gym for several months now.

- 해석 카렌은 지금 몇 달째 스프링 짐에서 운동해 오고 있다.
- 해설 지금까지 이어지는 기간을 나타내는 for several months now와 어울려 현재까지 계속 진행 중인 행위를 나타낼 시제가 필요하므로 이러한 의미를 나타내는 현재완료진행 시제 has been exercising이 정답이다.
- 어휘 exercise 운동하다  several 몇몇의, 여럿의

2. Samuel (**has been running** / was running) the store ever since his father retired five years ago.

- 해석 사무엘은 아버지께서 5년 전에 은퇴하신 이후로 계속 그 매장을 운영해 오고 있다.
- 해설 since는 '~ 이래로'라는 의미로 주절에는 이와 어울려 과거 이래로 지금까지 계속 진행 중인 행위를 나타내는 현재완료진행 시제가 사용되므로 has been running이 정답이다.
- 어휘 run ~을 운영하다  ever since ~한 이후로 계속  retire 은퇴하다

3. Lionel Messi (**has been suffering** / would have suffered) from some injuries lately.

- 해석 리오넬 메시는 최근 몇몇 부상에 시달려 오고 있다.
- 해설 '최근'을 뜻하는 부사 lately는 현재완료진행 시제와 어울려 쓰이므로 has been suffering이 정답이다. would have p.p.는 '~했을 텐데, ~했을 것이다'와 같은 의미로 과거의 일에 대한 가정을 나타낸다.
- 어휘 suffer from ~로 고통받다  injury 부상  lately 최근에  would have p.p. ~했을 텐데, ~했을 것이다

## 출제 공식 14. 과거완료진행 시제

### 실전 Practice Test

1. Before her husband arrived at the café, Silvia (is sipping / **had been sipping**) her iced latte.

- 해석 남편이 카페에 도착하기 전에, 실비아는 아이스 라떼를 조금씩 마시고 있었다.
- 해설 의미상 남편이 도착했던 과거 시점(arrived) 이전에 아이스 라떼를 마시고 있던 중이었다는 내용이므로 과거보다 이전에 진행되고 있던 행위를 나타내는 과거완료진행 시제 had been sipping이 정답이다.
- 어휘 arrive 도착하다  sip ~을 조금씩 마시다, ~을 홀짝거리다

2. Alfred Hitchcock (would direct / **had been directing**) films for over fifty years until he retired.

- 해석 알프레드 히치콕은 은퇴할 때까지 50년 넘게 영화를 감독했다.
- 해설 은퇴했던 과거 시점(retired)까지 특정 기간 동안(for over fifty years) 진행되었던 행위를 나타내는 것은 과거완료진행에 해당하므로 had been directing이 정답이다.
- 어휘 direct ~을 감독하다  over ~ 넘게  until (지속) ~할 때까지  retire 은퇴하다

3. The detective (**had been investigating** / was investigating) the scene for almost 3 hours by the time the FBI got there.

- 해석 그 형사는 FBI가 그곳에 도착했을 때쯤 거의 3시간 동안 현장을 수사하고 있었다.
- 해설 의미상 과거 시제(got)가 쓰인 by the time절에 나타난 시점보다 더 이전의 과거에 시작해서 특정 기간 동안(for almost 3 hours) 진행했던 일을 나타낼 수 있는 시제가 빈칸에 쓰여야 한다. 따라서, 이러한 의미를 갖는 과거완

료진행 시제인 had been investigating이 정답이다.

어휘 detective 형사  investigate ~을 수사하다  scene 현장  by the time ~할 때쯤

### 출제 공식 15. 미래완료진행 시제

#### 실전 Practice Test

1. By the time the new GPS watch is released, Elliot (will have been waiting / has been waiting) for it for almost a year.

   해석 새 GPS 시계가 출시될 무렵이면, 엘리엇은 거의 1년 동안 그것을 기다리게 되는 것이다.

   해설 by the time이 이끄는 절의 현재 시제 is released는 미래 시점을 나타내는데 미래 시점까지 특정 기간 동안(for almost a year) 진행될 행위를 나타내는 것은 미래완료진행 시제이므로 will have been waiting이 정답이다.

   어휘 by the time ~할 때쯤, ~할 무렵이면   release ~을 출시하다, ~을 발매하다   would have p.p. ~했을 텐데, ~했을 것이다

2. You (were probably waiting / will probably have been waiting) for more than an hour before the bus comes.

   해석 당신은 버스가 오기 전까지 아마 한 시간 넘게 기다리게 될 거예요.

   해설 before가 이끄는 절의 동사 comes는 미래 시점을 나타내는데 미래 시점 전까지 특정 기간 동안(for more than an hour) 진행될 행위를 나타내는 것은 미래완료진행 시제이므로 will probably have been waiting이 정답이다.

   어휘 probably 아마   more than ~ 넘게

3. By tomorrow, Samuel (has been staying / will have been staying) at this resort for an entire month.

   해석 내일이면, 사무엘은 이 리조트에서 한 달 내내 머무르게 될 것이다.

   해설 미래 시점인 내일까지(By tomorrow) 특정 기간 동안(for an entire month) 진행될 행위를 나타내는 시제가 필요하므로 이러한 의미를 갖는 미래완료진행 시제 will have been staying이 정답이다.

   어휘 by+미래 시점 ~쯤이면   entire 전체의, 전부의

### 실전 문제

| | | | |
|---|---|---|---|
| 1. (c) | 2. (b) | 3. (d) | 4. (b) |
| 5. (a) | 6. (b) | 7. (a) | 8. (a) |
| 9. (b) | 10. (a) | 11. (d) | 12. (b) |
| 13. (b) | 14. (d) | 15. (c) | 16. (b) |
| 17. (c) | 18. (d) | 19. (d) | 20. (c) |
| 21. (c) | 22. (a) | 23. (c) | 24. (c) |

**1.**

문장 해석  X

핵심 포인트 현재진행 시제 단서: Right now

해석 사라는 오늘 자신의 법률 사무소에서 매우 바쁘다. 지금, 그녀는 직원들과 함께 하는 회의를 진행하고 있다. 회의를 끝마치고 나면, 고객을 변호하기 위해 법원으로 갈 것이다.

해설 빈칸 앞에 현재 시점을 나타내는 시간 부사 Right now가 있으므로 현재 시점에 진행되고 있는 일을 나타낼 때 사용하는 현재진행 시제 (c) is leading이 정답이다.

어휘 law office 법률 사무소   courthouse 법원   defend ~을 변호하다, ~을 방어하다   client 고객   lead ~을 이끌다

**2.**

문장 해석  O

핵심 포인트 과거진행 시제 단서: when+주어+과거 동사

해석 내 딸이 아파서, 많은 휴식을 취해야 한다. 내가 약 30분 전에 마지막으로 확인해 봤을 때 딸은 방에서 잠을 자고 있었다.

해설 의미상 확인한 과거 시점(checked)에 잠을 자고 있었다는 내용이므로 과거 시점에 진행되고 있었던 일을 나타낼 때 사용하는 과거진행 시제 (b) was sleeping이 정답이다.

어휘 sick 아픈   get a rest 휴식을 취하다, 쉬다   check on ~을 확인해 보다   about 약, 대략

**3.**

문장 해석  X

핵심 포인트 현재완료진행 시제 단서: since+주어+과거 동사

해석 중국은 세계에서 가장 빠르게 성장하는 경제국 중 하나이다. 제조업과 수출업 덕분에, 중국의 경제는 1978년 시장 개혁을 시작한 이후로 매년 거의 10퍼센트씩 성장해 오고 있다.

해설 빈칸 뒤로 부사절 접속사 since가 이끄는 절이 있는데, since절에 과거 시제 동사(initiated)가 쓰이면 주절의 동사는 현재완료(진행) 시제가 되어야 어울리므로 (d) has been growing이 정답이다.

어휘 grow 성장하다   economy (경제 주체로서의) 국가   due to ~로 인해, ~ 덕분에   manufacturing 제조 (산업)   exporting 수출 (산업)

annually 해마다, 매년   since ~한 이후로   initiate ~을 시작하다, ~에 착수하다   reform 개혁, 개선

## 4.
**문장 해석** O
**핵심 포인트** 미래완료진행 시제 단서: 'by+미래 시점'과 'for+기간'
**해석** 마라톤 주자들이 혈관을 타고 아드레날린이 흐르는 상태로 운동화 끈을 묶으며 출발선에 서서 준비하고 있다. 정오쯤이면, 그들은 신체를 극한으로 몰아세우면서 몇 시간째 계속 달리고 있을 것이다.
**해설** 첫 문장에 현재 시제 동사(stand)와 함께 현재 마라톤 주자들이 준비하면서 서 있는 상태임을 알리는 말이 쓰여 있다. 따라서, 빈칸 앞에 위치한 By noon이 미래의 한 시점임을 알 수 있으므로 미래의 한 시점까지 특정 시간 동안(for several hours) 진행될 행위를 나타낼 때 사용하는 미래완료진행 시제 (b) will have been running이 정답이다.
**어휘** prepared 준비된   lace up one's shoes 신발끈을 묶다   course through ~을 따라 흐르다, ~을 따라 순환하다   veins 혈관, 정맥   push A to the limit A를 극한으로 몰아세우다

## 5.
**문장 해석** X
**핵심 포인트** 과거완료진행 시제 단서: 'for+기간'과 'before+주어+과거 동사'
**해석** 에밀리는 책상에 앉아, 텅 빈 캔버스를 쳐다보면서, 자신의 미술 활동 여정을 곰곰이 생각했다. 그녀는 자신의 독특한 미술적 비전이 형성되기 전까지 서로 다른 기법들을 몇 달 동안 계속 실험했다.
**해설** before가 이끄는 절의 동사가 과거 시제(took)인데, 이보다 이전에 특정 기간 동안(for months) 진행되었던 행위는 과거완료진행에 해당하므로 (a) had been experimenting이 정답이다.
**어휘** stare at ~을 쳐다보다, ~을 응시하다   blank 비어 있는, 빈칸의   contemplate ~을 곰곰이 생각하다, ~을 숙고하다   unique 독특한, 고유한   take shape 형성되다, 구체화되다   experiment 실험하다

## 6.
**문장 해석** X
**핵심 포인트** 미래진행 시제 단서: when+주어+현재 동사
**해석** 새라는 꿈에 그리던 직장에서의 첫 날을 열심히 준비하고 있다. 그녀는 새로운 동료가 자신에게 사무실을 둘러보게 해주기 위해 도착할 때 회사의 강령을 살펴보고 있을 것이다.
**해설** when이 이끄는 절에 현재 시제 동사(arrives)가 쓰이는 경우, 주절은 미래의 일을 나타낸다. 또한, 새로운 동료가 도착하는 시점에 일시적으로 회사의 강령을 살펴보는 행위가 진행되는 상황임을 나타내야 알맞으므로 미래진행 시제 (b) will be reviewing이 정답이다.
**어휘** eagerly 열심히, 간절히   prepare for ~을 준비하다   mission statement 강령   colleague 동료 (직원)   arrive 도착하다   show A around B A에게 B를 둘러보게 해주다   review ~을 살펴보다, ~을 검토하다

## 7.
**문장 해석** X
**핵심 포인트** 과거진행 시제 자리: While+주어+_____, 주어+과거 동사
**해석** 뉴스에서 주 지사가 자동차 사고를 당했지만 부상을 입지는 않았다고 보도했다. 주 지사가 한 레스토랑에서 집으로 운전해서 가는 동안, 앞쪽에서 갑자기 멈춰 선 다른 자동차와 부딪혔다.
**해설** while은 '~하는 중에, ~하는 동안'의 의미로 해당 절은 주절의 동사의 시점에 진행되는 행위를 나타낸다. 따라서 과거 시제로 쓰인 주절의 동사 hit과 같은 과거 시점에 진행되고 있던 일을 나타내는 과거진행 시제 (a) was driving이 정답이다. 주절의 동사 hit은 3인칭 단수 주어인 he와 수 일치가 되지 않으므로 현재 시제가 아닌 과거 시제로 쓰인 것임에 유의한다.
**어휘** report that ~라고 보도하다, 보고하다   state governor 주 지사   be in a car accident 자동차 사고를 당하다   injure ~에게 부상을 입히다   while ~하는 동안   suddenly 갑자기   in front of ~ 앞쪽에

## 8.
**문장 해석** X
**핵심 포인트** 과거완료진행 시제 단서: 'for+기간'과 'before+주어+과거 동사'
**해석** 캐롤린은 탁자 전체에 걸쳐 펼쳐져 있는 복잡한 퍼즐 조각들을 주의 깊게 점검했다. 그녀는 최종적으로 마지막 부분들을 이어 맞출 수 있기 전까지 며칠 동안 지칠 줄 모르고 계속 퍼즐 작업을 했다.
**해설** before가 이끄는 절의 동사가 과거 시제(was)인데, 이보다 이전에 특정 기간 동안(for days) 진행되었던 행위는 과거완료진행에 해당하므로 (a) had been working이 정답이다.
**어휘** carefully 주의 깊게, 신중히   examine ~을 점검하다, ~을 조사하다   intricate 복잡한   spread ~을 펼치다, ~을 펴다   tirelessly 쉼 없이, 지칠 줄 모르고   be able to V ~할 수 있다   piece together (조각들) ~을 이어 맞추다

## 9.
**문장 해석** X

**핵심 포인트** 현재진행 시제 단서: currently

**해석** 로스앤젤레스와 런던 같은 도시의 다소 오래되고 인기가 덜한 지역을 방문하는 관광객들은 많지 않다. 현재, 많은 레스토랑과 소기업들은 새로운 고객들을 끌어들이기 위해 할인을 제공하고 있다.

**해설** 빈칸 앞에 위치한 Currently와 어울리는 현재 시점에 진행되고 있는 일을 나타낼 때 사용하는 현재진행 시제 (b) are giving이 정답이다.

**어휘** not many 많지 않은  less popular 인기가 덜한  currently 현재  small business 소기업  in order to do ~하기 위해  attract ~을 끌어들이다  give discounts 할인을 제공하다

## 10.
**문장 해석** X

**핵심 포인트** 미래진행 시제 단서: when+주어+현재 동사

**해석** 밴드 멤버들은 지금 각자의 악기 음을 조율하고 무대 설치를 조정하고 있다. 관객들이 열광하면서, 그 짜릿한 공연에 빠져들게 될 때 행사장은 흥분으로 활기가 넘치고 있을 것이다.

**해설** when이 이끄는 절에 현재 시제 동사(goes)가 쓰이는 경우, 주절은 미래의 일을 나타낸다. 또한, 관객들이 열광하는 시점에 일시적으로 흥분으로 활기 넘치는 일이 진행되는 상황을 나타내야 알맞으므로 미래진행 시제 (a) will be pulsating이 정답이다.

**어휘** tune (악기) ~의 음을 조율하다  instrument 악기  adjust ~을 조정하다  setup 설치, 설정, 준비  venue 행사장, 개최 장소  excitement 흥분(감)  audience 관객들, 청중  go wild 열광하다  immerse oneself in ~에 빠져들다  electrifying 짜릿한  performance 공연, 연주  pulsate 활기 넘치다

## 11.
**문장 해석** X

**핵심 포인트** 현재완료진행 시제 단서: since+주어+과거 동사

**해석** 지난 주말 한 지역 피자 레스토랑은 해당 블록 주변에 사람들을 줄 세웠다. 그곳은 유명 TV 프로그램인 '포휠드 레스토랑'에 출연한 이후로 평소의 불고기 피자 숫자보다 최소 두 배를 판매해 오고 있다고 말했다.

**해설** 빈칸 뒤로 부사절 접속사 since가 이끄는 절이 있는데, since절에 과거 시제 동사(were)가 쓰이면 주절의 동사는 현재완료진행 시제가 되어야 어울리므로 (d) have been selling이 정답이다.

**어휘** local 지역의, 현지의  around ~ 주변으로, ~을 빙 둘러  at least 최소한, 적어도  double one's[the] 명사 ~의 두 배  usual 평소의, 늘 있는  ever since ~한 이후로 계속  famous 유명한

## 12.
**문장 해석** X

**핵심 포인트** 미래완료진행 시제 단서: 'for+기간'과 'by the time+주어+현재 동사'

**해석** 최근의 경제 변화는 일부 사람들이 암호 화폐를 구입하도록 부추겼고, 비트코인의 시장 가격은 오르고 있다. 금요일에 시장이 마감할 때쯤이면, 비트코인의 가격은 거의 2주 동안 꾸준히 상승하고 있을 것이다.

**해설** by the time이 이끄는 절의 동사 closes은 미래 시점을 나타내는데 미래 시점까지 특정 기간 동안(for almost two weeks) 진행될 행위를 나타내는 것은 미래완료진행 시제이므로 (b) will have been increasing이 정답이다.

**어휘** recent 최근의  economic 경제의  encourage 촉진하다, 조장하다  cryptocurrency 암호 화폐, 가상 화폐  rise 오르다, 증가하다 (= increase)  by the time ~할 때쯤  steadily 꾸준히, 한결같이

## 13.
**문장 해석** X

**핵심 포인트** 미래완료진행 시제 단서: 'by+미래 시점'과 'for+기간'

**해석** 수그러들 줄 모르는 비로부터 지킬 수 있는 것을 지키기 위해, 농부들이 침수된 밭에서 쉼 없이 작업하고 있다. 내일이면, 그들은 일주일 동안 내내 그 침수 상황에도 굴하지 않고 계속 작업하는 중일 것이다.

**해설** 빈칸 앞에 위치한 By tomorrow가 미래의 한 시점이므로 미래의 한 시점까지 특정 시간 동안(for a full week) 진행될 행위를 나타낼 때 사용하는 미래완료진행 시제 (b) will have been persevering이 정답이다.

**어휘** tirelessly 쉼 없이, 지칠 줄 모르는  flooded 침수된, 범람된 (= inundated)  salvage ~을 지키다, ~을 구하다  relentless 수그러들 줄 모르는, 가차없는  conditions 상황, 환경, 조건  persevere (through) (~에도 굴하지 않고) 인내하며 계속하다, 끈기 있게 하다

## 14.
**문장 해석** X

**핵심 포인트** 현재진행 시제 단서: at the moment

**해석** 세바스찬은 한 자산 관리 회사에서 근무하고 있으며, 분기마다 사무실 내 매니저들에게 재무 현황 발표를 해야 한다. 현재, 그는 빈 회의실에서 발표 슬라이드를 검토하고 있다.

**해설** 빈칸 앞에 위치한 시간 부사인 At the moment와 어울려 현재 시점에 진행되고 있는 일을 나타낼 때 사용하는 현재진행 시제 (d) is reviewing이 정답이다.

**어휘** asset management 자산 관리  give a presentation 발표하다

financial 재무의, 재정의, 금융의   status 현황, 상태   quarter 분기   at the moment 현재   empty 비어 있는   review ~을 검토하다, 살펴보다

## 15.
**문장 해석** O
**핵심 포인트** 미래진행 시제 단서: if+주어+현재 동사
**해석** 은퇴 기념 파티 초대장에 명확한 안내문이 담겨 있습니다. 저녁 식사는 오후 7시 30분 정각에 시작될 것입니다. 만일 그곳에 늦게 도착하신다면 초대 손님들이 이미 식사하고 있을 것입니다.
**해설** 의미상 도착할 미래 시점(get)에 이미 먹고 있는 중일 것이라는 내용이므로 미래 시점에 진행될 일을 나타내는 미래진행 시제 (c) will already be eating이 정답이다.
**어휘** invitation 초대(장)   retirement 은퇴, 퇴직   clear 명확한, 분명한   instructions 안내(문), 설명(서), 지시(문)   promptly (시간 표현과 함께) ~ 정각에, 정확히 제시간에   get there 그곳에 도착하다

## 16.
**문장 해석** O
**핵심 포인트** 과거진행 시제 단서: when+주어+과거 동사
**해석** 레오는 최근 집 근처에서 발견한 강아지 한 마리를 돌보는 중이다. 그가 풀밭에서 자고 있던 강아지를 발견했을 때 그는 도로를 따라 걷는 중이었다고 말했다.
**해설** 의미상 발견했던 과거 시점(noticed)에 걷는 중이었다는 내용이므로 과거 시점에 진행되고 있었던 일을 나타내는 과거진행 시제 (b) was walking이 정답이다.
**어휘** take care of ~을 돌보다, ~을 처리하다, ~을 다루다   recently 최근에   near ~ 근처에서   along (길 등) ~을 따라   notice ~을 알아보다, 알아차리다   grass 풀(밭), 잔디(밭)

## 17.
**문장 해석** O
**핵심 포인트** 현재완료진행 시제 단서: since+과거 시점
**해석** 그림에 대한 아멜리아의 열정은 끝이 없다. 그녀는 십 대 시절부터 다양한 표현 수단으로 실험하는 데 셀 수 없는 시간을 보내면서, 자신의 미술 기법을 부지런히 연마해 오고 있다.
**해설** 빈칸 뒤에 시간 단서인 'since+과거 시점'이 있는데, 해석상 기법을 연마한 것은 십대 시절부터 현재까지 지속되고 있는 것이므로 이러한 의미를 갖는 현재완료진행 시제인 (c) has been honing이 정답이다.
**어휘** passion 열정   know no bounds 끝이 없다, 한이 없다   diligently 부지런히, 근면하게   spend A -ing ~하는 데 A의 시간을 보내다   countless 셀 수 없는, 무수한   experiment 실험하다   medium 표현 수단, 매개체   hone ~을 연마하다

## 18.
**문장 해석** X
**핵심 포인트** 과거완료진행 시제 단서: 'for+기간'과 'when+주어+과거 동사'
**해석** 제니는 막 남자 친구와 헤어져서, 무슨 일이 있었는지 얘기하기 위해 친구에게 전화했다. 그녀는 엄마가 그만 얘기하고 잠자리에 들라고 말했을 때 세 시간 넘게 친구와 얘기하고 있었다.
**해설** 과거 시제(told)가 쓰인 when절에 나타난 시점보다 더 이전의 과거에서 시작해 특정 기간 동안(for over three hours) 진행했던 일을 나타낼 동사가 빈칸에 쓰여야 한다. 따라서 이러한 의미를 갖는 과거완료진행 시제인 (d) had been talking이 정답이다.
**어휘** break up with ~와 헤어지다   call ~에게 전화하다   talk about ~에 관해 얘기하다   what happened 무슨 일이 있었는지   over ~ 넘게   tell A to do A에게 ~하라고 말하다   stop -ing ~하는 것을 그만하다, 멈추다

## 19.
**문장 해석** X
**핵심 포인트** 현재진행 시제 단서: now
**해석** '슬랫'이라고 불리는 한 회사가 전 세계의 강과 바다에서 쓰레기를 수거하는 태양열 발전 보트를 발명했다. 이 보트들 중의 한 대가 최근 말레이시아에서 진수되었으며, 지금 클랑 강에서 쓰레기를 치우고 있다.
**해설** 보기에 등장한 시간 부사 now와 어울리는 시제가 되어야 알맞으므로 현재 시점에 진행되고 있는 일을 나타낼 때 사용하는 현재진행 시제 (d) is now cleaning이 정답이다.
**어휘** invent ~을 발명하다   solar-powered 태양열로 동력을 얻는   collect ~을 수거하다, ~을 모으다   garbage 쓰레기   recently 최근에   launch (선박) ~을 진수시키다, ~을 물에 띄우다, ~을 시작하다, ~을 출시하다   clean ~을 깨끗이 치우다, ~을 청소하다

## 20.
**문장 해석** X
**핵심 포인트** 현재완료진행 시제 단서: for+기간+now
**해석** 앤드류는 마침내 아내의 도움 없이 스페인어로 병원 예약 일정을 잡을 수 있게 되었다. 그는 이제 여러 해 동안 스페인에서 살아왔기 때문에, 서서히 스페인어를 더 잘할 수 있게 되고 있다.
**해설** 빈칸 뒤에 과거에서 현재까지의 기간을 나타내는 전치사구 for many years now가 있으므로 이와 어울리는 과거에서 현재까지 지속되어 온 일을 나타내는 현재완료진행 시제 (c) has been living이 정답이다.

**어휘** be able to do ~할 수 있다   finally 마침내, 드디어   schedule v. ~의 일정을 잡다   appointment 예약, 약속   without ~ 없이, ~하지 않고   become+형용사 ~하게 되다, ~한 상태가 되다   capable of -ing ~할 수 있는

## 21.
**문장 해석** O
**핵심 포인트** 미래진행 시제 단서: tomorrow
**해석** 제이슨은 보통 매일 오후 2시쯤에 아내와 이야기를 나누지만, 내일 오후 중에는 자신에게 전화하지 말라고 말했다. 그는 고객들을 만나고 있을 예정이라 전화를 받을 수 없을 것이라고 말한다.
**해설** 의미상 제이슨이 내일(tomorrow) 오후 2시쯤(around 2 P.M.) 고객들과 만나게 될 것이라는 내용이므로 미래 특정 시점에 진행되고 있을 일을 나타낼 때 사용하는 미래진행 시제 (c) will be meeting이 정답이다.
**어휘** usually 보통, 일반적으로   around ~쯤, 약, 대략   tell A to do A에게 ~하라고 말하다   be able to do ~할 수 있다   answer one's phone 전화를 받다

## 22.
**문장 해석** O
**핵심 포인트** 앞 문장 과거 동사 retired + 빈칸 문장 since
**해석** 캐나다의 인기 있는 정치인이자 정치 지도자인 엘레니 로드리게스는 지난 11월에 은퇴했다. 2011년 이후 그녀는 거의 10년 동안 하원 의원으로 재직하고 있었다.
**해설** 빈칸이 포함된 문장은 2011년 이후 10년간 근무했다는 내용인데, 앞 문장에 사용된 과거 시제 동사 retired를 통해 이미 과거에 은퇴했다는 사실을 알 수 있다. 따라서, 근무한 시점은 과거 시점 retired보다 이전을 의미하므로 특정 과거 시점까지 이어졌던 행위를 나타내는 과거완료진행 시제 (a) had been serving이 정답이다.
**어휘** popular 인기 있는   politician 정치인   political 정치적인, 정치와 관련된   Member of Parliament 국회 의원   House of Representatives 하원   nearly 거의   decade 10년   would have p.p. ~했을 것이다

## 23.
**문장 해석** X
**핵심 포인트** 미래완료진행 시제 단서 'for+기간'과 'by+미래 시점'
**해석** 알렉시스 씨는 올해의 직원으로 상을 방금 받았다. 그녀가 지금은 부서장이지만, 인턴으로 시작해 수년 동안 열심히 일했다. 올해 연말쯤이면, 그녀는 회사에서 10년 넘게 근무하게 될 것이다.
**해설** 미래 시점인 올해 연말까지(by the end of the year) 특정 기간 동안(for over ten years) 진행될 행위를 나타내는 시제가 필요하므로 이러한 의미를 갖는 미래완료진행 시제 (c) will have been working이 정답이다.
**어휘** receive ~을 받다   award 상   for years 수년 동안, 오랫동안   by ~쯤이면   over ~ 넘게

## 24.
**문장 해석** O
**핵심 포인트** 명확한 시제 단서가 없는 경우 해석으로 풀이
**해석** 2019년에 산불이 호주 전역에서 약 2,720만 에이커의 덤불과 숲을 불태웠다. 많은 주택들이 파괴되어, 사람들은 더 안전한 지역으로 이동하게 되었다. 다행히, 자원봉사자들과 소방관들이 밤낮으로 노력하고 있었기 때문에, 많은 사람들과 동물들이 구조되었다.
**해설** 문장 전체의 내용이 2019년 호주 산불 발생 당시의 과거 사건들을 설명하고 있으므로 빈칸의 동사 역시 똑같이 과거 시제가 쓰여야 알맞다. 따라서, 보기 중 유일하게 과거의 상황을 설명하는 시제인 과거진행 시제 (c) were working이 정답이다.
**어휘** wildfire 산불   burn ~을 불태우다   about 약, 대략   bush 덤불, 관목   forest 숲   across ~ 전역에서   destroy ~을 파괴하다   cause A to do A가 ~하도록 초래하다, ~하게 만들다   fortunately 다행히   volunteer 자원봉사자   around the clock 밤낮으로, 24시간   save ~을 구조하다

# Chapter 4 준동사

## 출제 공식 16. 동명사 정답 자리: (1) 목적어 자리

### 실전 Practice Test

1. Some doctors recommend (to get / getting) regular massages to enhance the immune system.

   해석 일부 의사들은 면역 체계를 강화하기 위해 주기적으로 마사지를 받을 것을 권장한다.

   해설 recommend는 동명사를 목적어로 취하는 동사이므로 getting이 정답이다.

   어휘 recommend -ing ~하도록 권장하다, 장려하다  regular 주기적인, 규칙적인  enhance ~을 강화하다, 향상시키다  immune system 면역 체계

2. This tour involves (walking / having walked) barefoot on natural surfaces such as grass, sand, and dirt.

   해석 이 투어는 잔디와 모래, 그리고 흙과 같은 자연의 지면에서 맨발로 걷는 것을 포함합니다.

   해설 involve는 동명사를 목적어로 취하는 동사이므로 walking이 정답이다. 완료 형태의 동명사인 having walked는 문장의 동사보다 한 시점 이전을 의미하므로 의미상 적합하지 않다.

   어휘 involve ~을 포함하다, 수반하다  walk barefoot 맨발로 걷다  surface 지면, 표면

3. Under certain circumstances, foreign residents are exempt from (paying / to have paid) income taxes.

   해석 특정 상황에서, 외국인 거주자들은 소득세를 납부하는 것이 면제됩니다.

   해설 전치사 from의 목적어로 쓰일 수 있는 것은 동명사이므로 paying이 정답이다.

   어휘 under (영향 등) ~하에서, ~에 처한  certain 특정한, 일정한  circumstance 상황, 환경  resident 거주자, 주민  be exempt from ~에서 면제되다, 제외되다  income taxes 소득세

## 출제 공식 17. 동명사 정답 자리: (2) 주어/보어 자리

### 실전 Practice Test

1. (Washing / To wash) your hands frequently is the best way to stay healthy and protect yourself from viruses.

   해석 자주 손을 씻는 것이 건강을 유지하고 바이러스로부터 스스로를 보호할 수 있는 가장 좋은 방법입니다.

   해설 문장의 동사 is 앞에서 your hands frequently와 함께 주어를 구성할 것을 찾아야 한다. 부정사와 동명사 중 주어 자리에 위치하는 것은 동명사이므로 Washing이 정답이다. 참고로, to부정사가 주어 역할을 하는 경우 주로 가주어 It으로 대신한 문장을 사용한다.

   어휘 frequently 자주, 빈번히  way to do ~하는 방법  stay+형용사 ~하게 유지하다  protect A from B B로부터 A를 보호하다

2. The movie director admitted that his biggest mistake was (to have cast / casting) his own daughter, who did not fit the role at all.

   해석 그 영화감독은 자신이 저지른 가장 큰 실수가 해당 역할에 전혀 어울리지 않는 자신의 딸에게 배역을 맡긴 것이라고 인정했다.

   해설 be동사의 보어 자리에 위치할 수 있으며 의미상으로도 적합한 동명사 casting이 정답이다. to부정사는 보통 미래의 의미를 갖고 있으므로 의미상 적합하지 않다.

   어휘 admit that ~라고 인정하다  cast v. ~에게 배역을 맡기다  not ~ at all 전혀 ~ 않다  fit ~에 어울리다, 적합하다

3. In many cultures, (to be exchanging / exchanging) business cards is considered an important practice in business settings.

   해석 많은 문화권에서, 명함을 교환하는 것은 비즈니스 환경에서 한 가지 중요한 관례로 여겨지고 있다.

   해설 문장의 동사 is 앞에서 business cards와 함께 주어를 구성할 수 있는 동명사가 쓰여야 알맞으므로 exchanging이 정답이다.

   어휘 exchange ~을 교환하다, ~을 주고받다  business card 명함  be considered A A로 여겨지다  practice 관례, 관행  setting 환경, 배경

## 출제 공식 18. 부정사 정답 자리: (1) 목적어 자리, 목적격 보어 자리

### 실전 Practice Test

1. On her doctor's advice, Kristen has decided (to follow / following) a high protein, low carb diet plan.

해석 의사의 조언에 따라, 크리스틴은 고단백 저탄수화물 식단을 따르기로 결정했다.
해설 decide는 to부정사를 목적어로 취하는 동사이므로 to follow가 정답이다.
어휘 decide to do ~하기로 결정하다   follow ~을 따르다, ~을 지키다   protein 단백질   carb 탄수화물

2. Joel plans (to watch / having watched) Paul Thomas Anderson's new movie after the final exam next week.

   해석 조엘은 다음 주 기말고사를 마친 후 새로 나온 폴 토마스 앤더슨의 영화를 볼 계획이다.
   해설 plan은 to부정사를 목적어로 취하는 동사이므로 to watch가 정답이다.
   어휘 plan to do ~할 계획이다   final exam 기말고사

3. The new regulation requires community members (to have registered / to register) their bicycles with the police department.

   해석 새로운 규정은 지역 주민들이 각자의 자전거를 경찰서에 등록할 것을 요구한다.
   해설 문장의 동사 requires는 'require + 목적어 + to부정사'의 구조로 쓰이므로 목적어 community members 뒤에 부정사 형태인 to register가 정답이다.
   어휘 regulation 규정, 규제   require A to do A에게 ~하도록 요구하다   community 지역 사회, 지역 공동체   register ~을 등록하다

---

### 출제 공식 19. 부정사 정답 자리: (2) 형용사 자리, 부사 자리

**실전 Practice Test**

1. The new medication will be used (treating / to treat) people who are allergic to nuts.

   해석 새로운 약이 견과류에 알레르기가 있는 사람들을 치료하기 위해 사용될 것이다.
   해설 '알레르기가 있는 사람들을 치료하기 위해'라는 의미로 새로운 약이 사용되는 목적을 나타내야 알맞으므로 to부정사인 to treat이 정답이다.
   어휘 medication 약   treat ~을 치료하다   be allergic to ~에 알레르기가 있다

2. The first thing (to keep / will keep) in mind when traveling abroad is that you must carry your passport.

   해석 해외에서 여행할 때 명심해야 할 첫 번째는 반드시 여권을 소지하고 있어야 한다는 것이다.
   해설 명사구 The first thing을 뒤에서 수식해 '명심해야 할'이라는 의미가 되어야 알맞으므로 명사를 뒤에서 수식할 수 있는 to부정사 to keep이 정답이다.
   어휘 keep A in mind A를 명심하다   abroad 해외에서, 해외로   carry ~을 소지하다, 갖고 다니다

3. Brandon had to make a loud noise and throw big stones (having chased / to chase) the bear away.

   해석 브랜든은 그 곰을 쫓아 버리기 위해 크게 소리를 내면서 큰 돌들을 던져야 했다.
   해설 stones 다음 부분이 '그 곰을 쫓아 버리기 위해'라는 의미로 소리 지르고 돌을 던진 목적을 나타내므로 to chase가 정답이다.
   어휘 make a loud noise 크게 소리 내다, 큰 소음을 내다   chase A away A를 쫓아 버리다

---

### 출제 공식 20. 부정사 정답 자리: (3) 진주어 자리

**실전 Practice Test**

1. It generally takes less than one hour (learning / to learn) how to speak Spanish.

   해석 스페인어를 말하는 법을 배우는 데 일반적으로 한 시간이 채 걸리지 않는다.
   해설 문장 맨 앞에 있는 It은 가주어로 진주어로 쓰이는 to부정사가 필요하므로 to learn이 정답이다.
   어휘 generally 일반적으로, 보통   take ~의 시간이 걸리다   less than ~가 채 되지 않는, ~ 미만의   how to do ~하는 법

2. During the presentation, it is important (to keep / keeping) eye contact with the audience.

   해석 발표 중에는, 청중과 계속 눈을 맞추는 것이 중요하다.
   해설 앞에 있는 it은 가주어로 진주어로 쓰이는 to부정사가 필요하므로 to keep이 정답이다.
   어휘 during ~ 중에, ~ 동안   presentation 발표(회)   keep eye contact with ~와 눈을 맞추다   audience 청중, 관객, 시청자

3. It was impossible for Griffin (to get / getting) to work on time yesterday because his car broke down.

   해석 그리핀은 어제 자동차가 고장 나서 제때 회사에 출근하는 것이 불가능했다.
   해설 문장 맨 앞에 있는 It은 가주어로 진주어로 쓰이는 to부정

사가 필요하므로 to get이 정답이다. 또한, 빈칸 앞에 쓰인 'for+명사'는 부정사의 의미상의 주어로서 to부정사가 나타내는 동작의 주체를 표현한다.

어휘 get to work 출근하다   on time 제때, 제시간에   break down 고장 나다, 망가지다

### 출제 공식 21. 부정사 정답 자리: (4) 진목적어 자리

**실전 Practice Test**

1. Luke considers it especially important (to find / finding) a job that fits his lifestyle.

   해석 루크는 자신의 생활 방식에 어울리는 일자리를 찾는 것을 특별히 중요하게 여기고 있다.

   해설 동사 consider는 'consider+목적어+목적격 보어'의 구조로 쓰인다. 목적어 자리에 가목적어 it이 있는 경우, 목적격 보어(important) 뒤에 진목적어로 to부정사가 쓰여야 하므로 to find가 정답이다.

   어휘 consider it A to do ~하는 것을 A하게 여기다   fit ~에 어울리다, ~에 적합하다

2. Brandi found it almost impossible (getting / to get) six-pack abs without doing cardio exercises.

   해석 브랜디는 유산소 운동을 하지 않고 식스팩 복근을 갖는 것이 거의 불가능하다고 생각했다.

   해설 동사 find(found는 과거형)는 'find+목적어+목적격 보어'의 구조로 쓰인다. 목적어 자리에 가목적어 it이 있는 경우, 목적격 보어(impossible) 뒤에 진목적어로 to부정사가 쓰여야 하므로 to get이 정답이다.

   어휘 find it A to do ~하는 것이 A하다고 생각하다   abs 복근   without -ing ~하지 않고   cardio exercise 유산소 운동

3. With a 24-hour fitness center and an indoor swimming pool, the new hotel makes it easy (to stay / staying) fit while travelling.

   해석 24시간 피트니스 센터와 실내 수영장이 있는, 그 새로운 호텔은 여행하는 동안 체력을 관리하는 것을 쉽게 만들어준다.

   해설 동사 make는 'make+목적어+목적격 보어'의 구조로 쓰인다. 목적어 자리에 가목적어 it이 있는 경우, 목적격 보어(easy) 뒤에 진목적어로 to부정사가 쓰여야 하므로 to stay가 정답이다.

   어휘 make it A to do ~하는 것을 A하게 만들다   stay fit 체력 관리를 하다, 건강을 유지하다

### 출제 공식 22. 의미에 따라 부정사/동명사를 구별하는 자리

**실전 Practice Test**

1. Although the pay is not very good, Matt does not regret (becoming / to become) a teacher.

   해석 비록 급여가 매우 좋지는 않지만, 맷은 교사가 된 것을 후회하지 않는다.

   해설 Although절에 현재의 급여 수준이 언급된 것을 볼 때 이미 교사가 된 것에 대해 현재 후회하지 않는다는 의미가 자연스럽다. 과거에 한 일을 후회한다는 뜻을 나타낼 때 regret 뒤에 동명사를 사용하므로 becoming이 정답이다.

   어휘 although 비록 ~이기는 하지만   pay 급여   regret -ing ~한 것을 후회하다   regret to do ~하게 되어 유감이다

2. Pete Sampras still clearly remembers (winning / to win) his first Wimbledon championship in 1993.

   해석 피트 샘프라스는 1993년에 생애 처음으로 윔블던 선수권 대회에서 우승한 것을 여전히 분명하게 기억한다.

   해설 과거 시점(in 1993)에 우승한 것을 현재 기억하고 있다는 의미가 자연스러우므로 과거에 한 일을 기억한다는 뜻을 나타낼 때 remember와 함께 사용하는 동명사 winning이 정답이다.

   어휘 clearly 분명하게   remember -ing ~한 것을 기억하다   remember to do ~할 것을 기억하다

3. After placing the vitamin supplements beside his toothbrush, Jonathan never forgot (taking / to take) them.

   해석 칫솔 옆에 비타민 보충제를 놓아둔 후로, 조나단은 그것을 먹는 것을 절대 잊지 않았다.

   해설 비타민 보충제를 칫솔 옆에 놓아둔 이유는 '앞으로 먹을 것'을 잊지 않기 위해서이므로 미래의 의미를 나타내는 to부정사 to take가 정답이다. 동명사 taking을 사용하면 '과거에 먹은 사실을 잊었다'라는 뜻이 되므로 맞지 않는다.

   어휘 place v. ~을 놓아두다   supplement 보충제   beside ~ 옆에   forget -ing (과거) ~한 것을 잊다   forget to do (미래) ~할 것을 잊다

## 출제 공식 23. 준동사의 관용적 표현

### 실전 Practice Test

1. Instead of hitting the gym, Rebecca will go (swimming / to swim) tomorrow to ease her knee pain.

   해석 체육관에 가는 대신, 레베카는 무릎 통증을 완화하기 위해 내일 수영하러 갈 것이다.
   해설 동사 go와 함께 '~하러 가다'라는 의미를 나타낼 때 go 뒤에 동명사가 쓰여야 하므로 swimming이 정답이다.
   어휘 instead of ~하는 대신  hit ~에 가다  go swimming 수영하러 가다  ease v. (고통, 불편 등) ~을 완화시키다, ~을 덜다

2. Sofia certainly was in her best condition, but she was not lucky enough (winning / to win) the championship.

   해석 소피아는 분명 몸 상태가 최상이었지만, 선수권 대회에서 우승할 만큼 충분히 운이 좋지는 않았다.
   해설 부사와 형용사로 모두 쓰이는 enough는 뒤에 to부정사를 동반하여 '~할 만큼 충분히' 또는 '~할 만큼 충분한'이라는 의미를 나타내므로 to win이 정답이다.
   어휘 certainly 분명히, 확실히  in one's best condition 몸 상태가 최상인  enough to do ~할 만큼 충분히

3. Stuck in a traffic jam for nearly an hour, Briana ended up (to be arriving / arriving) late for work today.

   해석 거의 한 시간 동안 교통 체증에 갇혀 있었기 때문에, 브리아나는 결국 오늘 회사에 늦게 도착하게 되었다.
   해설 end up은 동명사와 결합해 '결국 ~하게 되다'라는 의미를 나타내므로 arriving이 정답이다.
   어휘 stuck in ~에 갇힌, 오도가도 못하는  traffic jam 교통 체증  nearly 거의  end up -ing 결국 ~하게 되다  arrive 도착하다

### 실전 문제

| | | | |
|---|---|---|---|
| 1. (a) | 2. (c) | 3. (a) | 4. (a) |
| 5. (a) | 6. (c) | 7. (d) | 8. (d) |
| 9. (a) | 10. (c) | 11. (c) | 12. (c) |
| 13. (d) | 14. (b) | 15. (b) | 16. (b) |
| 17. (b) | 18. (d) | 19. (d) | 20. (b) |
| 21. (c) | 22. (a) | 23. (d) | 24. (d) |

---

**1.**
문장 해석 X
핵심 포인트 동명사를 목적어로 취하는 recommend
해석 정부는 다음 달 1일부터 이용 가능한 새 주택 자금 대출에 대해 많은 신청자들을 예상하고 있다. 주택 담당 공무원들은 대출을 확실히 받기 위해 가급적 빨리 신청하기를 권하고 있다.
해설 빈칸 앞에 위치한 동사 recommend는 동명사를 목적어로 취하는 동사이므로 (a) applying이 정답이다.
어휘 expect ~을 예상하다, ~을 기대하다  a high number of 많은 (수의)  applicant for ~에 대한 신청자, 지원자  housing loan 주택 자금 대출  available 이용 가능한  official n. 관리, 관계자  recommend -ing ~하도록 권하다, 추천하다  as soon as possible 가급적 빨리  guarantee ~을 보장하다  apply 신청하다, 지원하다

**2.**
문장 해석 X
핵심 포인트 동명사를 목적어로 취하는 keep
해석 빵 만들기 설명서에는 두 컵의 물과 여섯 컵의 밀가루를 추가해야 한다고 쓰여 있다. 반죽이 완전히 부드러워지고 잘 섞일 때까지 계속 젓는 것이 중요하다.
해설 빈칸 앞에 위치한 동사 keep은 동명사를 목적어로 취하는 동사이므로 (c) stirring이 정답이다.
어휘 instructions 설명(서), 안내(서), 지시(문)  add ~을 추가하다  flour 밀가루  it is important to do ~하는 것이 중요하다  keep -ing 계속 ~하다  dough 반죽  until (지속) ~할 때까지  become+형용사 ~한 상태가 되다  completely 완전히, 전적으로  smooth 부드러운  mixed 혼합된  stir ~을 젓다, ~을 저어서 섞다

**3.**
문장 해석 X
핵심 포인트 명사 opportunity를 수식하는 to부정사
해석 대니얼은 마이크 앞에 긴장한 채 서 있었고, 가슴 속의 심장은 두근거렸다. 청중이 조용해지자, 그는 이 상황을 진심 어린 말로 다른 이들에게 영감을 줄 수 있는 황금 같은 기회로 여겼다.
해설 빈칸 앞에 위치한 명사 opportunity는 to부정사의 수식을 받아 '~할 수 있는 기회'라는 의미를 나타내므로 (c) to inspire가 정답이다.
어휘 nervously 긴장한 채, 초조하게  in front of ~ 앞에  pound 두근거리다, 쿵쾅거리다  audience 청중, 관객  hush 조용해지다  see A as B A를 B로 여기다  opportunity 기회  inspire ~에게 영감을 주다

Chapter 4 준동사

**4.**

[문장 해석] X

[핵심 포인트] 동명사를 목적어로 취하는 enjoy

[해석] 바르셀로나가 올해 최고의 관광지들 중 한 곳으로 선정되었다. 이 스페인 도시를 방문하는 동안, 해변을 따라 걷다가 도중에 멈춰 서서 맛있는 타파스와 와인을 맛보는 즐거움을 누릴 수 있다.

[해설] 빈칸 앞에 위치한 동사 enjoy는 동명사를 목적어로 취하는 동사이므로 (a) walking이 정답이다.

[어휘] be voted as (투표 등에 의해) ~로 선정되다, 선출되다  tourist destination 관광지  while ~하는 동안  along (길 등) ~을 따라  sample v. ~을 맛보다, ~을 시식하다  on the way 도중에, 가는 길에, 오는 길에

**5.**

[문장 해석] X

[핵심 포인트] 수동태 뒤에 to부정사

[해석] 산불이 캘리포니아와 오리건주의 많은 땅을 불태웠다. 소방관들이 현재 "그레이징"이라고 부르는 과정을 시작하고 있는데, 이는 산림층으로부터 덤불과 기타 생물체들을 제거함으로써 화재 위험성을 줄이는 것이 목적이다.

[해설] 빈칸 앞에 수동태로 쓰인 동사 be intended는 to부정사와 결합해 '~하는 것을 목표로 하다, ~하기 위한 의도이다'라는 의미를 나타내므로 (a) to reduce가 정답이다. 이와 같이 수동태(be+p.p.) 뒤에는 동명사가 아닌 to부정사가 오는 것이 원칙이다.

[어휘] land 땅, 토지  process 과정  be intended to do ~하는 것을 목표로 하다, ~하기 위한 의도이다  risk 위험(성)  by (방법) ~함으로써, ~해서  remove ~을 제거하다, ~을 없애다  brush 덤불, 잡목  biomass 생물 집단, 생물 자원  forest floor 산림층  reduce ~을 줄이다, ~을 감소시키다

**6.**

[문장 해석] X

[핵심 포인트] to부정사를 목적격 보어로 취하는 allow

[해석] 그 지역 대학은 소속 축구팀과 야구팀을 위해 새로운 운동장들을 지었다. 주중에 이 운동장들은 오직 대학 팀들에 의해서만 이용된다. 하지만 주말에는 대학 측에서 누구나 여가를 위해 그 운동장들을 이용하도록 허용할 것이다.

[해설] 빈칸 앞에 위치한 동사 allow는 'allow+목적어+to부정사'의 구조로 쓰여 'A에게 ~하도록 허용하다, A에게 ~할 수 있게 하다'라는 의미를 나타내므로 (c) to use가 정답이다.

[어휘] local 지역의, 현지의  during ~ 중에, ~ 동안  however 하지만  allow A to do A에게 ~하도록 허용하다, A에게 ~할 수 있게 하다

recreation 여가, 오락

**7.**

[문장 해석] X

[핵심 포인트] 동명사를 목적어로 취하는 mind

[해석] 지아의 자동차가 이번 주에 수리소에 있기 때문에, 친구에게 회사까지 차로 태워 달라고 요청했다. 안타깝게도, 엔진 수리는 더 많은 시간이 필요할 것으로 보인다. 그녀는 친구가 며칠 더 차로 태워 주는 것을 꺼리지 않기를 바라고 있다.

[해설] 빈칸 앞에 위치한 동사 mind는 동명사를 목적어로 취하는 동사이므로 (d) driving이 정답이다.

[어휘] repair 수리  ask A for B A에게 B를 요청하다  ride (차, 자전거 등을) 타고 가기, 타고 달리기  unfortunately 안타깝게도, 아쉽게도  it looks like ~하는 것처럼 보이다, ~하는 것 같다  mind -ing ~하기를 꺼리다

**8.**

[문장 해석] X

[핵심 포인트] 수동태 뒤에 to부정사

[해석] 화이트 선생님은 우리 고등학교 과학 실험실 담당 교사이다. 지금, 우리는 학급 내 화학 프로젝트를 진행하는 중이다. 화이트 선생님은 위험한 화학 물질로부터 눈을 보호하기 위해 반드시 보호 안경을 이용해야 한다고 항상 우리에게 상기시켜 주신다.

[해설] 빈칸 이하 부분은 '눈을 보호하기 위해'라는 의미로 반드시 보호 안경을 이용해야 하는 목적을 나타내야 알맞다. 따라서 완전한 절 뒤에 위치하여 목적을 나타낼 때 사용하는 to부정사 (d) to protect가 정답이다. 이와 같이 수동태(be+p.p.) 뒤에는 동명사가 아닌 to부정사가 오는 것이 원칙이다.

[어휘] lab 실험실  chemistry 화학  remind A that A에게 ~라고 상기시키다  safety glasses 보호 안경  protect A from B B로부터 A를 보호하다  chemical n. 화학 물질

**9.**

[문장 해석] X

[핵심 포인트] 동명사를 목적어로 취하는 resist

[해석] 조던의 생일에, 친구들과 함께 하는 파티에 여자친구는 초콜릿 케이크를 가져갔다. 비록 그가 엄격한 식단을 유지하려 노력 중이었지만, 크게 한 조각 먹는 것을 참을 수 없었다.

[해설] 빈칸 앞에 위치한 동사 resist는 동명사를 목적어로 취하는 동사이므로 (a) eating이 정답이다.

[어휘] bring A to B A를 B로 가져가다, 가져오다  even though 비록 ~이기는 하지만  try to do ~하려 하다  maintain ~을 유지하다  strict 엄격한  can't resist -ing ~을 참을 수 없다

## 10.
**문장 해석** X
**핵심 포인트** 전치사 목적어 자리에 동명사
**해석** 소셜 미디어 회사들이 최근 자사의 플랫폼에 위험하거나 오해의 소지가 있는 정보가 확산되는 것을 막기 위해 노력해 왔다. 소셜 네트워킹 서비스를 이용하는 사람들은 반드시 이러한 종류의 내용을 게시하는 것을 삼가야 한다.
**해설** 빈칸은 전치사 from의 목적어 역할을 할 동명사가 필요한 자리이므로 (c) posting이 정답이다. 부정사는 전치사 뒤에 위치할 수 없으므로 (a) to be posting과 (b) to post는 오답이다.
**어휘** recently 최근에  try to do ~하기 위해 노력하다, ~하려 하다  stop A from -ing A가 ~하는 것을 막다  misleading 오해의 소지가 있는, 호도하는  spread ~을 확산시키다, ~을 퍼뜨리다  refrain from -ing ~하는 것을 삼가다  content 내용(물)  post v. ~을 게시하다

## 11.
**문장 해석** X
**핵심 포인트** to부정사를 목적어로 취하는 decide
**해석** 도시 내의 한 아파트 단지가 최근 철거되어 현재 인기 있는 시내의 한복판에 넓은 공간이 있다. 더 많은 아파트를 짓는 대신, 시 관계자들은 그 구역을 공원으로 변경하기로 결정했다.
**해설** 빈칸 앞에 위치한 동사 decide는 to부정사를 목적어로 취하는 동사이므로 (c) to change가 정답이다.
**어휘** complex (건물) 단지, 복합 건물  recently 최근에  demolish ~을 철거하다, ~을 허물다  in the middle of ~ 한복판에  popular 인기 있는  downtown 시내의  rather than ~하는 대신, ~하는 것이 아니라  official 관계자, 관리  decide to do ~하기로 결정하다  change A into B A를 B로 변경하다, 탈바꿈시키다

## 12.
**문장 해석** X
**핵심 포인트** to부정사를 목적어로 취하는 wish
**해석** 엠마는 지평선 너머에 기다리고 있는 경이로움을 경험해 보기를 갈망하는 마음으로, 모래 사장에 서 있었다. 그녀는 여행과 방랑 욕구를 통해 자신의 시각을 넓힐 수 있기를 바랐다.
**해설** 빈칸 앞에 과거 시제로 쓰인 동사 wish는 to부정사를 목적어로 취하므로 (c) to broaden이 정답이다. 이 경우, (a) to have broadened 같은 완료 부정사는 사용하지 않는다.
**어휘** filled with ~로 가득한  longing to V ~하기를 갈망함  wonder 경이로움  await 기다리다  horizon 지평선  perspective 시각, 관점  wanderlust 여행 욕구  broaden ~을 넓히다

## 13.
**문장 해석** X
**핵심 포인트** to부정사를 목적어로 취하는 promise
**해석** 레나는 좋은 성적을 받기 위해 1년 내내 학교에서 열심히 공부해 오고 있다. 그녀의 목표는 수학과 과학에서 성적을 향상시키는 것이었다. 그녀의 부모님께서는 전 과목에서 A를 받을 수 있다면 새 자전거를 사 주기로 약속하셨다.
**해설** 빈칸 앞에 위치한 동사 promise는 to부정사를 목적어로 취하는 동사이므로 (d) to buy가 정답이다.
**어휘** in order to do ~하기 위해  grade 성적, 점수, 등급  improve ~을 향상시키다, ~을 개선하다  promise to do ~하기로 약속하다  buy A B A에게 B를 사 주다

## 14.
**문장 해석** X
**핵심 포인트** 동명사를 목적어로 취하는 risk
**해석** 비트코인 같은 암호 화폐는 대단히 심하게 변동할 수 있기 때문에, 가격이 자주 오르내린다. 많은 사람들은 돈을 잃는 것을 두려워하기 때문에 이렇게 불안정한 자산에 투자하는 위험을 감수하고 싶어 하지 않는다.
**해설** 빈칸 앞에 위치한 동사 risk는 동명사를 목적어로 취하는 동사이므로 (b) investing이 정답이다.
**어휘** cryptocurrency 암호 화폐, 가상 화폐  volatile (가치 등이) 심하게 변하는, 불안정한  fluctuate 변동을 거듭하다  up and down 위아래로  risk -ing ~하는 위험을 감수하다  unstable 불안정한  asset 자산, 재산  fear -ing ~하기를 두려워하다  lose ~을 잃다  invest in ~에 투자하다

## 15.
**문장 해석** X
**핵심 포인트** 동명사를 목적어로 취하는 consider
**해석** 에밀리는 정신 없이 바쁜 일정으로 인해 자기 관리 및 휴식을 할 시간이 거의 없다. 마음의 평온을 찾는 일의 중요성을 깨달은 그녀는 지금 명상을 자신의 하루 일과에 포함하는 것을 고려하고 있다.
**해설** 빈칸 앞에 현재진행 시제로 쓰여 있는 동사 consider는 동명사를 목적어로 취하므로 (b) incorporating이 정답이다.
**어휘** hectic 정신 없이 바쁜  leave A with B A를 B한 상태로 만들다  self-care 자기 관리  relaxation 휴식  realize ~을 깨닫다  inner peace 마음의 평온  consider ~을 고려하다  meditation 명상  incorporate ~을 포함하다, ~을 통합하다

## 16.
**문장 해석** X
**핵심 포인트** 형용사 보어 뒤에 to부정사
**해석** 요즘 돈을 투자할 기회가 많이 있다. 한 가지 방법은 성장하고 있는 지역의 부동산에 투자하는 것이다. 이러한 지역의 주택과 아파트 가격은 시간이 흐를수록 오를 가능성이 있다.
**해설** 빈칸 앞에 위치한 형용사 likely는 to부정사와 결합해 '~할 가능성이 있는'이라는 의미를 나타내므로 (b) to increase가 정답이다. 일반적으로 'be+형용사 보어' 뒤에는 to부정사가 오는 것이 원칙이다.
**어휘** opportunity to do ~할 기회  invest ~을 투자하다  way 방법  invest in ~에 투자하다  real estate 부동산  grow 성장하다, 자라다  be likely to do ~할 가능성이 있다  over time 시간이 흐를수록

## 17.
**문장 해석** O
**핵심 포인트** 의미에 따라 부정사/동명사를 구별하는 forget
**해석** 잠에서 깼을 때, 샘은 노트북 컴퓨터의 배터리가 다 닳은 상태였다는 것을 알게 되었다. 어젯밤에 그는 영화를 한 편 보느라 노트북을 사용하고 있었는데, 잠자리에 들기 전에 플러그를 꽂아 놓는 것을 잊었다.
**해설** '플러그를 꽂아 놓는 것을 잊었다'라는 의미가 되어야 알맞으므로 forget과 함께 '~ 할 것을 잊다'라는 뜻을 나타낼 때 사용하는 to부정사 (b) to plug가 정답이다. forget 뒤에 동명사가 쓰이면 '과거에 ~했던 것을 잊다'라는 의미를 나타내므로 이 문장에 어울리지 않는다.
**어휘** realize that ~임을 알게 되다, 깨닫다  run out of ~가 다 닳다, ~을 다 써 버리다  forget to do ~하는 것을 잊다  plug A in A의 플러그를 꽂다

## 18.
**문장 해석** X
**핵심 포인트** 동명사를 목적어로 취하는 prohibit
**해석** 경찰이 리지몬트 공원에서 최근 발생된 범죄 사건을 수사하고 있다. 수사가 종결될 때까지, 당국은 이 공원에 입장하는 것을 금지하고 모든 운동 시설이 폐쇄될 것이다.
**해설** 빈칸 앞에 위치한 동사 prohibit은 동명사를 목적어로 취하는 동사이므로 (d) entering이 정답이다.
**어휘** investigate ~을 수사하다, ~을 조사하다  recent 최근의  crime 범죄  investigation 수사, 조사  complete 종료된, 완료된  authorities 당국  prohibit ~을 금지하다  facility 시설(물)

## 19.
**문장 해석** X
**핵심 포인트** 완전한 절 뒤에 to부정사
**해석** 고속도로의 공사 작업으로 인해 지난 한 주 동안 심각한 교통 체증이 초래되었다. 대부분의 통근자들은 대체 경로를 찾기 위해 스마트폰 내비게이션 앱에 의존했다.
**해설** 빈칸 이하 부분은 '대체 경로를 찾기 위해'라는 의미로 스마트폰 내비게이션 앱에 의존한 목적을 나타내야 알맞다. 따라서, 완전한 절 뒤에 위치하여 목적을 나타낼 때 사용하는 to부정사 (d) to find가 정답이다.
**어휘** construction 공사, 건설  highway 고속도로  cause ~을 초래하다, ~을 유발하다  major 심각한  traffic jam 교통 체증  over ~ 동안에 걸쳐  commuter 통근자  rely on ~에 의존하다  alternative 대체의, 대안의  route 경로, 노선

## 20.
**문장 해석** X
**핵심 포인트** 동명사를 목적어로 취하는 involve
**해석** 모험을 찾는 사람들이 간절한 마음으로 외딴 야생 지역으로 떠나는 탐험 여행에 등록했다. 그들 중 그 여행이 궁극의 짜릿함을 추구하기 위해 위험한 강들을 가로지르는 일을 수반하게 된다는 사실을 아는 사람은 거의 없었다.
**해설** 빈칸 앞에 위치한 동사 involve는 동명사를 목적어로 취하므로 (b) crossing이 정답이다. 이 경우, (a) having crossed 같은 완료 동명사는 사용하지 않는다.
**어휘** seeker 찾는 사람, 추구하는 사람  eagerly 간절하게, 열심히  sign up for ~에 등록하다, ~을 신청하다  expedition 탐험 (여행)  remote 외딴, 멀리 떨어진  wilderness 야생 지역  Little did A+동사 ~하는 A가 거의 없었다  involve ~을 수반하다, ~을 포함하다  treacherous 위험한  in pursuit of ~을 추구해  ultimate 궁극의  thrill 짜릿함, 스릴  cross ~을 가로지르다, ~을 건너다

## 21.
**문장 해석** X
**핵심 포인트** 가주어 it이 쓰인 문장에서 진주어 자리에 to부정사
**해석** 식품의약청은 건강에 좋은 식단 유지를 위한 새로운 영양 가이드라인을 발표했다. 하루에 최소 세 번 신선한 채소를 먹는 것이 권장 사항이다.
**해설** 가주어 It과 명사 보어 their recommendation으로 구성된 문장에서 뒤에는 진주어 역할을 하는 to부정사가 이어져야 알맞으므로 (c) to eat이 정답이다. 이 문장은 'their recommendation = to eat ~'과 같은 동격 관계를 나타낸다.

어휘 release ~을 발표하다, ~을 공개하다, ~을 출시하다  nutrition 영양  maintain ~을 유지하다  healthy 건강에 좋은  recommendation 권장 사항, 추천 사항  at least 최소한, 적어도  serving 1회 제공(량), 1인분  per day 하루에, 하루마다

## 22.
문장 해석  X

핵심 포인트  to부정사와 결합하는 명사 way

해석  개들이 자유롭게 뛰어놀 수 있도록 시에서 많은 공공 장소에 울타리를 친 공원을 짓고 있다. 이 강아지 전용 공원은 특히 아파트에 살고 있는 개들이 운동할 수 있는 매우 좋은 방법이다.

해설  빈칸 앞에 쓰인 명사 way는 'a way (for A) to do'의 구조로 to부정사와 결합해 '(A가) ~할 수 있는 방법'이라는 의미를 나타내므로 (a) to get이 정답이다. 빈칸 앞에 있는 'for + 명사' 구조는 to부정사의 의미상 주어 역할을 한다.

어휘  public area 공공 장소  fenced-in 울타리를 친  freely 자유롭게  a way for A to do A가 ~할 수 있는 방법  exercise 운동  especially 특히

## 23.
문장 해석  X

핵심 포인트  동명사 숙어 can't help + -ing

해석  나는 온라인상에서 재미있는 동영상을 시청하는 것이 시간 낭비라는 것을 알고 있지만, 출근하는 길에 보는 것을 좋아한다. 때때로 난 버스를 타고 가는 도중 수백 개의 동영상을 스크롤하는 것을 참지 못한다.

해설  빈칸 앞에 위치한 can't help는 동명사와 함께 '~하지 않을 수 없다'라는 의미를 나타내므로 (d) scrolling이 정답이다.

어휘  a waste of time 시간 낭비  on one's way to ~로 가는[오는] 도중에  can't help -ing ~하지 않을 수 없다  hundreds of 수백 개의, 수백 명의  while ~하는 동안  scroll through ~을 쭉 스크롤하다

## 24.
문장 해석  X

핵심 포인트  주어 역할을 하는 동명사

해석  에이미는 레코드 플레이어를 구입했고 음악을 듣기 위해 레코드를 최근 구입하고 있다. 레코드를 수집하는 일이 돈이 많이 드는 취미이기는 하지만, 그녀는 음악과 함께 레코드 표지의 그림 작품도 즐기고 있다.

해설  빈칸이 속한 주절에 이미 동사 is가 쓰여 있으므로 선택지에 제시된 또 다른 동사 collect는 준동사의 형태로 쓰여야 한다. 따라서 명사 records를 목적어로 취함과 동시에 is 앞에서 주어 역할을 할 수 있는 동명사가 쓰여야 알맞으므로 (d) Collecting이 정답이다.

어휘  recently 최근에  expensive 돈이 많이 드는, 비싼  hobby 취미  artwork 그림, 미술품, 예술품  cover 표지, 커버  collect ~을 수집하다, ~을 모으다

# Chapter 5 관계사

### 출제 공식 24. 선행사가 사람인 경우 who/whom/that

**실전 Practice Test**

1. Chadwick Boseman, (why he appeared / **who appeared**) in *Avengers*, died after a long battle with cancer.
   - 해석 <어벤져스>에 출연한 채드윅 보스만은 오랜 암 투병 끝에 사망했다.
   - 해설 선행사가 사람(Chadwick Boseman)이고 콤마가 있는 경우 관계 대명사 who 또는 whom을 사용하므로 who appeared가 정답이다.
   - 어휘 appear 출연하다, 나타나다, 모습을 보이다   battle with cancer 암 투병

2. The committee has yet to announce the name of the person (**that will replace the retiring director** / whom will replace the retiring director).
   - 해석 위원회는 은퇴하는 이사의 후임자가 될 사람의 이름을 아직 발표하지 않았다.
   - 해설 사람 명사(the person)가 선행사인 경우 that은 주어나 목적어가 없는 절을, whom은 목적어가 없는 절을 이끌어야 한다. 따라서 that 뒤에 주어가 없는 절이 이어지는 that will replace the retiring director가 정답이다.
   - 어휘 committee 위원회   have yet to do 아직 ~하지 않다   announce ~을 발표하다, 알리다   replace ~의 후임자가 되다, ~을 대신하다   retiring 은퇴하는   director 이사, 부장, 감독, 책임자

3. The editor has an interview next week with author John Brecher, (**whom she will write an article about** / that she will write an article about).
   - 해석 편집자는 자신이 기사를 쓰려는 작가 존 브레처와 다음 주에 인터뷰를 한다.
   - 해설 사람 선행사 뒤에 콤마가 있는 경우, 그 뒤에 쓰일 수 있는 것은 who 혹은 whom이 이끄는 절이므로 whom she will write an article about이 정답이다. whom 뒤에는 목적어 없는 불완전한 절이 와야 하므로 전치사 about의 목적어가 없는 구조임에 유의한다.
   - 어휘 editor 편집자   author 작가   article (잡지 등의) 기사

### 출제 공식 25. 선행사가 사물/동물인 경우 which/that

**실전 Practice Test**

1. Items (what are purchased during a promotion / **that are purchased during a promotion**) also qualify for returns or exchanges.
   - 해석 판촉 기간 중에 구매된 제품들도 반품 또는 교환 대상이 될 수 있습니다.
   - 해설 사물 명사(Items)를 뒤에서 수식할 수 있는 that이 이끄는 절인 that are purchased during a promotion이 정답이다. what이 이끄는 절은 명사를 뒤에서 수식하는 역할을 하지 못한다.
   - 어휘 item 제품, 물품, 품목   purchase ~을 구입하다   during ~ 중에, ~ 동안   promotion 판촉, 홍보   qualify for ~에 대한 대상이 되다, ~에 대한 자격이 있다, ~에 적격이다

2. Emperor penguins, (**which are vulnerable to climate change** / that are vulnerable to climate change), are disappearing at an alarming rate.
   - 해석 기후 변화에 취약한 황제 펭귄이 무서운 속도로 사라지고 있다.
   - 해설 which와 that이 이끄는 절은 모두 사물이나 동물 명사를 뒤에서 수식할 수 있지만, 콤마 뒤에 위치할 수 있는 것은 which가 이끄는 절이므로 which are vulnerable to climate change가 정답이다.
   - 어휘 be vulnerable to ~에 취약하다   climate change 기후 변화   disappear 사라지다   at an alarming rate 무서운 속도로, 놀라울 정도의 속도로

3. This book introduces the effects of the industrialization (**that Europe has long completed** / which Europe has long completed it).
   - 해석 이 책은 유럽이 오랫동안 완수해 온 산업화의 영향을 소개한다.
   - 해설 사물 명사(the industrialization)를 뒤에서 수식할 때 that과 which 모두 주어 또는 목적어가 없는 절을 이끌 수 있다. 따라서 that 뒤에 목적어가 없는 절이 이어지는 that Europe has long completed가 정답이다. which Europe has long completed it은 which 뒤에 주어와 목적어가 모두 있으므로 틀린 구조이다.

어휘 introduce ~을 소개하다   effect 영향, 효과   industrialization 산업화   complete ~을 완수하다, ~을 완료하다

## 출제 공식 26. 선행사가 장소/시간인 경우 관계 부사 where/when

### 실전 Practice Test

1. Next month, Antoine Griezmann will fly to Spain, (where he will have a meeting / which he will have a meeting) with the FC Barcelona president.
   - 해석 다음 달에, 앙투안 그리즈만은 FC 바르셀로나 회장과 만남을 가질 스페인으로 날아갈 것이다.
   - 해설 장소 명사(Spain) 뒤에는 관계 부사 where와 함께 완전한 구조의 절 혹은 관계 대명사 which와 함께 주어 또는 목적어가 없는 불완전한 절이 올 수 있다. 따라서 보기 중 이러한 요건을 충족하는 where he will have a meeting이 정답이다.
   - 어휘 fly to (비행기를 타고) ~로 날아가다

2. Rob eagerly waited for Monday, (that school would resume after the winter break / when school would resume after the winter break).
   - 해석 롭은 겨울 방학이 끝나고 학교가 다시 시작되는 월요일을 간절히 기다렸다.
   - 해설 시간 명사(Monday)가 선행사인 경우 that은 주어 또는 목적어가 없는 절을, when은 구성이 완전한 절을 이끌어야 한다. 따라서 이러한 요건을 충족하는 보기인 when school would resume after the winter break가 정답이다. 문장에서 resume은 목적어가 필요 없는 자동사로 쓰이고 있다.
   - 어휘 eagerly 간절히, 열망하여   resume 다시 시작되다, 재개되다   winter break 겨울 방학

3. Shannon booked a suite, (which she could enjoy panoramic views of the river / where she could enjoy panoramic views of the river).
   - 해석 섀넌은 그 강의 전경을 즐길 수 있는 스위트룸을 예약했다.
   - 해설 장소 명사(suite)가 선행사인 경우 which는 주어 또는 목적어가 없는 절을, where는 구성이 완전한 절을 이끌어야 한다. 따라서 이러한 요건을 충족하는 보기 where she could enjoy panoramic views of the river가 정답이다.
   - 어휘 book v. ~을 예약하다   panoramic view 전경

## 출제 공식 27. 소유격 관계 대명사 whose

### 실전 Practice Test

1. Andrea, (whom / whose) talent was spotted early in her childhood, became a singer when she was 13.
   - 해석 어린 시절에 일찍이 자신의 재능이 발견된 안드레아는 13살이었을 때 가수가 되었다.
   - 해설 괄호 뒤에 위치한 절은 주어(talent), 수동태 동사(was spotted), 부사(early), 그리고 전치사구(in her childhood)로 이어지는 완전한 구성이다. 따라서, 수식하는 명사를 동반하여 완전한 절을 이끌 수 있는 소유격 관계 대명사 whose가 정답이다. whom은 목적어가 없는 절을 이끌어야 한다.
   - 어휘 spot ~을 발견하다, 알아채다

2. New board members will be appointed to replace the retiring ones (whose terms will expire on March 15 / where terms will expire on March 15).
   - 해석 3월 15일에 임기가 만료되어 은퇴하는 이들을 대체할 수 있도록 신임 이사들이 선임될 것이다.
   - 해설 선행사 retiring ones를 뒤에서 수식할 절로 알맞은 것을 찾아야 하는데, 여기서 ones는 앞서 언급된 board members를 대신하는 대명사이다. 따라서 사람 명사를 수식할 수 있는 절의 수식을 받아야 하므로 whose가 이끄는 whose terms will expire on March 15가 정답이다. whose는 선행사와 바로 뒤에 나오는 명사가 의미상 소유격(~의)의 관계를 이루게 된다는 점(여기서는 '이사들의 임기')도 기억한다.
   - 어휘 board member 이사, 임원   appoint ~을 선임하다, 임명하다   replace ~의 후임자가 되다, ~을 대신하다   retiring 은퇴하는   term 임기, 기간   expire 만료되다

3. Do not use bicycles when exercising your dachshund, (how legs are too short to run fast / whose legs are too short to run fast) for a long distance.
   - 해석 장거리를 빨리 달리기엔 다리가 너무 짧으므로 닥스훈트를 운동시킬 때 자전거를 이용하지 마십시오.
   - 해설 선행사인 동물 명사 dachshund를 수식할 수 있는 whose가 이끄는 whose legs are too short to run fast가 정답이다. whose는 선행사와 바로 뒤에 나오는 명사가 의미상 소유격(~의)의 관계를 이루게 된다는 점(여기서는 '닥스훈트의 다리')도 기억한다.
   - 어휘 exercise ~을 운동시키다   too A to do ~하기엔 너무 A한

distance 거리

## 실전 문제

| 1. (a)  | 2. (b)  | 3. (c)  | 4. (d)  |
| 5. (b)  | 6. (b)  | 7. (b)  | 8. (d)  |
| 9. (c)  | 10. (a) | 11. (a) | 12. (b) |
| 13. (b) | 14. (a) | 15. (b) | 16. (b) |
| 17. (b) | 18. (d) | 19. (b) | 20. (b) |
| 21. (c) | 22. (c) | 23. (a) | 24. (d) |

### 1.
**문장 해석** ✕
**핵심 포인트** 사물 선행사, + which + 불완전한 절
**해석** 부모들이 요즘의 아동용 프로그램 편성 수준을 비판하고 있다. 그들은 일반적으로 중요한 교훈을 특징으로 했던 예전의 만화들은 아이들에게 교육적이고 즐거움을 주었지만 새로운 프로그램들은 오직 역겨운 유머와 한심스러운 캐릭터만을 특징으로 한다고 주장한다.
**해설** 빈칸 앞에 위치한 사물 선행사 older cartoons를 설명하는 관계사절이 필요하므로 사물 명사와 어울리는 which 또는 that으로 시작되는 것 중에서 하나를 골라야 한다. 이 둘 중에서 콤마와 함께 삽입되는 절을 이끌 수 있는 관계사는 which이므로 (a) which usually featured some central moral이 정답이다. (c)에 쓰인 that은 콤마 뒤에 사용할 수 없으며, (d)에 쓰인 what은 앞에 명사(선행사)가 있는 경우 사용할 수 없다.
**어휘** criticize ~을 비판하다  quality 수준, 질  programming 프로그램 편성  claim that ~라고 주장하다  cartoon 만화  educate ~을 교육하다  entertain ~에게 즐거움을 주다  feature ~을 특징으로 하다  gross 역겨운  deplorable 한심스러운, 개탄스러운  usually 일반적으로, 보통  central 중요한, 중심이 되는  moral 교훈, 도덕

### 2.
**문장 해석** ✕
**핵심 포인트** 사람 선행사, + who + 주어 없는 불완전한 절
**해석** 다니엘은 새로 나온 플레이스테이션 5를 몹시 사고 싶어 한다. 하지만, 운 좋게 한 대를 사전 주문한 친구 잭은 쉽게 구입할 수 있을 때까지 몇 달만 기다리라고 말했다. 그는 그때쯤이면 해당 콘솔용으로 더 많은 게임들이 출시될 것이라고 말한다.
**해설** 빈칸 앞에 위치한 사람 선행사 his friend Zach을 설명하는 관계사절이 필요하므로 사람 명사와 어울리는 who 또는 that으로 시작되는 것 중에서 하나를 골라야 한다. 둘 중에서 콤마와 함께 삽입되는 절을 이끌 수 있는 관계사는 who이므로 (b) who was lucky enough to pre-order one이 정답이다. (c)에 쓰인 that은 콤마 뒤에 사용할 수 없으므로 오답이다.
**어휘** desperately 몹시, 극도로, 절망적으로  however 하지만  tell A to do A에게 ~하라고 말하다  until (지속) ~할 때까지  readily 손쉽게  available 구입 가능한, 이용 가능한  release ~을 출시하다, 공개하다  console 게임기  by then 그때쯤이면  be lucky enough to do 운 좋게 ~하다  pre-order ~을 사전 주문하다

### 3.
**문장 해석** ✕
**핵심 포인트** 사물 선행사 + that + 불완전한 절
**해석** 전 세계의 각국 정부는 젊은 부부들이 아이를 갖지 않기로 결정하는 것으로 인한 출산율 감소 문제에 대해 우려하고 있다. 아이를 갖는 데 드는 금전적 비용이 벅찬 것이기도 하지만, 잠재적 부모가 되는 것을 단념시키는 또 다른 이유는 불안하게 다가오는 기후 변화의 위협이다.
**해설** 빈칸 앞에 위치한 사물 명사구 another reason을 수식할 관계사절이 필요하므로 사물 명사를 수식할 수 있는 which 또는 that으로 시작되는 것 중에서 하나를 골라야 한다. 이 둘은 모두 주어 또는 목적어가 빠진 불완전한 절을 이끌어야 하므로 that 뒤로 주어가 빠진 불완전한 구조로 이루어진 (c) that discourages potential parents가 정답이다. (b)의 경우, which 뒤로 주어와 목적어까지 완전한 구조로 되어 있으므로 오답이다.
**어휘** be concerned with ~에 대해 우려하다  declining 감소하는, 줄어드는  birth rate 출산율  due to ~로 인해  decide not to do ~하지 않기로 결정하다  while ~이기는 하지만, ~인 반면  financial 금전적인, 재정적인  daunting 벅찬  looming 불안하게 다가오는  threat 위협  climate change 기후 변화  discourage ~을 단념시키다, 막다  potential 잠재적인

### 4.
**문장 해석** ✕
**핵심 포인트** 사물 선행사, + which + 불완전한 절
**해석** 에반과 캐롤라인은 오래된 빅토리아 시대의 주택을 구입하기로 한 결정을 후회하기 시작하고 있다. 그렇게 하는 것이 항상 그들의 꿈이었지만, 19세기에 지어진 그 주택은 돈이 많이 드는 수리와 보수 작업이 지속적으로 필요한 상태이다.
**해설** 빈칸 앞에 위치한 사물 명사 the house를 설명할 관계사절이 필요하므로 사물 명사와 함께 쓰이는 which 또는 that으로 시작되는 것 중에 하나를 골라야 한다. 둘 중에 콤마와 함

께 삽입되는 절을 이끌 수 있는 관계사는 which이므로 (d) which was built in the 19th century 가 정답이다. (c)에 쓰인 that은 콤마 뒤에 사용할 수 없으며, (b)에 쓰인 where는 장소 명사 뒤에 사용할 수 있지만, 관계사 where와 대명사 it이 둘 다 the house를 지칭하게 되어 의미가 어색하므로 오답이다.

**어휘** begin to do ~하기 시작하다   regret ~을 후회하다   decision to do ~하기로 한 결정   purchase ~을 구입하다   in need of ~을 필요로 하는   constant 지속적인   expensive 돈이 많이 드는, 비싼   repair 수리   renovation 보수, 개조

## 5.

**문장 해석** X

**핵심 포인트** 사람 선행사, +whom+목적어 없는 불완전한 절

**해석** 대학 지원용 에세이를 위해, 소피아는 자신의 삶에 중대한 영향을 미친 한 사람에 관한 글을 써야 했다. 유명한 과학자나 예술가에 관한 글을 쓰는 대신, 그녀는 항상 존경해 왔던 할아버지에 관해 쓰기로 결정했다.

**해설** 빈칸 앞에 위치한 사람 선행사 her grandfather를 설명할 관계사절이 필요하므로 사람 명사와 함께 쓰이는 whom 또는 that으로 시작되는 것 중에서 하나를 골라야 한다. 둘 중에 콤마 뒤에 이어지는 절을 이끌 수 있는 관계사는 whom이므로 (b) whom she has always admired가 정답이다. (d)에 쓰인 that은 콤마 뒤에 사용할 수 없다.

**어휘** application 지원(서), 신청(서)   have a major influence on ~에 중대한 영향을 미치다   instead of ~하는 대신, ~하는 것이 아니라   decide to do ~하기로 결정하다   admire ~을 존경하다

## 6.

**문장 해석** X

**핵심 포인트** 사람 선행사+who+주어 없는 불완전한 절

**해석** 비즈니스 분석가들은 더 많은 회사들이 전통적인 사무실 배치에서 벗어나기 시작할 것이라고 예상하고 있다. 연구에 따르면 재택 근무를 하는 직원들이 사무실에 있는 동료 직원들보다 더 생산적인 것으로 나타났다. 이들은 또한 더 높은 수준의 업무 만족도를 보고한다.

**해설** that절의 주어이자 빈칸 앞에 위치한 사람 명사 employees를 수식할 관계사절이 필요하므로 사람 명사를 수식할 수 있는 who 또는 whom으로 시작되는 것 중에서 하나를 골라야 한다. 주격 관계 대명사 who 뒤로 주어 없이 자동사 work와 from 전치사구가 이어지는 순서로 된 것이 알맞은 구조이므로 (b) who work from home이 정답이다. 목적격 관계 대명사 whom이 이끄는 절은 뒤에 목적어가 없는 구조여야 하는데, (d) whom work from home에서는 주어가 빠져 있

으므로 잘못된 구조이다.

**어휘** analyst 분석가   expect that ~라고 예상하다   begin -ing ~하기 시작하다   shift away from ~에서 벗어나다, ~로부터 변화되다   traditional 전통적인, 일반적인   arrangement 배치, 정렬, 조정, 준비   productive 생산적인   coworker 동료 직원   higher level 더 높은 수준   job satisfaction 직업 만족도   work from home 재택 근무를 하다

## 7.

**문장 해석** X

**핵심 포인트** 사물 선행사, +which+불완전한 절

**해석** 삼성전자는 최근 이른바 "스마트" 냉장고를 출시했다. 일부 소비자들은 한심하다고 생각하고 있지만, 추가로 우유를 구입해야 하는 경우에 알려줄 수 있는 이 냉장고는 어떻게 인터넷이 우리의 일상 생활을 바꾸고 있는지 보여주는 완벽한 예이다.

**해설** 빈칸 앞에 위치한 사물 선행사 the refrigerator를 설명할 관계사절이 필요하므로 사물 명사와 어울리는 which 또는 that으로 시작되는 것 중에서 하나를 골라야 한다. 둘 중에 콤마와 함께 삽입되는 절을 이끌 수 있는 관계사는 which이므로 (b) which can tell you if you need to purchase more milk가 정답이다. (d)에 쓰인 that은 콤마 뒤에 사용할 수 없으며, (c)에 쓰인 what은 앞에 명사(선행사)가 있는 경우 사용할 수 없다.

**어휘** recently 최근에   release ~을 출시하다, 공개하다   so-called 이른바, 소위   refrigerator 냉장고   while ~이기는 하지만, ~인 반면   consumer 소비자   roll one's eyes (의문, 반감, 부정 등의 표현으로) 눈을 치켜뜨다, 한심하다고 생각하다   example 예시   need to do ~해야 하다   purchase ~을 구입하다

## 8.

**문장 해석** X

**핵심 포인트** 사물 선행사+that+불완전한 절

**해석** 시장은 아들의 음주 운전 체포 사건이 잊히길 원하고 있다. 시장실은 내일 열릴 기자 회견이 시장이 언론과 이 문제를 이야기하는 마지막 시간이 될 것이라고 언급했다.

**해설** 빈칸 앞에 위치한 사물 명사구 press conference를 수식할 관계사절이 필요하므로 사물 명사를 수식할 수 있는 which 또는 that으로 시작되는 것 중에서 하나를 골라야 한다. 둘 중에서 that과 함께 수동태 동사 will be held, 그리고 미래 시점 표현 tomorrow로 구성되어 '내일 열릴'이라는 수동의 의미를 나타내는 (d) that will be held tomorrow가 정답이다. (a)의 경우, which 뒤로 능동태 동사 is holding 대신 수동태 동사 is held가 쓰여야 알맞다.

어휘 mayor 시장  put A behind B (안 좋은 일 등) A를 B의 과거로 묻어 버리다, 잊어버리다  scandal (부정, 횡령 등의 부도덕한) 사건, 스캔들  arrest 체포  state that ~라고 언급하다, 말하다  press conference 기자 회견  discuss ~을 이야기하다, 논의하다  issue 문제, 사안  media 언론  hold (일, 행사 등) ~을 열다, 개최하다

## 9.
문장 해석 X

핵심 포인트 사물 선행사 + that + 불완전한 절

해석 넷플릭스는 요즘 십대 시청자들이 지닌 모호한 취향을 겨냥한 수많은 새 프로그램을 제작해 왔지만, 대부분은 인기를 얻지 못했다. 십대들이 진정으로 소비하기를 원하는 매체는 10초 길이의 틱톡 영상과 트위치 실시간 영상뿐인 것 같다.

해설 빈칸 앞에 위치한 사물 명사구 the only media를 수식할 관계사절이 필요하므로 사물 명사를 수식할 수 있는 that으로 시작되는 (c) that teenagers really want to consume이 정답이다. (a)에 쓰인 what은 앞에 명사(선행사)가 있는 경우 사용할 수 없다.

어휘 a ton of 수많은  aimed at ~을 목표로 하는  nebulous 막연한, 모호한  taste 취향, 입맛  audience 시청자들, 관객들, 청중  fail to do ~하지 못하다  gain popularity 인기를 얻다  It seems that ~하는 것으로 보이다, ~인 것 같다  stream 온라인 방송 영상, 재생 영상  consume ~을 소비하다

## 10.
문장 해석 X

핵심 포인트 사물 선행사 + that + 불완전한 절

해석 서울의 음악계는 재능 있는 밴드와 뮤지션들로 가득하며, 재즈에서 펑크록의 범위에 이르는 아주 다양한 장르들이 표현되고 있다. 하지만, 케이팝이 대부분의 사람들이 한국 음악을 이야기할 때 언급되는 유일한 장르이다.

해설 빈칸 앞에 위치한 사물 명사구 the only genre를 수식할 관계사절이 필요하므로 사물 명사를 수식할 수 있는 that 또는 which로 시작되는 것 중에서 하나를 골라야 한다. 이 둘은 모두 주어 또는 목적어가 빠진 불완전한 절을 이끌어야 하므로 that 뒤로 주어가 빠진 불완전한 구조로 된 (a) that gets mentioned가 정답이다. (c)의 경우, which 뒤로 주어와 수동태를 만드는 형태인 'get+p.p.'로 연결되어 완전한 구조이므로 오답이다.

어휘 scene (특정 활동이 이뤄지는) 분야, ~계  be full of ~로 가득하다  talented 재능 있는  a wide variety of 아주 다양한  represent ~을 표현하다, 나타내다, 대표하다  range from A to B A에서 B의 범위에 이르다  however 하지만  discuss ~을 이야기하다, 논의하다  get mentioned 언급되다

## 11.
문장 해석 X

핵심 포인트 사물 선행사, + which + 불완전한 절

해석 오클랜드 어슬레틱스의 홈 구장인 오클랜드 콜리세움은 메이저리그에서 최악인 경기장들 중의 하나로 악명 높은 곳이다. 프로 축구 경기들도 주최하는 이 경기장은 흉물스러운 상태가 된 것과 잦은 하수 문제에 시달리는 것으로 비판받아 왔다.

해설 빈칸 앞에 위치한 선행사 The stadium을 설명할 수 있는 which 또는 where로 시작되는 것 중에서 하나를 골라야 한다. which는 주어나 목적어가 빠진 불완전한 절을, where는 구성 요소가 모두 갖춰진 완전한 절을 이끌어야 하므로 'which + 불완전한 절'에 해당되는 (a) which also hosts professional football games가 정답이다. (c)는 where 뒤에 주어가 빠진 불완전한 절이 있으므로 오답이다. (d)에 쓰인 that은 콤마 뒤에 사용할 수 없다.

어휘 infamous 악명 높은  worst 최악인, 가장 나쁜  criticize ~을 비판하다  eyesore 흉물스러운 것, 거슬리는 것  suffer (문제, 질병, 고통 등) ~에 시달리다, ~을 겪다  frequent 잦은, 빈번한  sewage 하수, 오물  host ~을 주최하다

## 12.
문장 해석 X

핵심 포인트 사물 선행사 + that + 불완전한 절

해석 다행히, 매튜와 로라는 공항에서 가까운 호텔에 머무르고 있었다. 그들이 탈 예정이었던 오후 비행기가 한밤중에 취소되었기 때문에, 서둘러 공항으로 가서 이른 아침 비행기를 탔다.

해설 빈칸 앞에 위치한 사물 선행사 The afternoon flight을 수식할 관계사절이 필요하므로 사물 명사와 함께 쓰이는 관계대명사 that이 이끄는 (b) that they were scheduled to take가 정답이다.

어휘 luckily 다행히  cancel ~을 취소하다  in the middle of ~ 한 가운데에, ~하는 도중에  rush to ~로 서둘러 가다  catch (교통편) ~을 타다, 이용하다  be scheduled to do ~할 예정이다  take (교통편) ~을 타다, 이용하다

## 13.
문장 해석 X

핵심 포인트 사람 선행사 + who + 주어 없는 불완전한 절

해석 내 동료 대릴은 콘택트 렌즈가 너무 불편해서 더 이상 착용할 수 없는데, 안경을 쓰는 것은 싫어한다. 그가 나에게 레이저 시력 교정 수술에 관해 물어봤기 때문에, 난 그에게 내 수술을 해 주신 안과 의사 루츠 박사님의 연락처를 알려 주었다.

해설 빈칸 앞에 위치한 사람 선행사 the eye doctor를 수식할 관계사절이 필요하므로 사람 명사를 수식할 수 있는 who 또는 whom으로 시작되는 것 중에서 하나를 골라야 한다. 주격 관계 대명사 who 뒤로 주어가 빠진 불완전한 문장이 위치한 (b) who performed my operation이 정답이다. 목적격 관계 대명사 whom이 이끄는 절은 목적어가 빠진 구조여야 하는데, (c)에 쓰인 whom performed my operation은 주어가 빠져 있으므로 오답이다.

어휘 co-worker 동료 (직원)  contacts 콘택트 렌즈  not ~ anymore 더 이상 ~않다  become+형용사 ~한 상태가 되다  uncomfortable 불편한  hate -ing ~하는 것을 싫어하다  ask A about B A에게 B에 관해 묻다  laser eye surgery 레이저 시력 교정 수술  contact information 연락처  perform ~을 하다, 실시하다  operation 수술

## 14.

**문장 해석** X

**핵심 포인트** 사물 선행사, +which+불완전한 절

해석 요리에서 더 많은 흥분을 원하는 스릴을 찾는 식도락가들은 일본의 복어인 '푸구'를 한 번 먹어봐야 한다. 반드시 허가를 받은 요리사에 의해 조리되어야 하는 이 물고기는 내장에 매우 독성이 높은 독을 지니고 있으며, 매년 많은 사망 사건의 원인이다.

해설 빈칸 앞에 위치한 사물 선행사 The fish를 설명할 관계사절이 필요하므로 사물 명사와 어울리는 which 또는 that으로 시작되는 것 중에서 하나를 골라야 한다. 둘 중에서 콤마와 함께 삽입되는 절을 이끌 수 있는 관계사는 which이므로 (a) which must be prepared by a licensed chef가 정답이다. (b)에 쓰인 that은 콤마와 함께 사용할 수 없다.

어휘 thrill-seeking 스릴을 찾는  foodie 식도락가  excitement 흥분, 신남, 들뜸  dish 요리  pufferfish 복어  contain ~을 포함하다, 담고 있다  highly 매우, 대단히  toxic 독성이 있는, 유독성의  poison 독  organ 내장, 기관  cause 원인  multiple 많은, 다수의  prepare ~을 조리하다, 준비하다  licensed 허가를 받은

## 15.

**문장 해석** X

**핵심 포인트** 사람 선행사, +who+주어 없는 불완전한 절

해석 캠든 대학 병원의 응급실은 오늘 환자들로 완전히 압도된 상태이다. 팔이 부러진 것으로 보이는 저 노인은 세 시간 넘게 의사의 진료를 기다리고 있어 너무 안타깝다.

해설 빈칸 앞 사람 선행사 that old man과 함께 쓸 수 있는 관계 대명사인 who 또는 that으로 시작되는 것 중에 하나를 골라야 한다. 둘 중에서 콤마와 함께 삽입되는 절을 이끌 수 있는 관계사는 who이므로 (b) who appears to have a broken arm이 정답이다. (c)에 쓰인 that은 콤마 뒤에 사용할 수 없으므로 오답이다.

어휘 emergency room 응급실  completely 완전히, 전부, 전적으로  overwhelmed 압도된  patient 환자  it's so bad that ~해서 너무 안타깝다, 너무 아쉽다  wait to do ~하기를 기다리다  appear to do ~하는 것으로 보이다  broken 부러진, 망가진, 고장 난

## 16.

**문장 해석** X

**핵심 포인트** 사물 선행사, +which+불완전한 절

해석 응급 처치에 대한 기본적 지식을 갖춘 모든 사람은 하임리히 요법을 실시할 수 있어야 한다. 이 기술은 1972년에 의사 헨리 하임리히에 의해 개발된 것으로, 기도에 걸려 있는 것을 빼내 질식을 막기 위해 복부의 충격을 사용한다.

해설 빈칸 앞에 위치한 사물 선행사 The technique을 설명할 관계사절이 필요하므로 사물 명사와 함께 쓰일 수 있는 which 또는 that으로 시작되는 보기를 골라야 한다. 둘 중에서 콤마와 함께 삽입되는 절을 이끌 수 있는 관계사는 which이므로 (b) which was developed by Dr. Henry Heimlich in 1972가 정답이다. (a)에 쓰인 that은 콤마 뒤에 사용할 수 없으므로 오답이다.

어휘 basic familiarity with ~에 대한 기본적인 지식, 친숙함  first aid 응급 처치  be able to do ~할 수 있다  administer ~을 실시하다, 실행하다  abdominal 복부의  thrust (세게) 밀기, 밀치기  expel A from B B에서 A를 빼내다, 배출하다  blockage 막고 있는 것  windpipe 기도  choking 질식  develop ~을 개발하다

## 17.

**문장 해석** X

**핵심 포인트** 사람 선행사, +who+불완전한 절

해석 인더스트리얼 록 밴드 나인 인치 네일스는 최근 로큰롤 명예의 전당에 헌액되었다. 이 헌액 기념 행사는 밴드 설립자이자 주 작곡자로서 여러 상을 받은 영화 음악을 작곡한 것으로도 유명한 트렌트 레즈너의 소감으로 끝을 맺었다.

해설 빈칸 앞에 위치한 사람 선행사 songwriter Trent Reznor를 설명할 관계사절이 필요하므로 사람 명사와 함께 쓰이는 who 또는 that으로 시작되는 보기를 골라야 한다. 둘 중에 콤마 뒤에 이어지는 절을 이끌 수 있는 관계사는 who이므로 (b) who is also famous for composing이 정답이다. (d)에 쓰인 that은 콤마 뒤에 사용할 수 없으므로 오답이다.

어휘 recently 최근에  be inducted into ~에 헌액되다, 입회되다, 취임하다  induction 헌액, 입회, 취임  ceremony 기념 행사, 축하 행사  conclude with ~로 끝나다  acceptance speech (수상 등의) 소

감 founder 설립자, 창립자  several 여럿의, 몇몇의  award-winning 상을 받은, 수상 경력이 있는  film scores 영화 음악  be famous for ~으로 유명하다  compose ~을 작곡하다

## 18.
**문장 해석** X
**핵심 포인트** 사물 선행사 + that + 불완전한 절
**해석** 지난 주말 결혼식장에서 있었던 우리의 출장 요리 행사는 대참사였다. 신부에 의해 특별히 요청된 주 요리들 중 하나는 설익은 상태였으며, 손님들은 우리가 제공한 여러 곁들임 요리의 짠 맛에 대해 불만을 제기했다.
**해설** 빈칸 앞에 위치한 사물 선행사 One of the entrees를 수식할 관계사절이 필요하므로 사물 명사를 수식할 수 있는 which 또는 that으로 시작되는 보기를 골라야 한다. 둘 중에서 관계 대명사 이하에 주어 없는 불완전한 문장을 이루어 '신부에 의해 요청된'이라는 의미를 나타내는 (d) that was specifically requested by the bride가 정답이다. (c)의 경우 관계 대명사 이하에 완전한 문장 구조를 이루고 있어 오답인데, 주어 the bride 뒤로 수동태 동사가 아니라 능동태 동사 requested가 쓰여 '신부가 요청한'이라는 뜻을 나타내야 알맞다.
**어휘** catering 출장 요리 제공(업)  disaster 대참사, 재해  entree 주 요리  undercooked 설익은  complain about ~에 대해 불만을 제기하다  saltiness 짭짤한 맛, 소금기  several 여러 가지, 몇 가지  side dish 곁들임 요리, 반찬  bride 신부  specifically 특별히, 구체적으로  request ~을 요청하다

## 19.
**문장 해석** X
**핵심 포인트** 사물 선행사, + which + 불완전한 절
**해석** 우리 삼촌께서는 모교를 대단히 자랑스럽게 여기고 계셔서, 만나는 모든 사람에게 학교에 관해 이야기하신다. 실제로, 30년도 더 이전에 다니셨던 코넬 대학교를 졸업하신 것이 인생에서 가장 훌륭한 업적 중의 하나라고 말씀하신다.
**해설** 빈칸 앞에 위치한 사물 선행사 Cornell University를 설명할 관계사절이 필요하므로 사물 명사와 함께 쓰이는 which 또는 that으로 시작되는 보기를 골라야 한다. 둘 중에서 콤마와 함께 삽입되는 절을 이끌 수 있는 관계사는 which이므로 (b) which he attended over thirty years ago가 정답이다. (c)에 쓰인 that은 콤마 뒤에 사용할 수 없으며, (a)에 쓰인 what은 명사(선행사)가 있는 경우 사용할 수 없다.
**어휘** be proud of ~을 자랑스럽게 여기다  extremely 대단히, 매우  alma mater 모교  in fact 실제로, 사실  graduate from ~을 졸업하다  achievement 이뤄 낸 일, 업적, 성취  attend ~에 다니다

## 20.
**문장 해석** X
**핵심 포인트** 사물 선행사 + that + 불완전한 절
**해석** 정치 지도자들과 의료 전문가들로 구성된 새로운 정부 대책 위원회가 전 세계적인 유행병에 대응하기 위해 조직되었다. 이 위원회가 다루게 될 첫 번째 사안은 가능성 있는 백신의 효율적이고 시기 적절한 보급이다.
**해설** 빈칸 앞에 위치한 사물 선행사 The first issue를 수식할 관계사절이 필요하므로 사물 명사를 수식할 수 있는 that으로 시작되는 (b) that the committee will be addressing이 정답이다. (a)에 쓰인 what은 앞에 명사(선행사)가 있는 경우 사용할 수 없다.
**어휘** task force 대책 위원회  comprise ~으로 구성되다  political leader 정치 지도자  medical professional 의료 전문가  organize ~을 조직하다, 마련하다  respond to ~에 대응하다  pandemic 전 세계적인 유행병  issue 사안, 문제  efficient 효율적인  timely 시기 적절한  distribution 보급, 배급, 유통  committee 위원회  address v. (문제 등) ~을 처리하다, 다루다

## 21.
**문장 해석** X
**핵심 포인트** 사람 선행사, + who + 주어 없는 불완전한 절
**해석** 영화 관람객들은 크리스토퍼 놀란의 '테넷'에 나오는 시간을 왜곡하는 액션에 넋이 나갔다. 하지만, 오디오 믹싱 상태가 많은 사람들을 당황하게 만들었는데, 극적인 장면들에서 대화가 들리지 않았기 때문이었다. 현재 최고의 감독들 중 한 명으로 여겨지고 있는 놀란은, 그 믹싱 수준이 의도적이었다고 말하며 오디오 상태를 옹호했다.
**해설** 빈칸 앞에 위치한 사람 선행사 Nolan을 설명할 관계사절이 필요하므로 사람 명사와 함께 쓰이는 who 또는 that으로 시작되는 보기 중에서 하나를 골라야 한다. 둘 중에서 콤마와 함께 삽입되는 절을 이끌 수 있는 관계사는 who이므로 (c) who is considered one of today's best directors가 정답이다. (a)에 쓰인 that은 콤마 뒤에 사용할 수 없으므로 오답이다.
**어휘** audience 관객, 청중, 시청자  be blown away by ~에 넋이 나가다  time-bending 시간을 구부리는  however 하지만  audio mix 오디오 믹싱  leave A 형용사 A를 ~하게 만들다  baffled 당황한, 어쩔 줄 모르는  during ~ 중에  intense 극도의, 강렬한, 치열한  inaudible 들리지 않는  defend ~을 옹호하다, 변호하다  state that ~라고 말하다  intentional 의도적인  be considered A A로 여겨지다

## 22.

**문장 해석** X

**핵심 포인트** 사물 선행사+that+불완전한 절

**해석** 미국 전역에 위치한 식량 은행들은 침체된 경제로 인해 힘든 연휴 시즌에 대비하고 있습니다. 도움을 주실 수 있는 분은 누구든 식량 은행들이 필요로 하는 기부 물품을 알아보기 위해 지역 자선 단체에 문의하시기 바랍니다.

**해설** 빈칸 앞에 위치한 사물 선행사 the goods를 수식할 관계사절이 필요하므로 사물 명사를 수식할 수 있는 that으로 시작되는 (c) that they are in need of가 정답이다. (a)에 쓰인 what은 앞에 명사(선행사)가 있는 경우 사용할 수 없다.

**어휘** food bank 식량 은행(가난한 사람들에게 무료로 음식을 주는 곳)  prepare for ~에 대비하다, ~을 준비하다  challenging 힘든, 어려운  due to ~로 인해  stagnant 침체된  economy 경제, 경기  able to do ~할 수 있는  inquire with ~에 문의하다  local 지역의, 현지의  charity 자선 단체  find out ~을 알아내다, 파악하다  goods 물품, 상품  donation 기부(품)  be in need of ~을 필요로 하다

## 23.

**문장 해석** X

**핵심 포인트** 장소 선행사+where+완전한 절

**해석** 애슐리는 할머니의 기억 속에서 가장 좋아하시는 장소들을 다시 방문하기 위해 할머니를 모시고 자동차 여행을 다니고 있다. 최종적으로, 할머니께서 자라셨던 집을 한 번 더 보실 수 있도록 동쪽 해안까지 내내 운전해서 갈 것이다.

**해설** 빈칸 앞에 위치한 선행사 the house를 수식할 관계사절이 필요하므로 장소 명사를 수식할 수 있는 where 또는 사물 명사를 수식하는 that 혹은 which로 시작되는 보기 중에서 골라야 한다. where는 완전한 구조로 된 절을, that과 which는 주어 또는 목적어가 빠진 불완전한 절을 이끌어야 한다. 따라서 where 뒤에 주어와 자동사로 이루어진 완전한 구조의 (a) where she grew up이 정답이다. (b)는 that 뒤에 완전한 절이 쓰여 있어 맞지 않는 구조이므로 오답이다.

**어휘** take A on a road trip A를 데리고 자동차 여행을 가다, 장거리 여행을 하다  revisit ~을 다시 방문하다  favorite 가장 좋아하는  memories 기억  ultimately 최종적으로, 궁극적으로  all the way to ~까지 내내, 쭉  so that (목적) ~할 수 있도록  grow up 자라다, 성장하다

## 24.

**문장 해석** X

**핵심 포인트** 시간 선행사+when+완전한 절

**해석** 카페 플로리안은 기네스북에 의해 세계에서 가장 오래된 커피 하우스로 공식적으로 인정받았다. 처음 문을 연 1720년 이후로, 이 카페는 베니스의 산 마르코 광장에서 지속적으로 영업해 왔다.

**해설** 빈칸 앞에 위치한 시간 명사 1720을 설명할 관계사절이 필요하므로 관계 부사 when 뒤로 완전한 절이 함께 쓰인 (d) when it first opened가 정답이다. (b)에 쓰인 that은 콤마 뒤에 사용할 수 없으므로 오답이다.

**어휘** officially 공식적으로, 정식으로  recognize ~을 인정하다  since ~ 이후로  be in operation 영업하다, 운영되다  continuous 지속적인, 계속되는

# Chapter 6 연결어

## 출제 공식 28. 접속부사

### 실전 Practice Test

1. Last night, Sabrina was feeling extremely tired after a 15-hour flight. (However / Instead), she was unable to sleep until 2 a.m.

   해석 어젯밤에, 사브리나는 15시간 비행 후에 대단히 피곤한 느낌이었다. 하지만, 새벽 2시까지 잠을 잘 수 없었다.

   해설 앞에 위치한 문장은 '대단히 피곤했다'를, 뒤에 쓰인 문장은 '잠을 잘 수 없었다'를 각각 의미한다. 피곤한데 잠을 잘 수 없는 것은 서로 상반되는 상태이므로 '하지만'이라는 뜻으로 역접이나 대조를 나타내는 접속부사 However가 정답이다.

   어휘 extremely 대단히, 매우, 아주  however 하지만  instead 대신  be unable to do ~할 수 없다  until (지속) ~까지

2. We expect attendance at the event to be higher than ever this year. (Otherwise / In fact), we have already sold a record number of tickets.

   해석 저희는 올해 행사 참석자 수가 어느 때보다 더 높을 것으로 예상하고 있습니다. 실제로, 저희는 이미 기록적인 수의 입장권을 판매했습니다.

   해설 앞에 위치한 문장은 '참석자 수가 높을 것으로 예상하다'를, 뒤에 쓰인 문장은 '이미 기록적인 수의 입장권을 판매했다'를 각각 의미한다. 이는 참석자 수가 높을 것으로 예상하는 근거를 추가적으로 언급하는 것이므로 '실제로' 등의 의미로 관련 정보를 추가하거나 강조할 때 사용하는 In fact가 정답이다.

   어휘 expect A to do A가 ~할 것으로 예상하다, 기대하다  attendance 참석, 참석자 수  than ever 그 어느 때보다  otherwise 그렇지 않으면  in fact 실제로, 사실  a record number of 기록적인 수의

3. Most dishes I had at The Garden Café were of poor quality. (Regardless / Moreover), the staff were unfriendly and seemed inexperienced.

   해석 내가 가든 카페에서 먹은 음식의 대부분은 형편없는 수준이었다. 게다가, 직원들은 불친절하고 미숙해 보였다.

   해설 앞에 위치한 문장은 '음식이 형편없었다'를, 뒤에 쓰인 문장은 '직원들이 불친절하고 미숙해 보였다'를 각각 의미한다. 이는 해당 식당의 부정적인 측면을 추가로 언급하는 것이므로 '게다가' 등의 의미로 관련 정보를 추가할 때 사용하는 Moreover가 정답이다.

   어휘 dish 음식, 요리  of poor quality 형편없는 수준인  regardless 상관없이  moreover 게다가, 더욱이  unfriendly 불친절한  seem+형용사 ~하게 보이다, ~한 것 같다  inexperienced 미숙한, 경험이 부족한

## 출제 공식 29. 부사절 접속사/전치사

### 실전 Practice Test

1. The 100-kilometer boat race will be canceled or postponed (when / unless) there is bad weather.

   해석 100킬로미터 보트 경주 대회는 날씨가 좋지 않다면 취소되거나 연기될 것이다.

   해설 '날씨가 좋지 않을 때 경주 대회가 취소되거나 연기될 것이다'와 같은 의미가 되어야 자연스러우므로 '~할 때'를 뜻하는 접속사 when이 정답이다.

   어휘 cancel ~을 취소하다  postpone ~을 연기하다, 미루다  unless ~하지 않는다면, ~가 아니라면

2. The speech by Seth Hill was well received (until / while) others didn't get much attention.

   해석 세스 힐 씨가 한 연설은 좋은 반응을 얻은 반면에, 다른 연설들은 그렇게 많은 관심을 받지 못했다.

   해설 상반된 내용을 담고 있는 두 절을 연결해야 하므로 의미상 '~인 반면에'를 뜻하는 접속사 while이 정답이다.

   어휘 speech 연설  well received 좋은 반응을 얻은, 호평을 받은  until (지속) ~할 때까지  while ~인 반면에  get much attention 많은 관심을 받다, 큰 주목을 끌다

3. (Because / Although) drinking coffee does have some benefits, drinking it in the late afternoon may negatively affect your sleep.

   해석 비록 커피를 마시는 것이 몇몇 좋은 점이 있기는 하지만, 오후 늦게 마시는 것은 수면에 부정적으로 영향을 미칠 수도 있다.

   해설 '비록 커피를 마시는 것이 좋은 점이 있기는 하지만, 오후 늦게 마시는 것은 수면에 좋지 않다'와 같은 의미가 되어야 자연스러우므로 '비록 ~이기는 하지만'을 뜻하는 접속사 Although가 정답이다.

   어휘 although 비록 ~이기는 하지만  benefit 좋은 점, 혜택

negatively 부정적으로   affect ~에 영향을 미치다

## 실전 문제

| 1. (d) | 2. (c) | 3. (b) | 4. (c) |
| 5. (b) | 6. (b) | 7. (c) | 8. (b) |
| 9. (c) | 10. (a) | 11. (a) | 12. (b) |
| 13. (d) | 14. (c) | 15. (c) | 16. (c) |
| 17. (a) | 18. (c) | 19. (a) | 20. (d) |
| 21. (a) | 22. (b) | 23. (d) | 24. (c) |

### 1.
**문장 해석** O
**핵심 포인트** 역접/대조 의미의 접속부사 however
**해석** 항공권에 기재되어 있는 출발 시각은 오전 10시 30분이었다. 하지만, 폭우로 인해 활주로에 있던 비행기들이 정체되어, 출발 시각은 오후 12시로 지연되었다.
**해설** 문장 시작 부분에 빈칸과 콤마 표기가 있으면 접속부사 자리이며, 접속부사 문제는 앞뒤 문장의 의미를 파악해야 한다. 빈칸 앞 문장에는 원래의 출발 시각이, 빈칸 다음 문장에는 문제 발생 및 지연된 출발 시각이 언급되어 있다. 따라서 대조적인 의미 관계에 해당된다는 것을 알 수 있으므로 '하지만'이라는 뜻의 대조 또는 반대를 나타내는 (d) However가 정답이다.
**어휘** departure 출발, 떠남   listed on ~에 기재된   cause ~을 초래하다   backup (차량 등의) 정체, 밀림   runway 활주로   delay ~을 지연시키다   besides ad. 게다가, 뿐만 아니라 prep. ~ 외에   therefore 따라서, 그러므로   in fact 사실은, 실제로   however 하지만

### 2.
**문장 해석** O
**핵심 포인트** 양보 의미의 부사절 접속사 although
**해석** 미국에서, 1센트를 생산하고 운송하는 비용은 1.79센트이다. 비록 이 비용이 그 동전의 가치보다 더 많기는 하지만, 정부는 매년 지속적으로 새로운 센트 동전을 만들고 있다.
**해설** 문장 중간에 위치한 콤마를 기준으로 앞뒤에 주어와 동사(is와 continues)가 각각 포함된 절이 하나씩 위치해 있다. 따라서 빈칸에는 두 개의 절을 연결할 접속사가 쓰여야 알맞으므로 보기 중에 유일한 접속사인 (c) Although가 정답이다. (a) Aside from과 (d) Because of는 전치사이고, (b) Otherwise는 부사이다.
**어휘** produce ~을 생산하다   ship ~을 운송하다   penny 센트   value 가치, 값어치   continue to do 지속적으로 ~하다   aside from ~ 외에

에도, ~ 외에는   otherwise 그렇지 않으면, 그 외에는   although 비록 ~이기는 하지만   because of ~ 때문에

### 3.
**문장 해석** O
**핵심 포인트** 추가/부연 의미의 접속부사 in fact
**해석** 올해, 북부 여러 주의 날씨가 예년에 비해 이상할 정도로 따뜻했다. 실제로, 미시간주와 위스콘신주에서는 12월 마지막 주가 되어서야 비로소 눈이 내렸다.
**해설** 문장 시작 부분에 빈칸과 콤마 표기가 있으면 접속부사 자리이며, 접속부사 문제는 앞뒤 문장의 의미를 파악해야 한다. 빈칸 앞 문장에는 예년에 비해 날씨가 따뜻했다는 사실이, 빈칸 다음 문장에는 실제 사례를 언급하는 내용이 쓰여 있다. 따라서 '실제로'라는 의미로 구체적인 사례를 제시할 때 사용하는 (b) In fact가 정답이다.
**어휘** state (행정 구역) 주   unseasonably 계절에 맞지 않게   compared to normal 예년에 비해, 평소보다   even 심지어 (~도)   until (지속) ~까지   still 여전히, 그럼에도 불구하고   in fact 실제로, 사실은   thus 따라서, 그러므로   in short 요컨대, 간단히 말해서

### 4.
**문장 해석** O
**핵심 포인트** 조건 의미의 부사절 접속사 as long as
**해석** 새로운 가구를 좀 가져오기 위해, 마르코는 친구의 트럭을 빌려야 한다. 그 친구는 그가 일을 마치고 연료를 가득 채워주기만 한다면 좋다고 말했다.
**해설** 빈칸이 속한 that절에서(that은 said 뒤에 생략), 빈칸 앞뒤로 주어와 동사(was와 fills)가 각각 포함된 절이 하나씩 위치해 있으므로 빈칸은 두 절을 연결할 접속사가 쓰여야 한다. 또한 '연료를 가득 채워주기만 한다면'과 같은 조건을 의미해야 알맞으므로 '~하기만 하면, ~하는 한'을 뜻하는 접속사 (c) as long as가 정답이다.
**어휘** in order to do ~하기 위해   pick up ~을 가져오다, 가져다가   borrow ~을 빌리다   fill A up with B A를 B로 가득 채우다   since ~하기 때문에, ~한 이후로   as long as ~하기만 하면, ~하는 한   other than ~ 외에는

### 5.
**문장 해석** O
**핵심 포인트** 조건 의미의 접속부사 otherwise
**해석** 적정한 시간 내에 시내에 도착하려면, 메이플 역에서 급행 열차를 타야 한다. 그렇지 않으면, 도로에서 극심한 교통량을 피할 수 없을 것이다.
**해설** 문장 시작 부분에 빈칸과 콤마 표기가 있으면 접속부사 자리

이며, 접속부사 문제는 앞뒤 문장의 의미를 파악해야 한다. 빈칸 앞 문장에는 급행 열차를 타야 한다는 말이, 빈칸 다음 문장에는 극심한 교통량을 피할 수 없다는 말이 쓰여 있다. 이는 급행 열차를 타지 않는 경우에 발생 가능한 결과를 말하는 것이므로 '그렇지 않으면'이라는 뜻으로 조건의 의미를 나타낼 때 사용하는 (b) Otherwise가 정답이다.

**어휘** in order to do ~하기 위해  get downtown 시내에 도착하다  reasonable 적당한, 적정한  take (교통편) ~을 타다, ~을 이용하다  express train 급행 열차  be able to do ~할 수 있다  avoid ~을 피하다  heavy traffic 극심한 교통량  additionally 추가로, 게다가  otherwise 그렇지 않으면, 그 외에는  instead 대신  therefore 따라서, 그러므로

## 6.
**문장 해석** ○

**핵심 포인트** 시간 의미의 부사절 접속사 until

**해석** 어머니께서 사샤에게 숙제를 끝마쳐야 한다고 말씀하셨다. 사샤는 모든 과제를 끝낼 때까지 밖에 나가 친구들과 놀 수 없다.

**해설** 빈칸 앞뒤로 주어와 동사(go와 completes)가 각각 포함된 절이 하나씩 위치해 있으므로 빈칸에는 두 절을 연결할 접속사가 쓰여야 한다. 또한 '모든 과제를 완료할 때까지'라는 의미가 되어야 알맞으므로 '~까지'를 뜻하는 접속사 (b) until이 정답이다.

**어휘** tell A (that) A에게 ~라고 말하다  complete ~을 완료하다  assignment 과제, 할당(된 일)  as long as ~하기만 하면, ~하는 한  until (지속) ~할 때까지  since ~한 이후로, ~하기 때문에  whereas ~인 반면

## 7.
**문장 해석** ○

**핵심 포인트** 추가 의미의 접속부사 moreover

**해석** 친환경 도시 계획의 일환으로, 태양열 전지판이 모든 정부 청사에 설치될 것이다. 게다가, 시내 버스들도 오로지 전기로만 주행하도록 개조될 것이며, 이는 이산화탄소 배출을 감소시킬 것이다.

**해설** 문장 시작 부분에 빈칸과 콤마 표기가 있으면 접속부사 자리이며, 접속부사 문제는 앞뒤 문장의 의미를 파악해야 한다. 빈칸 앞 문장에는 태양열 전지판이 설치된다는 말이, 빈칸 뒤에는 시내 버스를 전기로만 주행하도록 개조하는 계획이 언급되어 있다. 이는 친환경 도시 계획의 또 다른 내용을 추가적으로 말하는 것이므로 '게다가, 더욱이'라는 뜻으로 추가 사실을 말할 때 사용하는 (c) Moreover가 정답이다.

**어휘** as part of ~의 일환으로  green 친환경의  initiative (대대적인) 계획, 운동  solar panel 태양열 전지판  install ~을 설치하다  government building 정부 청사  modify ~을 개조하다, ~을 변경하다  run 주행하다, 운행하다  exclusively 오로지, 독점적으로  on electricity 전기로  reduce ~을 감소시키다  carbon emissions 이산화탄소 배출(물)  otherwise 그렇지 않으면  regardless 상관하지 않고  moreover 게다가, 더욱이  instead 대신

## 8.
**문장 해석** ○

**핵심 포인트** 시간 의미의 부사절 접속사 after

**해석** 제니는 어제 회의에 도착하기 위해 서둘렀지만, 주차 자리를 찾을 수 없었다. 그녀는 건물 밖에 불법으로 주차한 후에 결국 딱지를 끊게 되었다.

**해설** 빈칸 앞뒤로 주어와 동사(ended와 parked)가 각각 포함된 절이 하나씩 위치해 있으므로 빈칸에는 두 절을 연결할 접속사가 쓰여야 한다. 또한 '건물 밖에 불법으로 주차한 후에'라는 의미로 발생 순서를 나타내야 알맞으므로 '~한 후에'를 뜻하는 접속사 (b) after가 정답이다. 참고로, (c) thus는 부사이다.

**어휘** in a hurry 서두르는, 급한  get to ~로 가다, ~에 도착하다  parking space 주차 자리  end up -ing 결국 ~하게 되다  get a ticket 딱지를 끊다  park v. 주차하다  illegally 불법으로  although 비록 ~이기는 하지만  thus 따라서, 그러므로  as long as ~하기만 하면, ~하는 한

## 9.
**문장 해석** ○

**핵심 포인트** 예시 의미의 접속부사 for example

**해석** 해마다, 일부 동물의 개체수가 멸종 위기종 목록에서 빠질 수 있을 정도로 충분히 증가하고 있다. 예를 들어, 자이언트 판다와 아라비아 오릭스 둘 모두 최근에 이 목록에서 제외되었다.

**해설** 문장 시작 부분에 빈칸과 콤마 표기가 있으면 접속부사 자리이며, 접속부사 문제는 앞뒤 문장의 의미를 파악해야 한다. 빈칸 앞 문장에는 일부 동물이 멸종 위기종 목록에서 빠지고 있다는 사실이, 빈칸 다음 문장에는 자이언트 판다와 아라비아 오릭스가 목록에서 삭제되었다는 말이 쓰여 있다. 이는 구체적인 예시를 말하는 것이므로 '예를 들어'를 뜻하는 (c) For example이 정답이다.

**어휘** population (동물) 개체수  increase 증가하다, 오르다  enough to do ~할 만큼 충분히  be able to do ~할 수 있다  move off ~에서 옮겨 나가다  endangered 멸종 위기의  species (동물) 종  both A and B A와 B 둘 모두  recently 최근에  remove A from B A를 B에서 삭제하다, 없애다, 제거하다  however 하지만

furthermore 더욱이, 게다가    for example 예를 들어    in conclusion 결론적으로, 마지막으로

## 10.
**문장 해석** ○
**핵심 포인트** 조건 의미의 부사절 접속사 unless
**해석** 태양에서 나오는 자외선은 사람에게 해를 끼칠 수 있다. 화창한 날 밖에 나가기 전에 자외선 차단제를 바르지 않는다면 피부를 손상시킬 위험을 감수하는 것이다.
**해설** 빈칸 앞뒤로 주어와 동사(risk와 apply)가 각각 포함된 절이 하나씩 위치해 있으므로 빈칸에는 두 절을 연결할 접속사가 쓰여야 한다. 또한 '자외선 차단제를 바르지 않는다면'과 같이 부정 조건을 의미해야 알맞으므로 '~하지 않는다면, ~가 아니라면'을 뜻하는 접속사 (a) unless가 정답이다.
**어휘** ultraviolet rays 자외선   cause ~을 초래하다, 유발하다   harm 해, 손해, 피해   risk -ing ~하는 위험을 감수하다   damage ~을 손상시키다, ~에 피해를 입히다   apply ~을 바르다   sunscreen 자외선 차단제   unless ~하지 않는다면, ~가 아니라면   while ~하는 동안, ~인 반면   besides prep. ~ 외에 ad. 게다가, 뿐만 아니라

## 11.
**문장 해석** ○
**핵심 포인트** 이유 의미의 부사절 접속사 because
**해석** 저희는 저희 결혼식의 모든 손님들께 참석 여부를 알려 주시도록 요청 드렸습니다. 저희가 피로연을 위해 충분한 음식과 음료를 준비해야 하기 때문에 얼마나 많은 분들께서 오실지 아는 것이 중요합니다.
**해설** 빈칸 앞뒤로 주어와 동사(It's와 prepare)가 각각 포함된 절이 하나씩 위치해 있으므로 빈칸에는 두 절을 연결할 접속사가 쓰여야 한다. 또한 '충분한 음식과 음료를 준비해야 하기 때문에'라는 의미로 이유를 나타내야 알맞으므로 '~하기 때문에'를 뜻하는 접속사 (a) because가 정답이다.
**어휘** ask A to do A에게 ~하도록 요청하다   RSVP 참석 여부를 알리다   prepare ~을 준비하다   enough 충분한   beverage 음료   reception 결혼 피로연, 환영 연회   although 비록 ~이기는 하지만   whenever ~할 때마다, ~할 때는 언제든

## 12.
**문장 해석** ○
**핵심 포인트** 추가/부연 의미의 접속부사 indeed
**해석** 제이슨은 시즌이 끝날 때 고등학교 농구팀으로부터 VIP 상을 받았다. 실제로, 그는 팀이 지금까지 보유했던 최고의 선수 중 한 명일지도 모른다.
**해설** 문장 시작 부분에 빈칸과 콤마 표기가 있으면 접속부사 자리이며, 접속부사 문제는 앞뒤 문장의 의미를 파악해야 한다. 빈칸 앞 문장에는 농구팀에서 VIP 상을 받은 사실이, 빈칸 다음 문장에는 지금까지 팀에서 최고의 선수들 중 한 명일지도 모른다는 말이 쓰여 있다. 이는 앞선 문장과 관련된 내용을 덧붙이는 흐름이므로 '실제로'라는 뜻으로 앞 문장의 내용을 추가/부연할 때 사용하는 (b) Indeed가 정답이다.
**어휘** A be given B A가 B를 받다   award 상   ever (최상급과 함께) 지금까지 중에서, 그동안   instead 대신   indeed 실제로, 정말로   otherwise 그렇지 않으면, 그 외에는   then 그럼, 그렇다면, 그때, 그 다음에

## 13.
**문장 해석** ○
**핵심 포인트** 역접/대조의 접속부사 in contrast
**해석** 비타민 C는 감귤류 과일과 딸기, 녹색 채소, 그리고 토마토에서 찾아볼 수 있는 흔한 비타민이다. 그에 반해서, 비타민 K는 훨씬 더 드물어서 오직 몇몇 녹색 채소와 향신료에서만 발견된다.
**해설** 문장 시작 부분에 빈칸과 콤마 표기가 있으면 접속부사 자리이며, 접속부사 문제는 앞뒤 문장의 의미를 파악해야 한다. 빈칸 앞 문장에는 흔한 비타민인 비타민 C에 관한 내용이, 빈칸 다음 문장에는 드문 비타민인 비타민 K에 관한 내용이 쓰여 있다. 따라서 대조적인 흐름임을 알 수 있으므로 '그에 반해서'라는 의미로 대조 또는 반대를 나타내는 (d) In contrast가 정답이다.
**어휘** common 흔한, 일반적인   citrus fruits 감귤류 과일   much (비교급 수식) 훨씬   rare 드문, 희귀한   leafy greens 녹색 채소   spices 향신료   furthermore 더욱이, 게다가   therefore 따라서, 그러므로   for example 예를 들어   in contrast 그에 반해서, 대조적으로

## 14.
**문장 해석** ○
**핵심 포인트** 목적 의미의 부사절 접속사 so that
**해석** 환경적 책임에 따른 조치로, 지역 사회는 해변 정화 행사를 마련했다. 주민들이 서로 협력해, 미래의 세대들이 그 훌륭함을 즐길 수 있도록 시간과 에너지를 바쳤다.
**해설** 빈칸 이하 부분이 '미래의 세대들이 그 훌륭함을 즐길 수 있도록'과 같이 목적을 나타내야 알맞으므로 '~하도록'이라는 의미로 목적을 말할 때 사용하는 접속사 (c) so that이 정답이다.
**어휘** responsibility 책임(감)   community 지역 사회, 지역 공동체   organize ~을 마련하다, ~을 조직하다   cleanup 정화 (작업)   resident 주민   join forces 서로 협력하다   dedicate ~을 바치다, ~을 헌신하다   splendor 훌륭함, 장관   since ~하기 때문에, ~한 이

Chapter 6 연결어   43

후로   even though 비록 ~이기는 하지만   so that (목적) ~하도록
unless ~하지 않는다면, ~가 아니라면

## 15.
**문장 해석** ○

**핵심 포인트** 양보 의미의 접속부사 nevertheless

**해석** 최근 허리케인이 지나가고 대규모 홍수가 발생되었다. 경고 표지가 주 전역의 많은 도로에 세워졌다. 그럼에도 불구하고, 많은 주민들은 여전히 차를 운전해 각자의 집을 오고가고 있다.

**해설** 문장 시작 부분에 빈칸과 콤마 표기가 있으면 접속부사 자리이며, 접속부사 문제는 앞뒤 문장의 의미를 파악해야 한다. 빈칸 앞 문장에는 경고 표지가 주 전역의 많은 도로에 세워진 사실이, 빈칸 다음 문장에는 많은 주민들이 여전히 차를 운전해 이동하고 있다는 말이 쓰여 있다. 이는 경고 조치와 반대되는 행위를 하는 것에 해당되므로 '그럼에도 불구하고'라는 뜻으로 양보의 의미를 나타낼 때 사용하는 (c) Nevertheless가 정답이다.

**어휘** massive 대규모의, 대대적인   flooding 홍수, 범람   occur 발생되다, 일어나다   recent 최근의   warning sign 경고 표지(판)   place v. ~을 놓다, 두다   throughout ~ 전역에   province (행정 구역) 주, 지방   resident 주민   drive to and from 차를 운전해 ~를 오가다   eventually 마침내, 결국   otherwise 그렇지 않다면   nevertheless 그럼에도 불구하고   moreover 더욱이, 게다가

## 16.
**문장 해석** ○

**핵심 포인트** 인과 의미의 접속부사 thus

**해석** 그 젊은 혁신가는 열정적으로 획기적인 신생 기업 아이디어들을 제시하면서 잠재적인 투자자들의 마음을 사로잡았다. 그에 따라, 그녀는 자신의 관념적인 개념을 현실로 만드는 데 필요한 자금을 확보했다.

**해설** 빈칸 앞에는 투자자들의 마음을 사로잡은 사실이, 빈칸 뒤에는 자금을 확보한 사실이 각각 쓰여 있어 원인과 결과의 관계임을 알 수 있다. 따라서, '그에 따라' 등의 의미로 결과를 말할 때 사용하는 (c) Thus가 정답이다.

**어휘** innovator 혁신가   captivate ~의 마음을 사로잡다   prospective 잠재적인, 장래의   investor 투자자   passionately 열정적으로   present ~을 제시하다, ~을 발표하다   groundbreaking 획기적인   startup 신생 기업   secure ~을 확보하다   necessary 필요한, 필수적인   funding 자금 (제공)   bring A to life A를 현실로 만들다   visionary 관념적인, 상상의   meanwhile 한편, 반면에   for instance 예를 들어   thus 그에 따라, 그러므로   moreover 더욱이, 게다가

## 17.
**문장 해석** ○

**핵심 포인트** 추가/부연 의미의 접속부사 as a matter of fact

**해석** 올 여름 건조한 날씨로 인해 공사장 인부들이 예상보다 더 빠르게 새 플래너리 아일랜드 다리 작업을 진행할 수 있었다. 사실상, 현재 이 다리는 일정보다 2주 앞서 개통될 예정이다.

**해설** 문장 시작 부분에 빈칸과 콤마 표기가 있으면 접속부사 자리이며, 접속부사 문제는 앞뒤 문장의 의미를 파악해야 한다. 빈칸 앞 문장에는 예상보다 더 빨리 다리 공사를 진행할 수 있었다는 말이, 빈칸 다음 문장에는 일정보다 2주 앞서 개통하게 된다는 말이 쓰여 있다. 이는 공사 진행과 관련된 또 다른 정보를 제시하는 것이므로 '사실(상)'이라는 의미로 중요 정보나 흥미로운 사실 등을 덧붙일 때 사용하는 (a) As a matter of fact가 정답이다.

**어휘** A allow B to do A로 인해 B가 ~할 수 있다, A가 B에게 ~할 수 있게 해 주다   construction crew 공사장 인부   make progress on ~을 진행하다, ~을 진척시키다   than expected 예상보다   be on track to do ~하는 방향으로 진행되다, ~하기 위한 궤도에 오르다   ahead of schedule 일정보다 앞서   as a matter of fact 사실(상)   on the contrary 그와 반대로, 대조적으로   nevertheless 그럼에도 불구하고   unfortunately 안타깝게도, 아쉽게도

## 18.
**문장 해석** ○

**핵심 포인트** 양보 의미의 전치사 despite

**해석** 한 한식당에서, 아내와 나는 매운 만두를 좀 주문했다. 아내는 나에게 먹기 전에 만두가 식을 때까지 기다리라고 말했다. 하지만, 아내의 주의에도 불구하고, 난 한 입 깨물어 먹었다가 혀를 데였다.

**해설** 선택지가 모두 전치사이므로 문장의 의미를 파악해 어울리는 것을 찾아야 한다. '아내의 주의에도 불구하고, 한 입 깨물어 먹었다가 혀를 데였다'와 같은 양보의 의미가 되어야 자연스러우므로 '~에도 불구하고'를 뜻하는 (b) Despite이 정답이다.

**어휘** order ~을 주문하다   dumpling 만두   tell A to do A에게 ~하라고 말하다   until (지속) ~할 때까지   cool down 식다   warning 주의, 경고   however 하지만   take a bite of ~을 한 입 깨물어 먹다   burn one's tongue 혀를 데이다   because of ~ 때문에   despite ~에도 불구하고   rather than ~가 아니라, ~ 대신   besides ad. 게다가, 뿐만 아니라 prep. ~ 외에

## 19.
**문장 해석** ○

**핵심 포인트** 역접/대조/전환 의미의 접속부사 on the other

hand

**해석** 식물학자들은 과일을 사과 또는 호박처럼 꽃에서부터 성장해 씨앗을 품고 있는 식물의 일부로 분류하고 있다. 반면에, 식물의 잎과 줄기, 구근, 그리고 뿌리는 당근이나 감자처럼 채소로 여겨지고 있다.

**해설** 문장 시작 부분에 빈칸과 콤마 표기가 있으면 접속부사 자리이며, 접속부사 문제는 앞뒤 문장의 의미를 파악해야 한다. 빈칸 앞 문장에는 과일 분류 기준이, 빈칸 다음 문장에는 채소 분류 기준이 각각 제시되어 있다. 따라서 서로 대조적인 내용임을 알 수 있으므로 '반면에, 한편'이라는 의미로 대조 또는 반대를 나타내는 (a) On the other hand가 정답이다.

**어휘** classify A as B A를 B로 분류하다  plant 식물  develop 성장하다, 발전하다  contain ~을 포함하다, ~을 담고 있다  seed 씨앗  leaf 잎  stem 줄기  bulb 구근  root 뿌리  be considered A A로 여겨지다  on the other hand 반면에, 한편  consequently 결과적으로, 따라서  actually 실은, 사실은  nevertheless 그럼에도 불구하고

## 20.

**문장 해석** O

**핵심 포인트** 시간 의미의 부사절 접속사 as soon as

**해석** 그 마라톤 주자는 3시간 넘게 달린 끝에 결승선을 통과했다. 숨을 고르자마자, 그는 갈증을 해소하고 녹초가 된 몸을 보충할 수 있도록 물통을 향해 손을 뻗었다.

**해설** '숨을 고르자마자, ~할 수 있도록 물을 한 병 마시려고 손을 뻗었다'와 같은 의미가 구성되어야 자연스러우므로 '~하자마자'를 뜻하는 접속사 (d) As soon as가 정답이다.

**어휘** cross the finish line 결승선을 통과하다  catch one's breath 숨을 고르다  reach for (붙잡기 위해) ~에 손을 뻗다  quench ~을 해소하다, ~을 풀다  thirst 갈증  replenish ~을 보충하다  exhausted 녹초가 된, 탈진한  although 비록 ~이기는 하지만  in case ~의 경우에 (대비해)  unless ~하지 않는다면, ~가 아니라면  as soon as ~하자마자

## 21.

**문장 해석** O

**핵심 포인트** 대조/대비 의미의 부사절 접속사 while

**해석** 새라와 마크는 음식과 관련해서 상반되는 입맛을 지니고 있었다. 새라가 매운 음식을 즐겼던 반면, 마크는 미각에 더욱 미세하고 은은하게 느껴지는 더 순한 맛을 선호했다.

**해설** 빈칸 뒤에 새라와 마크가 서로 다른 입맛을 지닌 사실이 쓰여 있으므로 '~인 반면'이라는 의미로 대조적인 사실을 말할 때 사용하는 접속사 (a) While이 정답이다.

**어휘** contrasting 대조적인  when it comes to ~와 관련해서, ~의 측면에 있어  prefer ~을 선호하다  mild 순한, 약한, 가벼운  flavor 맛, 풍미  subtle 미세한, 미묘한  delicate 은은한, 섬세한  while ~인 반면, ~하는 동안  as long as ~하는 한, ~하기만 하면  even though 비록 ~이기는 하지만  unless ~하지 않는다면, ~가 아니라면

## 22.

**문장 해석** O

**핵심 포인트** 인과 의미의 접속 부사 therefore

**해석** 비가 내리는 날씨가 하루 종일 지속되면서 그 경로상의 모든 것을 흠뻑 적셨다. 따라서, 그 야외 행사는 참석자들이 비에 젖지 않고 쾌적한 상태로 유지되도록 실내로 옮겨져야 했다.

**해설** 빈칸 앞에는 비가 내리고 있다는 사실이, 빈칸 뒤에는 행사 장소를 실내로 옮긴 사실이 각각 쓰여 있어 원인과 결과의 관계임을 알 수 있다. 따라서, '따라서, 그러므로'라는 의미로 결과를 말할 때 사용하는 (b) Therefore가 정답이다.

**어휘** persist 지속되다  soak ~을 흠뻑 적시다  in one's path ~의 경로상에 있는  indoors 실내로, 실내에서  ensure (that) 반드시 ~하도록 하다, ~임을 확실히 해두다  comfortable 쾌적한, 편안한  nevertheless 그럼에도 불구하고  therefore 따라서, 그러므로  in addition 추가로, 게다가  similarly 유사하게, 마찬가지로

## 23.

**문장 해석** O

**핵심 포인트** 대등 접속사 so

**해석** 조쉬가 갖고 있는 아마존 에코 스마트 스피커는 집에서 전화기를 잃어버리는 것을 방지해 준다. 이 기기는 조쉬가 시킬 때마다 전화기에 전화를 걸 수 있어서, 벨이 울리는 즉시 찾을 수 있다.

**해설** 빈칸 앞뒤로 주어와 동사(call과 find)가 각각 포함된 절이 하나씩 위치해 있으므로 빈칸에는 두 절을 연결할 접속사가 쓰여야 한다. 또한 '그래서 벨이 울리는 즉시 찾을 수 있다'라는 의미로 인과 관계를 나타내야 알맞으므로 '그래서, 그러므로'를 뜻하는 접속사 (d) so가 정답이다.

**어휘** keep A from -ing A가 ~하는 것을 방지하다, 막다  lose ~을 잃다, 분실하다  around ~ 곳곳에, ~ 주변에  device 기기, 장치  whenever ~할 때마다, ~할 때는 언제든  immediately 즉시  ring 벨이 울리다  yet 그렇지만, 그런데도  although 비록 ~이기는 하지만  so (결과) 그래서, 그러므로 (목적) ~할 수 있도록

## 24.

**문장 해석** O

**핵심 포인트** 시간 의미의 부사절 접속사 before

**해석** 무대 위의 막이 올라가자, 그 댄서가 스포트라이트를 받으며

준비 자세를 갖추고 서 있었다. 관객들은 우아한 춤 동작을 보면서 그녀의 기교에 매료됨을 느끼기 전에 기대 속에 숨을 죽이고 있었다.

해설 관객들이 숨을 죽이며 있었던 것은 댄서가 춤을 추기 이전의 상황이므로 '~하기 전에'를 뜻하는 접속사 (c) before가 정답이다.

어휘 poised 준비 자세를 갖춘   audience 관객들, 청중   hold one's breath 숨을 죽이다   anticipation 기대, 예상   witness ~을 보다, ~을 목격하다   graceful 우아한   movement 동작, 움직임   captivated 매료된, 사로잡힌   artistry 기교   although 비록 ~이기는 하지만   once 일단 ~하면, ~하는 대로

# Listening 청취

## 전략 적용

**일상 대화** 서로의 근황

M: Hi, Wilma! It's been ages since I last saw you! How are you doing?

F: Hi, Fred! I'm great, but you said on the phone you were feeling stressed these days. Why is that?

M: 27 I'm taking fashion design courses at the Collins Institute. I'm enjoying the courses, but they're quite demanding.

F: You'll be glad you did them, though.

M: That's true. So, what have you been up to lately?

F: My job's still the same, but I've been devoting more time to my hobbies. I submitted my work in a short story writing competition last week.

M: Great! What's your story about?

F: 28 It's about a mother, father, and son moving to a new country, India, and having to adapt to an unfamiliar culture and face unexpected difficulties.

M: Didn't you go to India on your last vacation?

F: Yes! I definitely used my vacation as inspiration. But the family's challenges are nothing that a tourist would experience.

M: Well, good luck! I'd love to read your story sometime.

---

남: 안녕, 윌마! 지난번에 만나고 정말 오랜만이야! 어떻게 지내?

여: 안녕, 프레드! 난 잘 지내, 하지만 요즘 스트레스 받는다고 전화로 말했었잖아. 왜 그런 거야?

남: 27 내가 콜린스 예술원에서 패션 디자인 과정을 수강하고 있어. 수업이 재미있기는 한데, 꽤 까다로워.

여: 하지만 그래도 하길 잘했다고 생각하게 될 거야.

남: 맞아. 그럼, 넌 최근에 뭐 하면서 지냈어?

여: 일은 여전히 똑같은데, 취미 생활에 더 많은 시간을 쏟고 있어. 지난주에 단편 소설 경연 대회에 내 작품을 제출했어.

남: 잘됐다! 뭐에 관한 이야기야?

여: 28 한 엄마와 아빠, 그리고 아들이 새로운 나라 인도에 가서 익숙하지 않은 문화에 적응하면서 의외의 어려움에 직면하게 되는 이야기야.

남: 지난 방학 때 인도에 가지 않았어?

여: 응! 내 방학에서 영감을 받아서 활용한 게 맞아. 하지만 그 가족이 겪는 어려움은 여행객이 겪을 만한 일은 전혀 아냐.

남: 어쨌든, 잘됐으면 좋겠다! 언젠가 네가 쓴 이야기를 꼭 읽어 보고 싶어.

**어휘** It's been ages 정말 오랜만이야  since ~한 이후로  feel stressed 스트레스를 받다  quite 꽤, 상당히  demanding 까다로운, 요구가 많은  though (문장 끝 또는 중간에서) 하지만  what have you been up to? 뭐 하면서 지냈어?  devote A to B (시간, 노력 등) A를 B에 쏟다, 바치다  submit ~을 제출하다  short story 단편 소설  competition 경연 대회  adapt to ~에 적응하다  unfamiliar 익숙하지 않은, 잘 알지 못하는  face v. ~에 직면하다  unexpected 의외의, 예기치 못한  definitely 분명히, 확실히  inspiration 영감(을 주는 것)  challenge 어려움, 힘든 일  experience v. ~을 겪다, 경험하다  would love to do 꼭 ~하고 싶다

### 27.

**핵심 포인트** 질문을 들으며 키워드 why / F(red) / stressed nowadays를 노트테이킹 한다.

**질문** Why is Fred stressed nowadays?

**해석** 프레드는 요즘 왜 스트레스를 받는가?
(a) 패션 분야의 일자리를 찾고 있기 때문에
(b) 옷을 디자인하는 법을 배우고 있기 때문에
(c) 한 패션 잡지사에서 일하고 있기 때문에
(d) 소설을 쓰기 위해 공부하고 있기 때문에

**why 정답?** 대화 초반부에 남자가 패션 디자인 과정을 수강하고 있다는 말과 함께 꽤 까다롭다고 알리고 있으므로 (b)가 정답이다.

**why 오답?** (a) 패션 디자인 과정을 수강하고 있다고 말할 뿐, 현재 패션 분야의 일자리를 찾고 있는 것은 아니므로 오답이다.

**Paraphrasing** taking fashion design courses → learning how to design clothing

**어휘** hunt for ~을 찾다, 뒤지다  how to do ~하는 법  work for ~에서 일하다

### 28.

**핵심 포인트** 질문을 들으며 키워드 what / W(ilma)'s / story about을 노트테이킹 한다.

**질문** What is Wilma's short story about?

**해석** 윌마의 단편 소설은 무엇에 관한 것인가?
(a) 한 아빠와 아들의 즐거운 경험

(b) 인도로 휴가를 떠나는 몇몇 사람들
(c) 한 국가의 관광객 유치 계획
(d) 한 가족이 직면한 몇몇 어려움들

 여자가 자신의 단편 소설 줄거리와 관련해, 엄마와 아빠, 그리고 아들이 인도에 가서 익숙하지 않은 문화에 적응하면서 어려움에 직면하는 이야기라고 말하고 있으므로 (d)가 정답이다.

**Paraphrasing** a mother, father and son → a family
unexpected difficulties → some challenges

어휘 take a vacation to ~로 휴가를 떠나다  plan to do ~하려는 계획
attract ~을 끌어들이다

---

### 실전 문제

| | | | |
|---|---|---|---|
| 01. (c) | 02. (d) | 03. (a) | 04. (d) |
| 05. (b) | 06. (b) | 07. (c) | 08. (b) |
| 09. (a) | 10. (d) | 11. (d) | 12. (c) |
| 13. (a) | | | |

**PART 1. 일상 대화** 크리스마스 연휴 중의 여행 계획

M: Hi, Abby. I'm glad you could meet for coffee before the Christmas break begins.
F: Me too, Howard. It's such a busy time of year. 1 I can't wait to go on vacation during the holidays. My husband, daughter, and I are planning to travel to Peru to visit Machu Picchu.
M: That sounds amazing! And since the seasons are the opposite in the southern hemisphere, I guess the weather will be warm, too.
F: Exactly! Do you have any special plans for Christmas?
M: We usually stay home, but 1 we've also decided to travel for Christmas this year. We're going to Hawaii, to the island of Maui. My wife is really nervous about it, though, because 2 she is afraid of flying.
F: Oh, I'm sure she'll be glad she did it. Hawaii is a really popular destination.
M: You're telling me. We were lucky to get a good price on tickets.
F: Our daughter was learning about Machu Picchu in school, so we figured "Why not visit the real thing?"
M: That will be such a memorable trip! Are there other things to do there besides visiting the ancient ruins?
F: Well, of course the ruins are a must-see. 3 I'm also really excited about visiting another site in Peru called Mandor, because it has a famous waterfall.
M: That would be nice, but it does sound like a lot of hiking.
F: We'll do some other things that aren't quite so active. There's a market selling traditional crafts, a history museum, and some temples.
M: Oh, so there will be a lot more variety than I expected.
F: Yes, there's plenty to do. 4 And what about Maui? Your son is five years old, right? Wouldn't he get bored? 4 Most people visit there because it is a relaxing place.
M: That's why I wanted to go there. My son loves swimming, so he won't mind spending day after day at the beach. And 5 my wife is an amateur photographer. She wants to take tons of pictures during our vacation.
F: Is she more interested in photographing landscapes, people, or wildlife?
M: She takes a lot of landscape pictures, so there will be plenty of options for her there. We also plan to take our son to the aquarium. As for me, I want to try a lot of the local cuisine.
F: Ha! I should have known that food would be at the top of your list.
M: Of course!
F: When I made the plans, I looked through a lot of brochures to find activities. How about you? Did you get recommendations from friends?
M: No, 6 I read blogs written by other people who had traveled to Maui. That was really useful.
F: That's a good idea. When's your flight to Maui?
M: 7 We're going the day before Christmas, as that had the cheapest tickets. When are you going?
F: 7 We're leaving on the 22nd, and staying until December 29.
M: It'll be great to hear all about your trip. Travel safely, Abby!
F: You too, Howard!

남: 안녕하세요, 애비 씨, 크리스마스 연휴가 시작되기 전에 만나 커피 한 잔 할 수 있어서 좋습니다.
여: 저도요, 하워드 씨. 일 년 중에서 아주 분주한 시기잖아요. 1 빨리 연휴 중에 휴가를 떠나고 싶네요. 남편과 딸아이, 그리고 저는 페루로 여행 가서 마추픽추를 방문할 계획이에요.
남: 아주 멋진 것 같아요! 그리고 남반구에선 계절이 반대니까, 날씨도 따뜻할 것 같아요.
여: 그렇죠! 특별한 크리스마스 계획이라도 있으신가요?
남: 저희는 보통 집에 머무는데, 1 올해는 저희도 크리스마스 여행을 떠나기로 결정했어요. 저희는 하와이로 가요, 마우이 섬으로요. 하지만 아내가 정말 긴장하고 있는데, 2 비행기 타는 걸 무서워하거든요.
여: 아, 분명 그렇게 하길 잘했다고 생각하실 거예요. 하와이가 정말 인기 있는 여행지잖아요.
남: 그러니까요. 저희가 좋은 가격으로 티켓을 구할 수 있어서 운이 좋았어요.
여: 제 딸이 학교에서 마추픽추에 관해 배우고 있었기 때문에, "실물을 보러 가면 어떨까?"하고 생각했어요.
남: 아주 기억에 남을 만한 여행이 될 거예요! 고대 유적을 방문하는 것 말고 그곳에서 할 수 있는 다른 일들도 있나요?
여: 음, 당연히 그 유적은 필수 방문 코스죠. 3 저는 또 페루에서 만도르라고 불리는 다른 곳을 방문할 거라 매우 들떠 있는데, 거기에 유명한 폭포가 있기 때문이죠.
남: 아주 멋지긴 하겠지만, 분명 하이킹을 많이 해야 할 것 같네요.
여: 아주 그렇게 활동적이지 않은 다른 몇 가지도 할 거예요. 전통 공예품을 판매하는 시장과 역사 박물관, 그리고 몇몇 사원들도 있어요.
남: 아, 그러고 보니까 제가 예상한 것보다 훨씬 더 많은 다양함이 있네요.
여: 네, 할 게 많아요. 4 그럼 마우이는 어떤가요? 아들이 다섯 살 맞죠? 지루해하지 않을까요? 4 대부분의 사람들은 그곳이 느긋하게 쉴 수 있는 곳이라서 방문하잖아요.
남: 그게 바로 제가 그곳에 가고 싶었던 이유입니다. 제 아들이 수영을 아주 좋아하기 때문에, 매일같이 해변에서 시간을 보내도 상관없을 거예요. 그리고 5 제 아내가 아마추어 사진 작가입니다. 휴가 중에 사진을 엄청 많이 찍고 싶어 해요.
여: 아내 분께서 풍경이나 사람들, 아니면 야생동물을 사진 촬영하는 데 더 관심이 있으신가요?
남: 풍경 사진을 많이 찍기 때문에, 그곳에 선택할 수 있는 게 많을 거예요. 저희는 아들을 데리고 수족관에도 갈 계획입니다. 제 경우에는, 현지 요리를 많이 먹어 보고 싶어요.
여: 하! 음식이 당신에게 1순위였을 거라는 걸 알았어야 했네요.
남: 당연하죠!

여: 제가 계획을 세웠을 때, 활동을 찾아보려고 여러 안내 책자를 많이 살펴봤어요. 당신은 어때요? 친구 분들을 통해서 추천 받으셨나요?
남: 아뇨, 6 저는 마우이를 방문했던 다른 사람들이 쓴 블로그를 읽어 봤어요. 그게 정말 유용했죠.
여: 좋은 생각이네요. 마우이로 가는 비행기가 언제인가요?
남: 7 크리스마스 하루 전날 출발하는데, 그때 가장 저렴한 티켓이 있었기 때문이에요. 언제 떠나세요?
여: 7 저희는 22일에 출발해서 12월 29일까지 머물러요.
남: 여행 다녀 오신 얘기를 전부 듣게 된다면 아주 즐거울 거예요. 잘 다녀 오세요, 애비 씨!
여: 당신도요, 하워드 씨!

어휘 break (짧은) 휴가, 휴식 go on vacation 휴가 가다 plan to do ~할 계획이다 opposite 반대 southern hemisphere 남반구 decide to do ~하기로 결정하다 nervous 긴장한, 떨리는 though (문장 중간 또는 끝에서) 하지만 be afraid of ~을 무서워하다, 두려워하다 destination 여행지, 목적지 figure (that) ~라고 생각하다, 판단하다 memorable 기억에 남을 만한 besides ~ 외에 ancient 고대의 ruins 유적(지) must-see 반드시 봐야 하는 것 traditional 전통적인 craft 공예품 temple 사원, 절 variety 다양함, 여러 가지 what about ~? ~는 어때요?(= How about ~?) get bored 지루해하다 relaxing 느긋하게 해 주는 won't mind -ing ~해도 상관없을 것이다 tons of 아주 많은 be interested in ~에 관심이 있다 landscape 풍경, 조경 aquarium 수족관 as for ~의 경우에는 try ~을 한번 먹어 보다, 시도해 보다 local 현지의, 지역의 cuisine 요리 should have p.p. ~했어야 했다 look through ~을 살펴보다 brochure 안내 책자, 소책자 recommendation 추천 useful 유용한 leave 떠나다, 출발하다

## 01.

**핵심 포인트** 질문을 들으며 키워드 what / H(oward) & A(bby) / discussing을 노트테이킹한다.

**질문** What are Howard and Abby discussing?

**해석** 하워드 씨와 애비 씨는 무슨 얘기를 하고 있는가?
(a) 각자의 크리스마스 전통
(b) 각자 선호하는 크리스마스 선물
(c) 각자 곧 떠날 여행 계획
(d) 각자 가장 좋아하는 여행지

**why 정답?** 대화 초반부에 여자는 가족과 페루로 떠나는 여행을, 남자는 하와이로 떠나는 여행을 언급한 뒤 각자의 여행 일정에 관해 얘기하고 있으므로 (c)가 정답이다.

**why 오답?** (d) 각자 가족과 함께 떠나는 여행지 및 계획을 이야기하고 있지만, 그 여행지들이 가장 좋아하는 곳인지는 알 수 없으므로 오답이다.

어휘 tradition 전통  preferred 선호하는  present 선물  upcoming 곧 있을, 다가오는  destination 목적지, 도착지

## 02.

**핵심 포인트** 질문을 들으며 키워드 why / H(oward)'s wife / nervous / trip을 노트테이킹 한다.

**질문** Why is Howard's wife nervous about a trip?

**해석** 왜 하워드 씨의 아내는 여행 때문에 긴장하는가?
(a) 하와이에 가 본 적이 없다.
(b) 성수기 중에 여행하는 것을 싫어한다.
(c) 여행지 날씨가 마음에 들지 않는다.
(d) 비행기로 여행하는 것을 무서워한다.

**why 정답?** 남자가 대화 초반부에 아내가 긴장하고 있는 이유로 비행기 타는 것을 무서워한다고 알리고 있으므로 (d)가 정답이다.

**Paraphrasing** afraid of flying → afraid of traveling by plane

**어휘** peak season 성수기  be afraid of ~을 무서워하다, 두려워하다  by plane 비행기로

## 03.

**핵심 포인트** 질문을 들으며 키워드 Which activity / Peru / A(bby) / excited를 노트테이킹 한다.

**질문** Which activity in Peru is Abby excited about?

**해석** 애비 씨는 페루에서 어느 활동을 하는 것 때문에 들떠 있는가?
(a) 유명 폭포 구경
(b) 박물관 방문
(c) 현지 공예품 구입
(d) 몇몇 종교적인 장소 방문

**why 정답?** 여자가 페루에서 방문하는 또 다른 장소 때문에 들떠 있다고 말하면서 그 이유로 유명한 폭포가 있다고 알리고 있으므로 (a)가 정답이다.

**why 오답?** (c) 공예품을 판매하는 시장에 간다는 말을 하기는 하지만, 그곳에 가는 것 때문에 들떠 있다는 말은 하지 않으므로 오답이다.

**어휘** religious 종교적인  site 장소, 현장, 부지

## 04.

**핵심 포인트** 질문을 들으며 키워드 A(bby) / why / most people / visit / Maui를 노트테이킹 한다.

**질문** According to Abby, why do most people want to visit Maui?

**해석** 애비 씨의 말에 따르면, 왜 대부분의 사람들이 마우이를 방문하고 싶어 하는가?
(a) 외딴 섬이기 때문에
(b) 인기 있는 곳이기 때문에
(c) 아름다운 섬이기 때문에
(d) 느긋하게 쉴 수 있는 곳이기 때문에

**why 정답?** 여자가 대화 중반부에 마우이를 언급하면서 대부분의 사람들이 느긋하게 쉴 수 있는 곳이기 때문에 방문한다고 말하고 있으므로 (d)가 정답이다.

**why 오답?** (b) 인기 있는 곳이라고 언급하는 부분이 있기는 하지만, 대부분의 사람들이 방문하고 싶어 하는 이유로 말하는 것은 아니므로 오답이다.

**어휘** remote 외딴, 멀리 떨어진

## 05.

**핵심 포인트** 질문을 들으며 키워드 what / H(oward)'s wife / do / most days / Maui를 노트테이킹 한다.

**질문** What will Howard's wife probably do most days in Maui?

**해석** 하워드 씨의 아내는 마우이에서 거의 매일 무엇을 할 것 같은가?
(a) 해변에서 느긋하게 쉬는 일
(b) 사진 촬영을 많이 하는 일
(c) 몇몇 새로운 음식을 먹어 보는 일
(d) 지역 수족관을 방문하는 일

**why 정답?** 남자가 대화 중반부에 아내가 아마추어 사진 작가라는 말과 함께 사진을 아주 많이 찍고 싶어 한다고 알리고 있으므로 (b)가 정답이다.

**why 오답?** (d) 아들을 데리러 수족관에 간다는 말은 있지만 아내가 마우이에서 대부분 하려는 일은 아니므로 오답이다.

**Paraphrasing** take tons of pictures → take a lot of pictures

## 06.

**핵심 포인트** 질문을 들으며 키워드 how / H(oward) / select / things to do를 노트테이킹 한다.

**질문** How did Howard select the things to do on his vacation?

**해석** 하워드 씨는 어떻게 휴가 중에 할 일을 선택했는가?
(a) 아내에게 물어봄으로써
(b) 블로그를 읽음으로써
(c) 몇몇 안내 책자를 확인함으로써
(d) 친구와 얘기함으로써

**why 정답?** 대화 후반부에 남자가 마우이를 방문했던 다른 사람들이 쓴 블로그를 읽어 보면서 정보를 얻었다고 말하고 있으므로 (b)가 정답이다.

**어휘** select ~을 선택하다, 선정하다

## 07.

**핵심 포인트** 질문을 들으며 키워드 when / H(oward) & A(bby) / depart를 노트테이킹 한다.

**질문** According to the conversation, when will Howard and Abby both depart for their vacations?

**해석** 대화 내용에 따르면, 하워드 씨와 애비 씨 모두 언제 휴가를 떠날 것인가?

(a) 크리스마스 당일에
(b) 12월 22일에
(c) 12월 25일 전에
(d) 크리스마스가 지난 후에

**why 정답?** 대화 후반부에 남자는 크리스마스 하루 전날에, 여자는 22일에 떠난다고 말하고 있으므로 (c)가 정답이다.

**why 오답?** (b) 여자만 22일에 떠난다고 했으므로 오답이다.

**어휘** depart 떠나다, 출발하다

## PART 3. 일상 대화 운전해서 통근하는 것과 대중 교통으로 통근하는 것의 장단점

F: Hi, Todd! I heard that you'll be starting a new job at the Maxwell Corporation soon. Congratulations!

M: Thanks, Sheryl! I'm looking forward to the change. I'll finally be in a position that uses my university degree. There'll be an increase in salary for me as well.

F: I'm so glad to hear that. They're lucky to have you. Where will your office be?

M: Well, unfortunately, the building is in the Sutherland neighborhood, which is pretty far from my home. At my current job, I can walk to work, but that won't be an option. 8 I'll either have to drive to work every day or take public transportation. It's hard to know what to do.

F: Hmm ... if I were in your shoes, I would spend some time thinking about the pros and cons of each option. That might help.

M: Well, one advantage of driving is that I wouldn't have to follow the subway's schedule. I can come and go at the times that are convenient for me.

F: You have a point. Another advantage is that driving would be faster. Your mornings would be more relaxed because 9 you could leave for work a bit later, around 8:00 instead of 7:15.

M: That does sound nice. But driving to work isn't the perfect solution. One disadvantage is that there aren't any large parking lots near my office. That means I'd have to drive around looking for a parking spot on the street every morning.

F: That would be annoying. I suppose another disadvantage is that 10 it's more expensive because gas prices are really high these days.

M: You're right. And gas won't be the only cost. I'll be paying for insurance anyway, but think about the wear and tear on my car. If I drive it a lot, 10 I'll probably have to pay for repairs more frequently, and it would need to be replaced sooner as well.

F: Yeah, that's not ideal. Replacing a vehicle would be a major cost. I guess that's why you're considering public transportation, too. Fortunately, one upside is that the subway system usually runs on schedule, and there are a lot of trains to choose from.

M: That's true. Another upside is that I wouldn't have to concentrate on driving during my commute, so I could use that time for something productive.

F: Exactly! For example, 11 how about studying a new language? Doesn't the Maxwell Corporation have a lot of offices in South America? 11 You could learn Spanish, which would be good for your job.

M: Yeah, I could work on that steadily. However, one downside of 12 commuting by subway is that it can be pretty inconvenient for people. During the rush hour, you're crammed into the train with all the other commuters.

F: Right. Another downside is that it would be almost impossible to get a seat at that time of day, so you'd get tired from standing.

M: Exactly. But talking things through with you has really helped me to make a decision about what to do about my commute. It seems so clear to me now.

F: Oh, really?

M: Yes, 13 I want to be by myself during my commute so I can arrive at the office relaxed and ready.

F: I think that's sensible, Todd. Please be sure to tell me all about how things are going at your new job once you start.
M: Will do, Sheryl!

여: 안녕, 토드! 곧 맥스웰 주식회사로 첫 출근을 하게 될 거라고 들었어. 축하해!
남: 고마워, 셰릴! 나도 변화를 고대하고 있어. 드디어 내 대학 학위를 활용하는 일을 하게 됐어. 이곳에서 내 연봉도 인상될 거야.
여: 그렇게 말하는 걸 들으니까 정말 기뻐. 널 직원으로 둘 수 있다니 거긴 운이 좋은 거야. 사무실은 어디 있어?
남: 음, 아쉽게도, 건물이 서덜랜드 지역에 있어서, 우리집에서 꽤 멀어. 지금 다니는 직장은 걸어서 갈 수 있지만, 이젠 그럴 선택권이 없어. 8 매일 운전해서 출근하거나 대중 교통을 이용해야 할 거야. 어떻게 해야 할지 정말 모르겠어.
여: 흠… 내가 너라면, 시간을 좀 갖고 각각의 선택이 지니는 장단점을 생각해 볼 것 같아. 그럼 도움이 될지도 몰라.
남: 음, 자동차 운전의 한 가지 장점은 지하철 운행 일정에 맞출 필요가 없을 거라는 점이야. 나한테 편리한 시간대에 오고 갈 수 있어.
여: 일리 있는 말이야. 또 다른 장점은 운전이 더 빠를 거라는 점이야. 아침 시간이 좀 더 느긋해질 수도 있는데, 9 7시 15분 대신 조금 더 늦게 8시쯤 회사로 출발할 수 있기 때문이지.
남: 아주 좋은 건 분명해. 하지만 운전해서 출근하는 게 완벽한 해결책은 아냐. 한 가지 단점은 우리 사무실 근처에 대형 주차장이 하나도 없다는 점이야. 이게 무슨 말이냐 하면 매일 아침에 거리에서 주차 공간을 찾기 위해 여기저기 차를 몰고 돌아다녀야 할 수도 있다는 거지.
여: 그럼 짜증날 것 같아. 내 생각에 또 다른 단점은 10 요즘 기름값이 정말 비싸기 때문에 비용이 더 많이 든다는 거야.
남: 맞아. 그리고 기름값으로만 돈이 드는 게 아냐. 보험료는 어쨌든 내겠지만, 자동차 마모를 한 번 생각해봐. 운전을 많이 하면, 10 아마 더 자주 수리 비용을 지불해야 할 테고, 더 빨리 교체해야 할 수도 있을 거야.
여: 응, 그건 이상적이지 못해. 차량을 교체하는 건 큰 비용이 드는 일일 테니까. 그게 네가 대중 교통도 고려하고 있는 이유일 것 같아. 다행히, 한 가지 괜찮은 면은 지하철 시스템이 보통 일정에 맞게 운영되기 때문에 선택할 수 있는 열차가 많다는 거야.
남: 맞아. 또 다른 괜찮은 점은 통근 중에 운전에 집중할 필요가 없을 테니까 다른 생산적인 일에 그 시간을 활용할 수 있다는 거지.

여: 바로 그거야! 예를 들면, 11 새로운 언어를 공부하는 건 어때? 맥스웰 주식회사가 남미 지역에 지사가 많지 않아? 11 스페인어를 배울 수도 있고, 그렇게 되면 네 일에도 좋을 거야.
남: 응, 꾸준히 그렇게 할 수 있을 거야. 하지만, 12 지하철을 이용한 통근의 한 가지 단점은 사람들이 꽤 불편할 수 있다는 거야. 혼잡 시간대에는, 그 많은 다른 통근자들과 함께 비좁은 열차에 갇혀 있어야 하니까.
여: 맞아. 또 다른 단점은 하루 중 그 시간대에는 앉을 자리를 거의 찾을 수 없을 테니까, 서서 가야 해서 피곤해질 거야.
남: 그렇지. 근데 너와 함께 이렇게 쭉 얘기해 보니까 내 통근 방법과 관련해서 뭘 해야 할지 결정을 내리는 데 정말로 도움이 되었어. 지금은 아주 분명해 진 것 같아.
여: 아, 정말?
남: 응, 13 사무실에 느긋하고 준비된 상태로 도착할 수 있게 통근 중엔 혼자 다니고 싶어.
여: 그게 합리적인 것 같아, 토드. 출근하기 시작하고 나면 새 직장에서 어떻게 지내는지 꼭 나한테 전부 얘기해 줘.
남: 그럴게, 셰릴!

**어휘** look forward to ~을 고대하다  increase in ~의 인상, 증가  as well ~도, 또한  pretty far from ~에서 꽤 멀리 있는  current 현재의  either A or B A 또는 B 둘 중의 하나  take public transportation 대중 교통을 이용하다  if I were in your shoes 내가 너라면  pros and cons 장단점  advantage 장점, 이점(↔ disadvantage)  You have a point 일리 있는 말이야  relaxed 느긋한  leave for ~로 출발하다, 떠나다  solution 해결책  parking lot 주차장  insurance 보험  wear and tear 마모, 닳음  repair 수리  replace ~을 교체하다  upside 괜찮은 면  run 운영되다, 운행하다  choose from ~에서 선택하다  concentrate on ~에 집중하다  commute 통근, 통학  productive 생산적인  how about -ing? ~하는 건 어때?  steadily 꾸준히  inconvenient 불편한  rush hour 혼잡 시간대  be crammed into 비좁은 ~에 갇혀 있다  get tired from ~ 때문에 피곤해지다  talk A through with B B와 함께 A를 쭉 얘기하다  make a decision 결정을 내리다  what to do 뭘 할지  by oneself 혼자, 스스로  arrive 도착하다  sensible 합리적인  be sure to do 꼭 ~하다  how things are going 어떻게 되어 가는지

## 08.

**핵심 포인트** 질문을 들으며 키워드 what / T(odd) / need / decide를 노트테이킹 한다.

**질문** What does Todd need to decide?
**해석** 토드는 무엇을 결정해야 하는가?
  (a) 어떤 대학 학위를 선택할지
  (b) 출근하는 방법

(c) 구직을 위해 지원할 곳
(d) 사무실을 꾸밀 방법

**why 정답?** 남자가 대화 초반부에 운전해서 출근하거나 대중 교통을 이용해야 하는데 어떻게 해야 할지 모르겠다고 말하고 있으므로 (b)가 정답이다.

**Paraphrasing** either have to drive to work every day or take public transportation → how to get to work

**어휘** how to do ~하는 방법  get to work 출근하다  where to do ~하는 곳  apply for ~에 지원하다  decorate ~을 꾸미다, 장식하다

## 09.
**핵심 포인트** 질문을 들으며 키워드 how / S(heryl) / driving / help T(odd)를 노트테이킹 한다.

**질문** How does Sheryl say that driving could help Todd?

**해석** 셰릴은 운전이 어떻게 토드에게 도움이 될 수 있다고 말하는가?
(a) 더 늦게 회사로 출발할 수 있게 됨으로써
(b) 회사 주차장에 주차함으로써
(c) 차에서 마음을 느긋하게 해 주는 음악을 들음으로써
(d) 한결같은 일정을 유지함으로써

**why 정답?** 여자가 대화 중반부에 운전으로 통근하는 것의 장점 한 가지를 말하면서 7시 15분에 가는 대신 더 늦게 8시에 갈 수 있다고 언급하고 있으므로 (a)가 정답이다.

**why 오답?** (b) 주차장과 관련된 말이 있기는 하지만, 회사 주차장에 주차하는 것은 아니므로 오답이다.

**어휘** be able to do ~할 수 있다  park v. 주차하다  consistent 한결같은, 일관된

## 10.
**핵심 포인트** 질문을 들으며 키워드 why / driving / problem / T(odd)를 노트테이킹 한다.

**질문** Why might driving to work be a problem for Todd?

**해석** 운전해서 출근하는 것이 왜 토드에게 문제가 될 수도 있는가?
(a) 주차권을 구입해야 할 것이다.
(b) 보험을 변경해야 할 것이다.
(c) 더 일찍 일어나야 할 것이다.
(d) 더 많은 돈을 소비해야 할 것이다.

**why 정답?** 운전해서 출근하는 것의 단점으로 여자가 기름값으로 비용이 많이 든다고 말하자, 남자는 기름값뿐만 아니라 수리 비용, 더 나아가 자동차 교체 비용까지 많은 돈이 드는 것을 언급하고 있으므로 (d)가 정답이다.

**Paraphrasing** gas prices are really high / have to pay for repairs more frequently → have to spend more money

**어휘** purchase ~을 구입하다  parking pass 주차권

## 11.
**핵심 포인트** 질문을 들으며 키워드 S(heryl) / how / T(odd) / benefit / public transportation을 노트테이킹 한다.

**질문** According to Sheryl, how could Todd benefit from using public transportation?

**해석** 셰릴의 말에 따르면, 토드는 대중 교통을 이용함으로써 어떻게 혜택을 볼 수 있는가?
(a) 통근 전에 달리기를 하러 감으로써
(b) 매일 제때 회사에 도착함으로써
(c) 동료들과 함께 지하철을 탐으로써
(d) 언어를 배울 시간이 생김으로써

**why 정답?** 대중 교통 이용의 장점이 언급되는 후반부에, 여자가 새로운 언어를 공부하는 게 어떤지 물으면서 스페인어를 배우면 좋을 수 있다고 말하고 있으므로 (d)가 정답이다.

**why 오답?** (b) 지하철이 보통 일정대로 운영되기 때문에 선택 가능한 열차가 많다고 말할 뿐, 매일 제때 회사에 도착하는 것을 언급하지는 않으므로 오답이다.

**Paraphrasing** studying a new language → learn a language

**어휘** benefit from ~로부터 혜택을 보다, 이득을 얻다  go for a run 달리기하러 가다  coworker 동료 (직원)

## 12.
**핵심 포인트** 질문을 들으며 키워드 T(odd) / why / public transportation / inconvenient를 노트테이킹 한다.

**질문** According to Todd, why might public transportation be inconvenient for people?

**해석** 토드의 말에 따르면, 대중 교통이 왜 사람들에게 불편할 수도 있는가?
(a) 엉뚱한 열차를 선택할 수도 있기 때문에
(b) 통근자들이 소음을 많이 발생시키기 때문에
(c) 매우 붐빌 수 있기 때문에
(d) 운행 일정이 믿을 만하지 못하기 때문에

**why 정답?** 남자가 대화 후반부에 대중 교통 이용의 단점을 언급하면서 다른 통근자들과 비좁은 열차를 함께 타고 다니는 불편함이 있다고 말하고 있으므로 (c)가 정답이다.

**Paraphrasing** you're crammed into the train with all the other commuters → very crowded

**어휘** make noise 소음을 발생시키다  crowded 붐비는  reliable 믿을 만한, 신뢰할 수 있는

## 13.

**핵심 포인트** 질문을 들으며 키워드 what / T(odd) / decide / do를 노트테이킹 한다.

**질문** What does Todd decide to do about his situation?

**해석** 토드는 자신의 상황과 관련해 무엇을 하기로 결정하는가?

(a) 자신의 차량을 운전해 출근하기로
(b) 셰릴과 함께 통근하기로
(c) 서덜랜드 지역으로 이사하기로
(d) 지하철을 타고 사무실에 가기로

**why 정답?** 대화 맨 마지막에 남자가 사무실에 느긋하고 준비된 상태로 도착할 수 있게 통근 중엔 혼자 다니고 싶다고 알리고 있는데, 이는 혼자 운전해서 출근하는 것을 가리키는 말이므로 (a)가 정답이다.

**Paraphrasing** I want to be by myself during my commute
→ drive his own vehicle to work

**어휘** decide to do ~하기로 결정하다

# Reading & Vocabulary 독해 및 어휘

### 실전 문제

| | | | |
|---|---|---|---|
| 01. (d) | 02. (c) | 03. (a) | 04. (c) |
| 05. (b) | 06. (c) | 07. (d) | 08. (b) |
| 09. (a) | 10. (d) | 11. (c) | 12. (d) |
| 13. (a) | 14. (b) | | |

#### 골리앗 버드이터

골리앗 버드이터, 즉 테라포사 블론디는 세계에서 가장 큰 거미이며, 수리남이나 브라질, 가이아나, 그리고 베네수엘라 같은 남미 북부 여러 국가에 위치한 열대 우림의 늪 지역과 습지에서 찾아볼 수 있다. 몸무게가 최대 6온스에 달하고 거의 1피트의 다리 길이를 지닌, 1 골리앗 버드이터는 몸무게로 볼 때 지구상에서 가장 큰 거미이다.

2 이 거미는 벌새를 집어삼키는 골리앗 거미를 묘사한 마리아 메리칸의 벽화로 인해 "버드이터"라는 이름을 갖게 되었다. 그 이름에도 불구하고, 골리엇 버드이터는 일반적으로 새를 먹지는 않는데, 지상을 중심으로 활동하는 포식자이기 때문이다. 개구리와 설치류, 작은 뱀, 그리고 도마뱀과 더불어 지렁이가 먹이의 대부분을 차지한다. 먹잇감을 찾다가 마주치게 되면, 버드이터는 이 희생물을 덮쳐 송곳니로 독을 주입한다. 버드이터는 단단한 먹이를 먹을 수 없기 때문에, 3 독액은 먹이를 죽일 뿐만 아니라 내부 장기를 녹여 소화 가능한 즙으로 만든다. 버드이터의 송곳니에 독이 들어 있기는 하지만, 그것에 물려도 사람은 죽지 않으며 단지 불편함만 초래한다.

골리앗 버드이터는 포식자를 상대로 스스로를 방어하는 독특한 방법을 지니고 있다. 6 빈약한 시력으로 인해, 4 버드이터는 감각모에 의존해야 하는데, 이것이 다가오는 포식자의 움직임을 감지한다. 또 다른 방어 기제는 첫 번째와 두 번째 다리의 쌍을 서로 문질러 최대 15피트까지 떨어져 있는 포식자를 겁먹게 할 수 있는 쉭쉭거리는 소리를 만들어내는 것이다. 또한, 뒷다리를 복부에 대고 문질러 희생물을 낚아채는 데 사용하는 작은 털들을 나오게 만든다.

버드이터는 7 야행성이다. 낮 시간에는, 은신처에서 머무르며 밤에 먹이를 사냥한다. 이들은 혼자 생활하는 생물체로서, 오직 번식할 때만 교류한다. 다른 많은 거미들과 달리, 버드이터의 암컷은 잠재적 짝짓기 상대를 먹거나 죽이려 하지 않는다.

오늘날, 골리앗 버드이터는 일부 사람들이 적합한 애완동물로 여기면서 계속해서 아주 흔한 종이 되어 가고 있다. 일부 거미 종은 갇힌 상태에 익숙해질 수도 있지만, 5 일반적으로 버드이터는 사로잡혀 있는 환경이 이상적이라 하더라도 계속 불안감을 느낀다. 위협 요소를 인식하면, 금방 털을 뻗치고 물어버리는 경향이 있다. 골리앗 버드이터가 이국적인 애완동물 거래 시장에서 인기가 있기는 하지만, 다른 국가에서 들여와야 하기 때문에 매우 비쌀 수 있다. 미국 내의 한정된 애완동물 매장에서 찾아볼 수 있기는 하지만, 흔히 온라인상에서 불법적으로 판매되고 있다.

**어휘** marshy 늪의, 늪 같은　swamp 습지　rainforest 열대 우림　weigh v. 무게가 ~이다　up to 최대 ~까지　nearly 거의　foot-long 1피트 길이　leg span 다리 길이　planet 행성, 지구　based on ~을 바탕으로, ~을 중심으로　name A B A를 B라고 이름 짓다　due to ~로 인해　mural 벽화　depict ~을 묘사하다　ingest ~을 삼키다　despite ~에도 불구하고　typically 일반적으로, 전형적으로　ground-based 지상을 중심으로　predator 포식자　earthworm 지렁이　make up (비율 등) ~을 차지하다　a majority of 대부분의　along with ~와 함께　frog 개구리　rodent 설치류　lizard 도마뱀　prey 먹이　pounce on ~을 덮치다　victim 희생자, 피해자　inject ~을 주입하다　poison 독(액)　fang 송곳니　consume ~을 먹다, 소비하다　solid 단단한　venom 독액　not only A but (also) B A뿐만 아니라 B도　dissolve ~을 녹이다　internal 내부의, 안의　organ (신체) 장기　digestible 소화 가능한　contain ~을 담고 있다, 포함하다　bite n. 물기 v. 물다　cause ~을 초래하다　discomfort 불편함　distinctive 독특한　way of -ing ~하는 방법　defend A against B B를 상대로 A를 방어하다　impoverished 빈약한, 저하된　rely on ~에 의존하다　sensory hairs 감각모　detect ~을 감지하다　approach 다가오다, 다가가다　defense mechanism 방어 기제　rub ~을 문지르다　create ~을 만들어내다　hissing 쉭쉭거리는　frighten ~을 겁 먹게 하다　hind legs 뒷다리　abdomen 복부　release ~을 나오게 만들다, 방출하다　hook into ~을 낚아채다　nocturnal 야행성의　remain 남아 있다, 계속 있다　burrow 은신처, 굴　solitary 혼자 생활하는　creature 생물체　interact 교류하다　reproduce 번식하다　attempt to do ~하려 시도하다　potential 잠재적인　mate 짝짓기 상대　continue to do 계속 ~하다　species (동식물의) 종　consider A to be B A를 B라고 여기다　suitable 적합한　accustomed to ~에 익숙한　captivity 갇혀 있음, 감금　agitated 불안한　ideal 이상적인　captive 사로잡혀 있는, 갇혀 있는　threat 위협　perceive ~을 인식하다　be apt to do ~하기 쉽다　hurl ~을 들이밀다, 내던지다　exotic 이국적인　trade 거래　the fact that ~라는 사실　limited 한정된, 제한적인　illegally 불법적으로

## 01.
해석 어느 내용이 골리앗 버드이터를 가장 잘 특징 짓는가?
(a) 주로 먹이로 새를 먹는다.
(b) 마리아 메리칸에 의해 광범위하게 연구되었다.
(c) 서식지가 건조하고 메마른 환경이다.
(d) 몸무게가 다른 어떤 거미보다 많이 나간다.

해설 첫 단락에 몸무게로 볼 때 지구상에서 가장 큰 거미라고(the largest spider on the planet based on weight) 언급하고 있으므로 (d)가 정답이다.

어휘 primarily 주로  study ~을 연구하다  extensively 광범위하게, 대규모로  habitat 서식지  arid 메마른

## 02.
해석 골리앗 거미는 왜 "버드이터"라는 이름을 갖고 있는가?
(a) 대체로 새를 먹이로 삼기 때문에
(b) 큰 덩치로 인해 작은 새를 삼키는 것이 가능했기 때문에
(c) 한 미술가가 새를 먹는 것으로 표현했기 때문에
(d) 지렁이를 이용해 새를 유혹하기 때문에

해설 두 번째 단락 초반부에 벌새를 집어삼키는 골리앗 거미를 묘사한 마리아 메리칸의 벽화로 인해 "버드이터"라는 이름을 갖게 되었다고(The spider was named the "birdeater" due to Maria Merican's mural depicting a Goliath spider ingesting a hummingbird) 쓰여 있으므로 (c)가 정답이다.

어휘 prey on ~을 먹이로 삼다  mass 덩어리, 질량  allow for ~을 가능하게 하다  swallow ~을 삼키다  represent ~을 표현하다  bait ~을 유혹하다, 미끼로 꾀다

## 03.
해석 버드이터의 독액 주입에 따른 결과는 무엇인가?
(a) 내부 장기를 액체 상태로 변하게 하는 것
(b) 쉭쉭거리는 소리를 내는 것
(c) 사람을 죽음에 이르게 하는 것
(d) 작은 갈고리 같은 털을 내미는 것

해설 독액의 용도가 언급된 두 번째 단락에 먹이를 죽일 뿐만 아니라 내부 장기를 녹여 소화 가능한 즙으로 만든다고(the venom not only kills the prey but dissolves its internal organs into digestible juices) 쓰여 있으므로 (a)가 정답이다.

어휘 result 결과  turn to ~로 변하다  liquid 액체  emit (소리, 빛, 열 등) ~을 내다, 내뿜다

## 04.
해석 골리앗 버드이터는 어떤 방어 전략으로 잘 알려져 있는가?
(a) 뛰어난 시력을 지니고 있는 것
(b) 큰 송곳니를 지니고 있는 것
(c) 움직임에 민감한 털을 지니고 있는 것
(d) 독액 분사 방식을 지니고 있는 것

해설 세 번째 단락에 감각모에 의존해 다가오는 포식자의 움직임을 감지한다고(the birdeater must rely on sensory hairs, which detects the movement of approaching predators) 언급하고 있으므로 이와 같은 내용이 담긴 (c)가 정답이다.

어휘 tactic 전략, 전술  be noted for ~로 잘 알려져 있다, 유명하다  vision 시력  sensitive to ~에 민감한  spray 분사, 분무

## 05.
해석 버드이터는 갇혀 있는 환경에 어떻게 반응할 것 같은가?
(a) 차분한 상태를 유지함으로써
(b) 공격적으로 행동함으로써
(c) 서식지에 호기심을 보임으로써
(d) 낮 시간에 활동적인 상태가 됨으로써

해설 다섯 번째 단락에 버드이터가 사로잡혀 있는 환경에서 불안감을 느끼고 위협 요소에 대해 금방 털을 뻗쳐 물어버리는 경향이 있다고(~ remain agitated despite an ideal captive environment. If a threat is perceived, they are very apt to hurl hairs and bite) 언급하고 있는데, 이는 공격적으로 반응하는 것이므로 (b)가 정답이다.

어휘 respond to ~에 반응하다  calm 차분한, 침착한  behave 행동하다  aggressively 공격적으로  display ~을 보여주다, 나타내다  curiosity 호기심  active 활동적인

## 06.
해석 해당 단락의 문맥에서, impoverished가 의미하는 것은 무엇인가?
(a) 훌륭한
(b) 예리한
(c) 형편없는
(d) 흔치 않은

해설 해당 문장에서 impoverished는 시력을 뜻하는 eyesight를 수식하고 있는데, 바로 뒤에 감각모에 의존해야 포식자의 움직임을 감지한다는 말이 쓰여 있다. 이는 약한 시력을 지닌 것에 따른 대응 방식이므로 impoverished가 '약한, 나쁜' 등을 뜻한다는 것을 알 수 있다. 따라서 유사한 의미로서 '형편없는, 좋지 못한'을 뜻하는 (c) poor가 정답이다.

**07.**

[해석] 해당 단락의 문맥에서, nocturnal이 의미하는 것은 무엇인가?
(a) 무기력한
(b) 꾀가 많은
(c) 아침에 깨어 있는
(d) 야간에 활동하는

[해설] 해당 문장 뒤에 이어지는 내용을 보면, 낮에는 안전한 곳에 숨어 있다가 밤에 먹이를 사냥한다는 말이 쓰여 있다. 따라서 nocturnal이 밤에 활동하는 특성을 나타낸다는 것을 알 수 있으므로 '야간에 활동하는'을 뜻하는 (d) active at night이 정답이다.

재닛 웨스트우드
광고 홍보 담당 부사장
산타 디에고 서점

웨스트우드 씨께,

제 이름은 샐리 에반스이며, 마틴 루터 고등학교의 영어 교사입니다. 또한 이 학교에서 샤이닝 라이츠 공연 예술 동아리 지도 교사로서의 역할도 하고 있습니다. 8 저희 동아리는 학생들에게 공연 예술을 통해 영감을 표현할 수 있는 행사의 장을 제공하고 있습니다. 하지만, 이 학생들의 이야기를 예술적으로 공유할 수 있도록 더욱 폭넓은 관객을 학생들에게 제공하기 위한 노력의 일환으로, 9 저희는 인근의 지역 사회에 이들의 재능을 선보이고자 합니다.

9 이렇게 하기 위해, 샤이닝 라이츠 공연 예술 동아리는 다음 달에 "디스 이즈 미"라는 이름으로 한 달 기간의 공연 시리즈를 기획하고 있습니다. 이 시리즈는 저희 학생들이 직접 각본을 쓴 연극 공연, 시 낭독, 즉흥 연기, 그리고 저희 학생들의 노래 공연을 포함할 것입니다. 10 그 대미를 장식하는 행사로서, 저희는 마틴 루터 고등학교의 동문이자 가수인 로렌 스티글이 공연하는 음악 콘서트도 개최할 것입니다.

저희는 귀하의 업체에서 기부금이나 증정용 제품, 또는 콘테스트 상품을 제공하는 것으로 저희 "디스 이즈 미" 시리즈를 후원해 주실 것을 정중히 요청드립니다. 또한 저희 "디스 이즈 미" 시리즈 진행 기간 중의 어떤 공연에 대해서 스폰서가 되어 주셔도 좋습니다. 그 보답으로, 11 저희 온라인 공연 게시판에 있는 감사의 인사 페이지에 후원 업체 중의 한 곳으로 귀하의 업체를 올려 드릴 것입니다. 추가로, 저희 학교 체육관에서 귀사의 홍보용 포스터와 증정품을 진열할 판매 업체용 부스를 확보하실 수 있도록 귀사에 초청장도 13 보내 드리고자 합니다.

12 문의 사항이 있으시거나 저희 행사의 추가 상세 정보가 필요하실 경우, 주저하지 마시고 (313) 555-9201번으로 저희 홍보 담당 책임자 사라 스완슨 씨에게 전화 주시기 바랍니다. 또한 shininglights@martinlutherhs.edu로 저에게 이메일을 보내셔도 됩니다.

저희는 마틴 루터 고등학교의 공연 예술을 14 활성화하는 데 도움이 되도록 귀사와 관계를 맺고 협력할 수 있기를 고대합니다. 대단히 감사합니다.

샐리 에반스
공연 예술 동아리 후원자
마틴 루터 고등학교

[어휘] serve as ~의 역할을 하다, ~로서 재직하다 faculty advisor 지도 교사 organization 단체, 기관 offer A B A에게 B를 제공하다 venue 행사의 장 express ~을 표현하다 inspiration 영감(을 주는 것) performance arts 공연 예술 however 하지만 in an effort to do ~하기 위한 노력의 일환으로 provide A with B A에게 B를 제공하다 broad 폭넓은 audience 관객, 청중 share ~을 공유하다 artistically 예술적으로 would like to do ~하고자 하다, ~하고 싶다 display ~을 선보이다, 발휘하다, 진열하다 talent 재능 surrounding 인근의, 주변의 community 지역 사회 in order to do ~하기 위해 plan ~을 계획하다 include ~을 포함하다 drama 연극 poetry reading 시 낭독 improv act 즉흥 연기 vocal performance 노래 공연 culminating 마지막이 되는, 절정을 이루는 hold ~을 개최하다 alumnus 동문, 동창 ask that ~하도록 요청하다 support ~을 후원하다, 지지하다 financial 재정적인, 재무의 donation 기부(금) giveaway 증정품 prize 상품 be welcome to do 얼마든지 ~해도 좋다 sponsor 후원사, 후원자 in return 보답으로 list ~을 목록에 올리다, 기재하다 acknowledgement 감사의 인사 bulletin board 게시판, 알림판 additionally 추가로, 게다가 extend an invitation 초청장을 보내다 occupy ~을 점유하다, 차지하다 vendor 판매 업체 booth (행사장 등에 임시로 설치하는) 부스 gymnasium 체육관 promotional 홍보의 inquiry 문의 require ~을 필요로 하다 additional 추가적인 details 상세 정보 hesitate to do ~하기를 주저하다, 망설이다 public relations 홍보 look forward to -ing ~하기를 고대하다 connect with ~와 관계를 맺다 help do ~하는 데 도움이 되다 bolster ~을 활성화하다, 강화하다

**08.**

[해석] 샐리 에반스 씨에 따르면, 해당 학교의 공연 예술 동아리는 주로 무엇을 하는가?
(a) 학교 동아리 활동을 후원하는 일
(b) 창의성을 표현하는 행사의 장을 제공하는 일
(c) 영어 수업에서 시와 관련해 돕는 일
(d) 소식지를 발간하는 일

해설 첫 번째 단락에 해당 동아리가 학생들에게 공연 예술을 통해 영감을 표현할 수 있는 행사의 장을 제공하고 있다고(Our organization offers our students a venue to express their inspiration through the performance arts) 알리고 있으므로 (b)가 정답이다.

어휘 sponsor ~을 후원하다  forum (행사, 토론 등의) 장  creativity 창의성  assist with ~을 돕다, 지원하다  publish ~을 발간하다

## 09.

해석 해당 동아리는 왜 일련의 공연을 개최할 계획인가?
(a) 학생들의 재능을 선보이기 위해
(b) 학교에 필요한 기금을 조성하기 위해
(c) 더 많은 판매 업체를 끌어들이기 위해
(d) 더 많은 동문의 참여를 이끌어내기 위해

해설 첫 번째 단락 마지막 부분과 두 번째 단락 첫 부분에, 더 많은 관객들을 대상으로 인근 지역 사회에 학생들의 재능을 선보이고자 한다는(we would like to display their talents to the surrounding communities) 말로 공연 목적을 언급하고 있으므로 (a)가 정답이다.

어휘 showcase ~을 선보이다  talent 재능  generate ~을 발생시키다, 만들어내다  fund 기금, 자금  attract ~을 끌어들이다  recruit ~을 이끌어내다, 더하다  involvement 참여, 관여, 포함

## 10.

해석 편지에 따르면, 한 달 기간의 행사에서 마지막 활동은 무엇인가?
(a) 공개 시 낭독
(b) 연극 공연
(c) 즉흥 연기
(d) 가수의 공연

해설 두 번째 단락에 한 달 간 진행되는 행사의 마지막 순서가 동문 가수인 로렌 스티글이 공연하는 콘서트 개최라고(As our culminating event, we will be holding a musical concert given by vocalist Lauren Steegle ~) 알리고 있으므로 (d)가 정답이다.

어휘 public 공개적인, 일반 대중의, 공공의

## 11.

해석 재닛 웨스트우드 씨는 행사 후원을 통해 어떻게 혜택을 볼 수 있는가?
(a) 게시판에 소식지를 실을 수 있게 됨으로써
(b) 무료 증정품을 받음으로써
(c) 자신의 업체에 대한 광고 기회를 얻음으로써
(d) "디스 이즈 미" 행사에 대한 할인을 받음으로써

해설 후원에 따른 혜택이 제시되는 세 번째 단락에, 온라인 공연 게시판에 있는 감사의 인사 페이지에 후원 업체로 올리는 것과 학교 체육관 내의 부스 이용을(we will list your business as one of our sponsors in our acknowledgment page ~ to occupy a vendor booth at the school gymnasium to display your promotional posters and giveaways) 언급하고 있다. 이는 업체를 홍보할 수 있는 기회에 해당되므로 (c)가 정답이다.

어휘 benefit from ~로부터 혜택을 보다, 이득을 얻다  be able to do ~할 수 있다  receive ~을 받다  free 무료의  advertising 광고 (활동)  opportunity 기회

## 12.

해석 편지에 따르면, 웨스트우드 씨가 공연 예술 동아리에 관해 더 알고 싶을 경우에 무엇을 할 것인가?
(a) "디스 이즈 미" 시리즈 공연들 중 하나에 참석하는 일
(b) 그 동아리에 재정적으로 기부하는 일
(c) 학교 교장에게 이메일을 보내는 일
(d) 홍보 담당 책임자에게 연락하는 일

해설 네 번째 단락에 문의 사항이 있거나 행사 상세 정보가 필요할 경우에 홍보 담당 책임자에게 전화하라고(Should you have any inquiries or require additional details of our event, please do not hesitate to call our public relations director, Sarah Swanson ~) 알리고 있으므로 (d)가 정답이다.

어휘 attend ~에 참석하다  financially 재정적으로  contact ~에게 연락하다

## 13.

해석 해당 단락의 문맥에서, extend가 의미하는 것은 무엇인가?
(a) 제공하다
(b) 자원하다
(c) 교환하다
(d) 청구하다

해설 해당 문장에서 extend의 목적어로 '초청장, 초대장'을 뜻하는 invitation이 쓰여 있으므로 extend가 '~을 보내다, 발송하다' 등을 의미한다는 것을 알 수 있다. 이는 초청장을 제공하는 것과 같으므로 '제공하다'를 뜻하는 (a) offer가 정답이다.

**14.**

해석 해당 단락의 문맥에서, bolster가 의미하는 것은 무엇인가?

(a) 광고하다

(b) 강화하다

(c) 교육하다

(d) 증가시키다

해설 해당 문장에서 bolster의 목적어로 '공연 예술'을 뜻하는 our performing arts가 쓰여 있다. 이 문장에서 bolster는 서로 협력하여 마틴 루터 고등학교의 공연 예술과 관련해 이루고자 하는 일을 나타낸다. 즉, 공연 예술을 활성화하거나 발전시키는 일을 뜻한다는 것을 알 수 있는데, 이는 더 튼튼하게 하는 것과 같으므로 '강화하다'를 뜻하는 (b) strengthen이 정답이다.

# 출제 공식
## 29개로 끝내는
# 정재현 지텔프
# LEVEL 2

소방/경찰/군무원/공무원 7급 준비 필독서

## 소방공무원 12,736명*을 배출한
*19~24년 소방공무원 공/경채 최종합격자 중 자사 수강생 수 기준

# 소방단기 프리패스

"점점 높아지는 소방 공무원 시험의 벽,
소방단기는 여러분이 그 벽을 넘을 수 있도록, 최적의 맞춤 강의와 서비스를 제공합니다."

- 전과목/강사진 무제한
- 수강기간 내 합격 시 100% 환급**
- 한능검/G-TELP 강좌 제공
- 소방공무원 면접 강좌 제공
- 체력강화 프로그램 혜택 제공

**PG사 수수료, 부가 혜택 및 캐시, 제세공과금 22% 제외

※ 프리패스 구매 혜택은 변경될 수 있습니다.

### 소방공무원 공/경채
**전문 강사진 강의 무제한**
(소방승진/방재안전직 제외)

- 백소나
- 이근상
- 박준철
- 민준호
- 한수성

### 단기간 검정제 완성 가능
**소방 전용 G-TELP & 한능검**

### 매월 진행하는
**소방 전용 무료 LIVE 특강**

---

## 정재현 G-TELP
## 교재 구매 혜택 이벤트

- **STEP 1** 소방단기 사이트(sobang.conects.com)에 로그인
- **STEP 2** 회원정보>주문 정보>쿠폰 click
- **STEP 3** 우측 쿠폰 번호 입력 후 등록하기

G-TELP 단과 강좌 10% 할인코드

**W1G1-92RD-FY5L-VZMB**